生涯学習の
インクルージョン

知的障害者がもたらす豊かな学び

津田英二

明石書店

目　次

はじめに

学びの場からの排除

　障害者の社会教育・生涯学習というテーマで最初に取り組むべき課題は「経験の貧困」だと思う。

　　"「障害が重ければ重いほど長く教育の機会を必要とするのに、障害児には高校も大学もない」という訴えや、「日曜日や夜は家の者もどのように扱っていいか分からず、ただテレビを見ているだけなのですよ」という話を聞き、学習する権利どころか、「遊ぶ力」さえ奪われているということを知りました。"（大石, 1975, p.43）

　これは、東京都町田市で障害者青年学級の立ち上げに尽力した社会教育職員が、1975年に語った言葉である。まだ障害を理由にした義務教育の猶予・免除が珍しくない時代の語りである。障害者の社会参加も当たり前のことではなく、現在なら存在する障害者福祉サービスなどもなかった時代のことである。

　それから半世紀近く経た今日、状況はどれほど変化したであろうか。

　　"自宅と作業所だけの世界です。"
　　"施設に入ったら、食べて寝るだけです。"
　　"平日、退所後暇で困っている。高等部までは、放課後等児童デイをかけもちして通って色々やれていたので、余計に退屈そうで可哀想。"

　これらは、2021年に障害者の生涯学習を推進する兵庫コンソーシアムが実施した調査の自由記述欄に書かれていた文である。"自由時間はたっぷりあり、その自由時間を有意義に過ごしたいと思っているが、実際にはゲーム

をしたり動画を眺めたりして過ごしていて、社会的な活動に参加できている人は少ない"。この調査が示しているのは、このような現実である。

　知的障害者を対象として2021年9月にオンラインで実施し、811件の有効回答を得たこの調査では、平日に4時間以上の自由時間がある人が全体の73.0%、休日に10時間以上の自由時間がある人は全体の61.9%であった。たっぷりある自由時間をどのように過ごしているかという設問には、自宅でテレビを観たりゲームやおもちゃで遊んだりしているという回答が74.8%ととび抜けて多く、自由時間に取り組んでいる活動がないという回答も67.9%という結果であった。

　また、2021年度学校基本調査で進学率を確認すると、特別支援学校高等部の卒業生で大学等に進学したのは1.9%であり、知的障害者に限ると0.4%にまで下がる。全体の大学等進学率が50%を超えていることを考えると、この数値は不当に低い。

　すなわち、1975年から半世紀がたった現在でも、問題の基本的な構図は変わっていないのである。充実した生活を成り立たせる活動の機会が少なく、自由時間をもて余すことで、本来あるはずの力を奪われているという構図である[1]。

経験の貧困

　障害者[2]は、さまざまな形で学びの機会から排除されている。物理的な障壁が学びの場への参加を阻んでいることも大きな問題であるが、その背景にはさらに根源的な問題が横たわっていることもある。知的障害者に焦点を当てると、問題が物理的な障壁だけではないことがよくわかる。

　まず、知的障害者は高等教育の機会から排除されている。大学などには入試があり学力が測られる。大学入試は、高度で知的な学びを前提とする大学の機能からすると合理的な制度である。おそらく多くの人は、知的障害者が大学教育から排除されるのは「当たり前」のことと考えるだろう。しかし、大学の大衆化が進み、誰もが大学の知にアクセスしえる状況が生まれてきている。それにもかかわらず、知的障害者が大学の知から組織的に排除されて

いるとしたら、知的障害者の不利益を問題としてもよい、ともいえる。多くの場合、排除には「排除されて当たり前」という合理性が働いているのだ。

　知的障害者が排除されている学びの機会は、他にもいろいろある。たとえば、公民館や図書館や博物館といった社会教育施設での学びについてはどうだろうか。社会教育施設は、「すべての国民があらゆる機会、あらゆる場所を利用して、自ら実際生活に即する文化的教養を高め得る」（社会教育法第3条）学習機会として設置されているが、障害者が学ぶことが想定されていないケースが多い。ことさら、知的障害者は、学ぶ力がない人たちとして扱われてきたため、長い間そのことに疑問をもつ人さえとても少なかった。

　サークルのような集まりに参加することも、障害者にとってはハードルが高いことが多い。それぞれの目的で参加しているメンバーの中には、障害者にどのように接すればよいのかと戸惑ったり、受け入れることを負担だと感じたりする人がいる場合もあるだろう。障害者の側も、受け入れてもらえないかもしれないという不安から、サークルへの参加を躊躇するかもしれない。

　学びの機会からの排除について考えると、さまざまなところに排除の悪循環が起きていることがわかる。学びの場が障害者の参加を想定しておらず、障害者もその学びの場が視野に入っていない。そうすると、障害者はますます学びの場に姿を現すことがなく、学びの場においても障害者と関わる機会がないまま、障害者が参加しないことが「当たり前」となっていく。

　こうした状況を一端とした学びの機会からの排除は、偶発的な学びの積み重ねである日々の経験をも障害者から奪う。学びの機会を逸失するということは、生き生きと生きるための資源へのアクセスが制約されているということだ。筆者はこれを「経験の貧困」[3] と呼んでいる。学びの機会からの排除は、経験の貧困をひき起こす。また同時にそれは、「健常―障害」の構造（あるいは「障害の問題」）に直面する機会を非障害者から奪う。

　本書では、学びの機会からの排除が「当たり前」である状態を崩す努力をめぐって議論を展開する。

インクルーシヴな生涯学習

　2006年に国連総会で決議され、日本も2014年に批准した「障害者の権利に関する条約（Convention on the Rights of Persons with Disabilities）」（以下、障害者権利条約）は、こうした状況を突き動かした。この条約は、教育についての障害者の権利を認め、「障害者を包容するあらゆる段階の教育制度及び生涯学習を確保する」（日本政府公定訳）ことを謳っている。

　日本も障害者権利条約の批准を受け、文部科学省は2017年に「障害者学習支援室」を設置して障害者の生涯学習推進政策に力を入れ始めた。障害者学習支援推進室では、2019年3月には「障害者の生涯学習の推進方策について（学校卒業後における障害者の学びの推進に関する有識者会議報告）」をまとめ、学びの場づくりや基盤整備などについての具体的な提案がなされた。長く軽視されてきた障害者の学校卒業後の学びが、その保障に向けて急ピッチで動き始めたのである。

　この動きを支える中心的な概念に、インクルージョンという語がある。障害者権利条約の第24条に、「障害者を包容するあらゆる段階の教育制度及び生涯学習を確保する」と述べられている。「包容する」という言葉は、インクルーシヴ（inclusive）という英単語の和訳である。インクルーシヴ、あるいはその名詞形であるインクルージョン（inclusion）という単語は、近年さまざまな文脈で使われている。企業社会では「ダイバーシティ＆インクルージョン」という言葉が聞かれ、学校教育の関連では「インクルーシヴ教育」という言葉が聞かれる。しかし、この言葉が意味をもつ言葉として社会に浸透しているとはいえないだろう。

　インクルージョンを説明するにあたって、障害者権利条約の和訳にあるように「包容」という言葉が使われたり、あるいは「包摂」という言葉が使われたりする。これらも馴染みのない熟語なので、「包み込むこと」というような説明がなされることもある。しかし、いずれにしてもこのように和訳してみても、インクルージョンという語は具体的なイメージを結びにくい。このわかりにくさが、インクルージョンという語が横文字で使われる理由でもあるし、また社会に浸透しにくい理由でもあるように思われる。

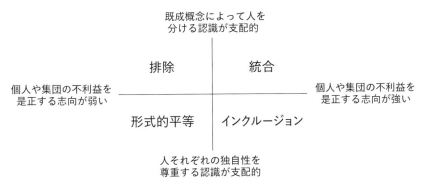

既成概念によって人を
分ける認識が支配的

排除　　　　　統合

個人や集団の不利益を
是正する志向が弱い

個人や集団の不利益を
是正する志向が強い

形式的平等　　インクルージョン

人それぞれの独自性を
尊重する認識が支配的

図1◎インクルージョン概念の説明

　インクルージョンは、エクスクルージョン（exclusion）の反意語である。エクスクルージョンの訳語は「排除」である。インクルージョンは、「排除」と反対の意味をもつ言葉なのである。すなわち、インクルージョンは、排除があることを前提とし、その排除とは逆方向の動きを指す言葉だと理解するのが適切だといえるのだ。

　人間社会における「排除」は、"特定の個人や集団を線引きして分け、その個人や集団が被る不当な不利益を看過すること"によって生じる。たとえば、障害者を非障害者から分け、障害を原因とする不利益を「仕方がないこと」とする姿勢だ。あるいは、男性と女性、あるいは、LGBTQ+を線引きし、女性やLGBTQ+であることによる不利益を「仕方がないこと」とする姿勢だ。

　「排除」をこのようなものとして理解すると、反意語の「インクルージョン」には2つの意味が含まれていると考えることができる。1つは、特定の個人や集団への線引きをずらしたり、曖昧にしたりすること、もう1つは個人や集団が被る不利益を是正する仕組みをもつことである。

　このことを4象限の図を使って説明すると、図1のようになる。縦軸は、年齢・性別・障害・国籍や文化などによる線引きの強弱で、横軸は、不利益を是正する志向性の強弱だ。この2つの軸で分割される4つの象限のうち、人と人とを分ける線引きが弱く、個人の独自性が尊重され、また、個人や集団が被る不利益を是正する志向性が強い状態が「インクルージョン」である。

なぜ生涯学習か

　本書は、障害者の生涯学習におけるインクルージョンがテーマである。このテーマを深めていくにあたって、まず生涯学習とは何か、生涯学習を取り上げる意義とは何かといったことを簡単に述べておきたい。

　生涯学習とは何かということを説明するとき、「縦の統合」「横の統合」という言葉が使われる。「縦の統合」というのは、学習の保障を人生の初期だけに集中させてきたことを批判し、学びを生涯にわたる営みとして捉えることを意味する。「横の統合」というのは、人々がいつでもどこでも学ぶことができるように、さまざまな社会資源をネットワークでつなぎ活性化することを意味する。障害者の生涯学習推進政策も、こうした「縦の統合」「横の統合」を意識して進められる。

　それにしてもなぜ今、生涯学習の推進が問われているのだろうか。

　教育や文化を司っている国連の機関であるユネスコは、1960年代に生涯教育という言葉を提案した。当時ユネスコは生涯教育を、科学技術のめざましい発展を背景とした社会の変化に人間が適応していかなければならないという理念と結びつけていた。

　ところが、1970年代になると、ユネスコの生涯教育に対する意味づけが大きく変わる。経済格差や環境破壊など社会の矛盾が膨らむにつれ、これらの矛盾の解決の糸口として生涯教育が期待されるようになっていったのである。

　ユネスコの2つの主張は、生涯教育に、人々を社会に適応させる機能と、よりよい社会を形成する主体を育てる機能があることを示している。その後、学習者の主体性を尊重することに力点を置く生涯学習という語がよく使われるようになっていく[4]。日本でも、1980年代に教育政策の根幹に生涯学習推進政策が位置づけられた。

　障害者権利条約で述べられる生涯学習の確保にも、個々人が社会に適応する方向と、社会をつくる主体を形成する方向があるものと理解することができる。具体的に考えるなら、生涯学習によって、障害者が社会に適応し貢献することができるようになるために能力を高め、自律的に生きることができ

るようになることが期待されていると同時に、障害者が自分らしく生きていくことのできる社会に向けて、社会を変えていく主体となることが期待されている、ということになる。なお付言しておくと、ここでいう主体は、必ずしも個人の能力に依存した主体である必要はない。他者と共に社会と相互作用する関係論的主体（石黒, 2020）を念頭に置く。

何のための生涯学習か

「うまく社会に適応できない人たち」として障害者を捉えると、障害者の生涯学習は社会への適応のための学びに偏って意味づけられてしまう。逆に、社会から排除された人たちとして障害者を捉えるなら、障害者の生涯学習は、特定の人たちを排除して成り立っている社会を変革する流れの中に位置づけられる。

私たちの日常の中で、障害者に対する2つの捉え方が混在している。生涯学習の意味づけも、適応と主体形成の、2つの方向性がせめぎあっている。現在のところ、一般的には前者の意味づけに偏りがちだ。後者、すなわち障害者が生き生きと社会に参加し、よりよい社会をつくる主体となっていく過程を支援するために、どのような実践が必要か。この問いが、障害者の生涯学習を推進していくときの重要な視点のひとつになるのではないかと思う。

障害者の生涯学習を社会の変革と関連づけて捉えるのであれば、このテーマは社会全体の学びにも焦点を当てることになる。障害者の生涯学習がテーマ化される背景には、障害者が学ぶ機会から排除されてきたという事実がある。その事実に向きあう必要があるのは、障害者自身であるよりも、まずは社会全体、とりわけ学びの場の計画や運営に影響力のある人たちなのだ。

本書で、生涯学習だけでなく社会教育という語を併用するのはそのためだ。

社会教育とは、学校教育のカリキュラム以外の組織的な教育すべてのことをいう。学校教育だけでは足りない部分を補う教育や、学校教育では生み出せない価値を実現する教育として、社会教育の存在意義が認められてきた。社会教育は、学校教育と違って、教職員体制や教科書などを保障する制度がない。しかし、この制度的な脆弱性は、社会教育にとって弱みでもあると同

時に強みとしても理解されてきた。社会教育は制度からの束縛が少ないからだ。教える人と学ぶ人があらかじめ分かれているわけではないし、何をどこでいつ学ぶかということも決められているわけではない。自由な分、社会教育は個人や集団が自分たちで考えながら進める必要のある教育なのだ。

　このような特徴から、社会教育の本質は自己教育と相互教育にあるとされてきた。学習場面では、教育者から学習者への一方向的な関係で行われる教育ではないという意味であり、構造的には、国家から国民への一方公的な関係で行われる教育ではないという意味であると解釈できる。障害者の学びの文脈でいえば、非障害者から障害者への一方向的な関係で行われる教育ではない、ということである。障害者が学ぶ場で、その学びに伴走している非障害者の学びも起きているのであり、社会教育を論じることでその学びの全体像を捉えることができるのである。

神戸大学の取り組み

　筆者の勤務している神戸大学は、2005年から「子育て支援をきっかけにした共に生きるまちづくり」をめざす「のびやかスペースあーち」という社会教育施設を運営している（本書第6・7章参照）。

　15年以上にわたってこの施設に通い続けている知的障害のある青年がいる。開設当初は小学校1年生だった彼は、放課後は「あーち」に来て住民や学生と共に過ごすのが当たり前という生活をしてきた。入学してきた学生たちが卒業して社会に巣立っていく姿を身近で見てきた彼は、特別支援学校高等部を卒業する頃には、「僕も大学に行きたい」と言うようになっていた。私たちも彼の姿を見て「それはそうだよな」と思う。「あーち」では日々、いろいろな人たちの思いが交差し、さまざまな物語が紡がれているが、煎じつめれば「文化」を創造しているのだと感じる。その「文化」には、「どんなことがカッコいいのか」とか、「しあわせとは何か」とか、「どうやってしあわせを手に入れるか」とか、そういった人生の指針のようなものの共有が含まれている。この知的障害のある青年は、この「文化」を一緒に創り、共有してきたのだと感じるのだ。コロナ禍前の最後の夏、彼は学生たちと一緒

に、韓国の大学で実施された研修に参加してきた。内容はわからないことばかりだったと思うが、学生たちとの深い交流も含めてとても充実した時間だったようだ。

　さらにこの青年は、2019年から実施している知的障害者に大学教育を開く取り組み「神戸大学・学ぶ楽しみ発見プログラム」（通称、KUPI）に参加している（本書第8・9章参照）。彼は知的障害のある学友たちや神戸大学の一般学生たちと一緒に、KUPIでも生き生きと学んでいる。

　このプログラムは、知的障害のある人たちが、10月から3月まで火・水・金の週3回平日の夜に、学生として大学の授業を受けるというプログラムである。「入学試験」に合格した10名ほどの学生たちが入学し、「履修証明書」を得て卒業していく。

　火曜日は神戸大学国際人間科学部の3年生向けの授業「社会教育課題研究」との合同授業で、一般学生と共に学ぶ挑戦をする。

　水曜日は「よりよく生きるための科学と文化」と題したオリジナルのオムニバス授業である。宇宙物理学、哲学、音楽学、教育学などを、専門の教員が大学1年生の初っ端に話す内容について時間をかけて講義するという内容である。

　金曜日は「話しあう！やってみる！」と題した話しあいとフィールドワークを中心とした授業である。学生たちがやりたいことを出しあい、話しあいを経て実行に移す。

　このプログラムでは、コーディネイター2名とサポート役の学生数名が日常的な学びの支援をする。授業が終わった後に1時間ほどの復習の時間をもち、少しでも知的障害のある学生が授業の内容にも関与できるようにしている。

　私たちは、「のびやかスペースあーち」や「学ぶ楽しみ発見プログラム」を実践研究のフィールドとして運営してきている。試行錯誤しながらモデルプログラムを創出し、そこで起こるさまざまなできごとを記録し、実践の成果を確認しながらインクルーシヴな社会に向かうために必要な学びの本質を捉えようとしてきた。本書の記述や考察の背景には、こうした取り組みの経験がある。

本書のねらいと構成

　本書は、インクルーシヴな社会の形成を最終的な目標としつつ、その形成過程で重要な要素となる「学び」を取り上げる。しかもその「学び」の主体として、特に知的障害者に焦点を当てる。

　知的障害者に焦点を当てるのは、知的障害者は学ぶ能力が欠如している人たちとして分類されており、最も本質的に「学び」から排除されていると捉えることができるからだ。イギリスでは、学習困難（learning difficulties）という言葉で知的障害を表現することが定着している。学ぶ能力が欠如しているとされてきた知的障害者は、生涯学習の機会が保障されないこと、学びの場に現れないことが、最も「当たり前」のこととされてきた人たちなのだ。それゆえ、知的障害者の学びに着目することで、この「当たり前」をいかに崩していくかということを検討したり、知的障害者が学びの場に現れることによって何が変わるのかということを検討したりすることができるはずだ。

　本書は、国内外で障害者の生涯学習を推進する流れを背景として、知的障害者の学びに焦点を当て、インクルーシヴな生涯学習の原理・制度・実践についての知見を積み上げることを目的とする。そのために、次のように本書を構成した。まず、障害者の生涯学習推進政策の背景と実際について実践的・理論的に捉えるとともに、社会教育行政や社会教育施設の課題を取り上げる（第1部）。そのうえで、知的障害者の学びの現場をノンフォーマル教育―インフォーマル教育の観点から分類して捉え、それぞれ実践論の視点からインクルーシヴな学びの理論構築をめざす（第2部）。そして最後に、基礎教育保障、文化芸術、語りといったトピックを据えてインクルーシヴな学びを原理的に検討する（第3部）。当座は、さまざまな社会資源を動員しながら障害者が学ぶ機会の拡充を図っていくとしても、即座に、どのような社会のあり方を前提としたどのような学びを創造していくべきなのか、という具体的なイメージについての議論が求められることになろう。したがって筆者は、すべての人が参加し協働して課題を解決し、よりよい社会を共同で創造していく未来を思い描きながら、そうした未来に向けて教育はどうあるべきか、個々人はどのような力を得ていく必要があるのか、多様な能力を前提にした

協働はいかにありえるのか、といったテーマを問いとして浮かび上がらせることにする。

注

1　1975年から比べると、後期中等教育の機会は飛躍的に充実した。2015年度の特別支援学校高等部への進学率は障害児全体で96.3%、知的障害児に限ると98.5%にのぼる。

2　本書では原則として「障害者」という表記を採用する。障害は社会の側にあるもので、"ディスアビリティとは、不利益が特有な形式で個人に集中的に経験される現象"であり、したがって障害者はその障害による不利益を集中的に被っている人とする考えが提示されている（星加, 2007, p.195）。この考え方に依拠すると、「障がい者」「障害のある人」といった表記は、障害を個人の機能障害として捉えていることを表明することになる。とはいえ、小林繁が力説するように"「障害者」という場合、通常辞書や辞典にはないこの言葉は、いうまでもなく「障害」という事象と人を指す「者」とが合体したものであるが、このことによって「障害」と「者」との関係が問われないままに、あたかも「障害者」と呼ばれる特殊な人たちが存在するかのような観念が醸成されてくる"とする懸念にも説得力がある（小林, 1996, p.50）。障害を機能障害と捉える観念が社会の中に強く残っている限り、"障害をマイナスの価値をもった、つまり取り除かれるべき対象といった意味が「障害者」という表現に含意されている点は否定できない"（小林, 2010, p.32）という現実も実感できる。したがって、「障害者」という表記は、障害を社会の側にあるものとする概念の転換を意図しているという説明が伴うとき、正当性を主張できるということを強調しておきたい。

3　たとえば、社会問題化した「子どもの貧困」の論点は、経済的な絶対的貧困の解消にとどまらない。飢餓やホームレスといった極限的な貧困の解消はいうまでもなく急務だが、現代においては同世代の子どもと同様の経験ができない子どもの層が広がっていることに社会的関心の中心がある。象徴的には毎夜コンビニ弁当で空腹をしのぐ子どもの個食がクローズアップされる。この象徴が示すのは、家族や仲間と温かい食事を囲む経験の欠如である。そしてその経験の欠如は、情緒的発達の機会や、他者と肯定的な関係を形成する機会の逸失という不利益を想像させる。経験の貧困は生活の諸側面に存在しえる。習い事ばかりに追われて友だちと時間を忘れて遊んだことがないという経験の貧困もありえる。経験の貧困は、経済的貧困だけによって生じるのではない。ジェンダーや障害も、経験の貧困の主要な要因になりえる。女の子だから、障害児だからという理由で、「させてもらえないこと」が多くある。それゆえ「やったことがないから、もっ

とできなくなる」ということが起こる。経験の貧困は、学ぶ機会の逸失でもあり、それゆえ生きる道の選択肢を狭める。したがって障害者の生涯学習を検討する背景に、障害者の経験の貧困があることを理解しておくことが重要なのである。

4　ユネスコの教育政策は、その後も1990年の「万人のための教育（Education for All)」、2002年の「持続可能な開発のための教育（Education for Sustainable Developmet: ESD)」として発展してきた。その展開の中で一貫して成人の学習機会、あるいは生涯学習が重視されてきている。また、2015年に国連サミットで採択された「我々の世界を変革する――持続可能な開発のための2030アジェンダ」においても、生涯にわたる質の高い教育がめざされている（SDGs)。障害者権利条約でインクルーシヴな生涯学習の確保が求められているのも、「誰一人取り残さない」（SDGs）を理念とする一貫した社会政策の流れに位置づけられる。

第1部　障害者の生涯学習推進の背景と実際

第1章

障害者の生涯学習推進の前提

1. 誰にとっても身近な問題

　障害者の生涯学習推進をテーマとして議論するにあたり、障害とは何か、障害者とは誰か、推進する学びとは何かといった前提について論じておきたい。ことさら、このテーマは、「障害者と呼ばれる特定の人たち」の学びにとどまらない課題を提起しているということを強調しておきたい。

　障害者が被る不利益の多くは、障害者が排除されることによって起こる。排除は、社会の場面で起こっているが、私たちはそのことに気づかないことが多い。障害者が排除されている場面には、そもそも障害者は存在していない。その場面に居合わせる人たちは、「障害者がいないのは、障害者に何か問題があるからだろうと」と漠然と考え、自分が排除に加担しているということに気づかないまま、障害者がいないことが当たり前だという感覚を身につけてしまう。

　障害者の生涯学習推進がトピックになりえるのは、学校卒業後の障害者にとって学ぶ機会が限られているためだ。なぜ限られているのかということを突き詰めていけば、障害者の社会的排除の現実に行き当たる。排除と逆の方向に進もうとするならば、社会が変わらなければならない。インクルージョン（排除の反意語）は、障害者に課されている課題なのではなく、社会全体が取り組むべき課題なのだ。

　さらに、障害者とは誰かという問いを検討すると、「障害者と呼ばれる特定の人たち」だけを指すという理解では足りないことが明らかになる。この問いは、「障害があるから排除される」のか、「排除されている人たちが障害者とされる」のか、という議論を通して検討される。そして、一般的には前者だと観念されているが、よくよく考えてみると後者なのではないか、とい

う方向で議論がなされてきた。「排除されている人たちが障害者とされる」と考えたならば、障害を個人の属性として捉えるだけでは説明できない。そう考えれば、障害の現象は社会の中にありふれている。私たちが「当たり前」と考えている規範や規格から外れている行動や様態に対して、また、効率性を重視する社会の中にあって非効率的・非生産的だとされる人たちに対して、障害という観念が社会的に形成される。そのような現象だと考えると、障害の問題は私たちの生活の中に組み込まれている、誰にとっても身近な問題だということになる。

　障害者の生涯学習推進というテーマは、一義的には「障害者と呼ばれる人たち」の学びの場を拡張していくことにあるが、ことさら学びをテーマとしていることもあって、「障害者と呼ばれる人たち」の学びに限定せず、より普遍的な学びへと広がりをもったテーマであることを意識しておきたい。

2．障害の概念をめぐって

　出生前診断技術の飛躍的向上によって、染色体異常の胎児の選択的妊娠中絶についての議論が高まっている。しかし、染色体異常という医学的根拠によって人の人生の質を断定してしまうことの割り切れなさを、多くの人が感じていると思う。つまり、障害の問題が医学的根拠のみによって決定されるという認識は、私たちの日常的意識においても揺らいできているのではないだろうか。

　国連のWHO（世界保健機関）は、2001年に「障害」の概念を大きく見直した。それまでの概念では、障害者個人の身体的機能の欠陥に障害の原因を求めていた。知的障害や精神障害も、身体の一部である脳の機能障害による現象と捉えられた。しかし、2001年の「国際生活機能分類（ICF）」においては、「参加」と「活動」を妨げている「個人的要因」「環境要因」が「障害」を現象させていると捉えられるようになった。つまり、「障害」を障害者個人の身体の問題として捉える見方は相対化され、複雑な社会過程によって生じる現象だという見方に移行してきたのである。

　「障害」の捉え方についてのこの変化は、「障害」は障害者個人が抱える

問題だという見方から、「障害」は社会全体で取り組むべき問題だという見方への変更を意味する[1]。「障害者の社会教育・生涯学習」と聞いて「障害者のための社会教育」や「障害者の学び」だけを思い浮かべるというのは、「障害の問題とは障害者個々人の問題だ」と理解する旧来型の認識枠組みに依拠していると理解することができるかもしれない。現在いっそう必要とされているのは、「障害の問題は社会の問題だ」という認識に基づいた学びの組織化なのである。

　さらに、「障害の問題は社会の問題だ」と捉える見方は、「障害者とは誰か」という問題とも関連する。たとえば自閉症スペクトラムという専門用語がある。人間は、自閉症者と非自閉症者とに二分されているのではなく、自閉症的要素を多くもっている人から、そうでない人まで、多様に存在しているということを意味する語である。自閉症的要素をどれくらいもっているかというのは、おおむね個人の身体的機能によって決まっていると考えられている。しかし、自閉症者と非自閉症者の間を区別する線引きをして、自閉症者を特定しているのは社会である。その意味で、自閉症の問題は社会的に決定されていると理解すべきなのである。つまり、「誰が障害者であるか」ということの決定に、社会も参加しているのである。

　かつての「障害」の概念に基づけば、身体的機能の欠陥をもった障害者が、その欠陥ゆえに「参加」や「活動」が制約されていると捉えられたのに対して、今日ではこれに加えて、「参加」や「活動」が制約されている人たちが「障害者」として認知されるという捉え方も必要になってきているのである。ということは、「参加」や「活動」の障壁を除去することによって、「障害者とは誰か」という枠組み自体が変動するのである。

　障害の問題は、私たちの他者に対する認識、態度、行為と直結しており、他者との関わり方、ひいては私たちの生き方についての省察を要求してくる。

3．合理的配慮

　「障害の問題は社会の問題だ」とする認識への移行を象徴しているのは、「合理的配慮」という語である。2006年に国連総会で採択された「障害者権

利条約」は、「合理的配慮の欠如」も差別であると規定した。「合理的配慮」というのは、障害者の参加・行動を妨げる障壁を除去する配慮である。これの欠如が差別だというのは、たとえば「一部の人の便宜のために必要なバリアフリーの整備について、その費用を国民全体で負担するのは不公平だ」といった考え方自体が差別だという認識を意味する。

この条約への批准に向けた日本の取り組みのひとつに、2013年に制定された「障害者差別解消法」がある。この法律でも「合理的配慮」という語が用いられている。第5条で"行政機関等及び事業者は、社会的障壁の除去の実施についての必要かつ合理的配慮を的確に行うため、自ら設置する施設の構造の改善及び設備の整備、関係職員に対する研修その他の必要な環境の整備に努めなければならない"と述べる。その一方、第4条では"国民は、……障害を理由とする差別の解消が重要であることに鑑み、障害を理由とする差別の解消の推進に寄与するよう努めなければならない"とする。

とりあえず「合理的配慮」は政府や事業者の義務とされているが、国民一般が無関係というわけではないだろう。たとえば、「A公民館は障害者にとって利用しにくい」という状況があった場合、A公民館の物理的なバリアフリーが具体的な「合理的配慮」になる場合もあるが、そうでない場合もある。A公民館の利用者の間に障害者を排除するような雰囲気があることが原因である場合、「合理的配慮」はA公民館職員の利用者に対する働きかけの義務ということにもなるが、同時に利用者も認識や態度の変容が迫られるということも意味する。「合理的配慮」は、A公民館の職員と利用者、ひいては地域全体の課題となりえる問題提起なのである。

また、「合理的配慮」は、個々人のニーズをめぐるコミュニケーションの活性化を求める。何が「合理的配慮」であるかということは、人によって異なる。たとえば「視覚障害者」と一括りにされる人であっても、視力や視野や色覚の多様性によって、見え方に大きな差があるという。見え方に差があれば、「配慮」の仕方も異なる。見え方が同じであったとしても、生育歴や社会的地位、心理的状態などによって、「配慮」の感じ方や求め方が変わることもある。したがって、「配慮」を受ける本人が、自らのニーズを表明し、どのような「配慮」を求めているかということを説明する必要があるのであ

る。「合理的配慮」は、障害者が自己認知を高め、自らのニーズを表明することを要求するし、同時にすべての社会成員に対して、他者のニーズに対する感受と応答能力を求めることになろう[2]。

4. 学ぶ機会の拡充と多様化

　障害者が学ぶ機会は、多様化し、条件も整備されつつある（表1参照）。従来の社会教育事業として行われてきた障害者対象のプログラムに加え、たとえば次のような事業が発展してきている。児童デイサービスの発展は、障害児の学習機会の拡大に貢献しつつある。学童保育においても障害児の利用促進のための制度が発展してきた。障害者就労支援制度は、障害者の通所施設に「次のステップのために学ぶ機会」を提供するという役割を与えた。大学もまた、公開講座やオープンカレッジといった手法によって、障害者の学習機会の拡充に寄与している。

　間接的に障害者が学ぶ機会の発展に貢献している社会福祉サービスもある。たとえば、ガイドヘルプサービス（移動支援）は、学習施設へのアクセスを容易にし、それによって学ぶ機会が広がったという障害者もいる。身の周りの整理や家事に追われていた障害者が、ホームヘルプサービスの利用によって生まれた時間を学習機会への参加にまわすことができるようになったというケースも多いだろう。

　障害者が学ぶ機会の拡充と多様化は、障害者の社会教育・生涯学習を論じるにあたって無視することができない。学ぶ機会を量的に保障するだけでは十分ではなくなってきている。誰に対して、どのような学びを保障するかといった議論がいっそう必要となっている。たとえば、児童デイサービスにおける療育は、「社会全体で協力しながら障害児を大事に育てようとする」取り組みであるか、あるいは「障害児の身体的機能の欠陥を取り除き、健常児に近づけようとする」取り組みであるかによって、社会的意味は大きく異なる。また、障害者就労支援制度によるプログラムも、「障害者個々人の生を充実させるための就労支援」であるか、あるいは「企業就労できない障害者を、指示に従うよう訓練する取り組み」であるかによって、実践の意味が大

表1◎「障害者の生涯学習」を支える実践の多様性

公民館等における実践	障害者青年学級など障害者を主な対象とする事業
	一般の学級・講座等への障害者の参加（合理的配慮）
	社会教育関係団体やサークルへの障害者の参加
その他の社会教育施設における実践	博物館における合理的配慮
	図書館における合理的配慮、点字図書等の提供
	障害者スポーツセンターの設置
	体育施設における合理的配慮、アダプテッド・スポーツ推進
学校に関連する実践	特別支援学校等の同窓会活動
	大学の公開講座等への障害者の参加（合理的配慮）
	大学等におけるオープンカレッジ、障害者対象の公開講座等
	継続教育を実施する高等教育機関における障害者の受け入れ
社会福祉に関連する実践	障害者支援事業所における文化芸術活動、スポーツ活動、学習活動
	自立生活センター等における自立生活プログラム
	学習活動の参加に不可欠な障害者福祉サービスの提供
	社会福祉協議会の福祉教育活動等
就労支援に関連する実践	就労支援施設における作業としてのアート活動
	一般就労をする障害者の生きがいづくりのプログラム
その他の実践	親の会や家族会などによる学習活動
	障害当事者グループの学習活動
	NPOなどによる文化芸術活動、スポーツ活動、学習活動
	営利事業としての障害者対象の教室等
	民間の学習機会への障害者の参加（合理的配慮）
	医療機関における学習活動、学習支援活動

きく異なる。個々の学習プログラムに沿って、そのプログラムの社会的意義を問う姿勢が要求されているのである（津田, 2013）。

5．葛藤への焦点化

　先に紹介した「障害者権利条約」では、「インクルージョン」（政府訳では「包容」）という用語も多用されている。たとえば第19条には、"全ての障害者が他の者と平等の選択の機会をもって地域社会で生活する平等の権利を有することを認めるものとし、障害者が、この権利を完全に享受し、並びに地

域社会に完全に包容され、及び参加することを容易にするための効果的かつ適当な措置をとる"とある（政府訳）。「インクルージョン」という語は条約の中で定義されていないが、「合理的配慮」の徹底に加えて、人間の尊厳を尊重する意志が示唆されているように思う。

アメリカのオレゴン州で1974年に開かれた知的障害者の集会で、ある知的障害者が"私たちはまず最初に、障害者、あるいは知恵遅れ、あるいは身体障害者として見られることは嫌です。私たちは、まず、人間として見られたいのです"と述べた。この主張は後々、知的障害者の運動のシンボルになっていった。障害者だといって後ろ指をさされるのではなく、腫れ物に触るようにでもなく、「そこにいて当たり前の存在」として社会に受け入れられたいという主張は、障害者の権利を語るうえで重要なパーツであり、「インクルージョン」の語にリアリティを与える。すなわち、「インクルージョン」という理念は、「合理的配慮」によって社会参加を保障したうえで、さらに参加した社会において尊厳ある主体として、あるいは当たり前の参加者として、すべての社会構成員を遇することを要求している。

これまで社会が排除したり、見て見ぬふりをしたりしてきた人たちを、「そこにいて当たり前の存在」として受け入れようとする取り組みは、継続的に葛藤を生み出し、試行錯誤の繰り返しを強いるだろう。

たとえば、ある発達障害のある青年はいくら注意しても隙があったら火遊びに興じてしまう。火事の心配があるので、家族はその青年が一切の火気に接することのないように細心の注意を払った。「火の扱い方を教える」ことが教科書的な問題解決だが、生活史の中で身につけてしまった性癖を容易に取り除くことはできない。ましてインクルージョンの理念に価値を置くのであれば、「適切な火の扱い方を修得するまでは入所施設で生活するべきだ」といった、従前なら当たり前とされてきたような意見を安易に採用することもできない。つまり、その青年から一切の火気を取り上げるという家族の行動は、彼が安心して地域生活を送るための「合理的配慮」ということができるのである。しかし、その青年に、自分の考えをまとめて発言する能力があるのであれば、彼は"火を自由に使えないなんて、人間として当たり前の生活が蹂躙されている"と訴えるかもしれない。火であれ、異性への関心であ

れ、お金であれ、非衛生的な行動であれ、暴力的な行動であれ、参加や活動を妨げる要因に対する周囲の人々の「合理的配慮」が、本人にとっては「人間として扱われていない」証拠と感じられるかもしれないのである。そうした本人の感覚もまた無視したり軽視したりできない。したがって、本人も周囲の人たちも、葛藤に直面する以外にない。大切なことは、私たちがそうした葛藤から、平等とは何か、共生とは何か、はたまた人間とは何かといったことについての体験に基づいた深い省察を得られるかどうかということではないだろうか（劉他, 2011）。

「インクルージョン」の理念に忠実であろうとすれば、さまざまな葛藤を避けて通ることはできないだろう。さまざまな人たちが集まる場において、すべての人たちが自己実現と相互承認を享受するためには、多くの葛藤が日常的に起きる。そうした葛藤を学習に転換していくところに、障害者の社会教育・生涯学習というテーマが追究すべき理論的・実践的課題が横たわっている。

注 ──◎

1　マイノリティスタディーズのひとつである「障害学」は、障害者運動の影響を受けながら、「障害」を個人的な問題としてではなく、社会的な問題として扱う研究を積み重ねてきている。「障害」概念の変更には、こうした研究の蓄積も寄与している（石川・長瀬, 1999; 杉野, 2007）。

2　「合理的配慮」について"障害者が直面している社会的障壁が確認・理解され、それを除去するために必要で、かつ可能な手立て（合理的配慮）が模索・策定される"とされる（川島他, 2016, p.203）。また"「できないから支援する」ではなく、「こうすればできる支援」へ"（高橋, 2016, p.144）といった視点も、ことさら教育現場における合理的配慮の際に意識される必要がある。

第2章

公民館は障害者の学びに貢献してきたか

1. 谷間に落ち込んできた領域

　各自治体で「障害者プラン」策定の際に、市民を対象にアンケート調査などを実施することがある。たとえば関西にある中都市の調査によると、「日中の居場所や地域の人などと交流することのできる場所」を利用していると答えた障害者は、全体の7％にすぎなかった。また、「障害者に対する差別や偏見」が「強くある」「少しはある」と答えた障害者は、68.3％に達した。他方、一般市民に対するアンケートでは、「障害者と接する機会がほとんどない」と答えた回答者が52.1％、「障害者と一対一で接することへの不安」を「とても感じる」「少し感じる」と答えた回答者は58.4％に達した（川西市、2018年）。

　この結果を見ると、障害者は社会に残る差別や偏見を怖れて社会参加に消極的な傾向があり、非障害者は障害者との接触に不安をもっている傾向がある、ということができそうだ。障害者も社会の一員だとする「完全参加と平等」が謳われた国際障害者年から40年がたった今日でも、いまだにこのような状況なのだ。

　社会教育法第20条には、公民館の目的として以下のように書かれている。「公民館は、市町村その他一定区域内の住民のために、実際生活に即する教育、学術及び文化に関する各種の事業を行い、もつて住民の教養の向上、健康の増進、情操の純化を図り、生活文化の振興、社会福祉の増進に寄与することを目的とする」。公民館が、障害者を含めた住民にこうした寄与を十分に実施できていたら、上記の数値はまったく異なるものになっていたに違いない。これは、もちろん公民館だけの問題ではない。「障害者プラン」の策定において社会教育の出る幕はほぼないというのが現実だ。つまり、障害者

の生活をどう支援していくかという議論から、公民館は排除されてきている
のだ。

　障害者の学びの場の保障は、社会教育と社会福祉の谷間に落ち込んでしま
う領域であった[1]。公民館のような場所を希求している障害者がたくさんい
るにもかかわらず、障害者に関連する事業は社会福祉の管轄だという認識
が、「公民館で障害者が学ぶのは当たり前」という感覚を鈍らせてきたので
はないだろうか。

２．障害者の生涯学習推進政策の登場

　このような状況に対して、2017年度に文部科学省に障害者学習支援室が
設置されてから少し風向きが変わった。特別支援学校を訪問した文部科学大
臣が、「学校を卒業した後に学ぶ場がないのが不安」という保護者の声を聞
いて「特別支援学校の生涯学習化」を唱えたところから始まった施策だと
されている。もちろん、これはひとつのわかりやすいストーリーだが、背景に
はさまざまな社会的な要因があって障害者の生涯学習推進政策が俎上にの
ぼった。

　国連の障害者権利条約に批准したことが起爆剤になっていることはいうま
でもない。この条約は、障害者に対してインクルーシヴな生涯学習を確保し
なければならないとしている。また、内閣府を中心に政府が共生社会政策に
取り組んでいることも、この動きと無縁ではない。人口減少対策が日本社会
の喫緊の課題となり、あらゆる人々が社会を支えることができるようにしな
ければ、日本社会は地盤沈下してしまうという危機意識などが、共生社会政
策の背景にあるのだろう。

　障害者学習支援推進室は、2018年度から矢継ぎ早にいろいろな施策を展
開し始めた。これまで陽の当たらなかった障害者の生涯学習実践に対する表
彰制度が生まれたり、どのような仕組みをつくると障害者の生涯学習が活性
化するかといった問題意識に基づいて、全国で委託研究が実施されたり、学
校卒業後における障害者の学びの推進に関する有識者会議における喧々諤々
の議論の末に『障害者の生涯学習の推進方策について──誰もが、障害の有

無にかかわらず共に学び、生きる共生社会を目指して』という報告書が出されたりした。また2019年度からは全国を6つのブロックに分けて、それぞれで障害者の生涯学習推進のシステム構築に着手したりなど、活発な動きが続いている。

　このような状況の中、公民館はどのような新しい動きを生み出せるかということも、大きな課題になっている。

3. 公民館の先駆的な事例

　これまでにも、障害者の生涯学習推進に熱心に取り組んできた公民館はいくつもあった。

　最も組織的に取り組まれてきたのは、主に知的障害者を対象とした障害者青年学級と呼ばれる実践である。もともと、1960年代に中学校の障害児学級のアフターケアとして教員が手弁当で始めた実践だ。安定した生活を営むことができない卒業生と関わる中で、彼らのアフターケアを制度化する必要があると感じた教員が、教育委員会と交渉した結果、青年学級振興法（1999年廃止）を活用することになったという来歴である。その後、この活動は東京都を中心に広がり、活動の場所も学校から公民館などの社会教育施設に移っていった。支援の輪も市民に広がり、実践の意味づけも多様になっていった。

　たとえば、1974年に発足した東京都板橋区の障害者青年学級は、社会教育センターを拠点に試行錯誤しながら実践を積み重ねてきている。初期の「学級生と青年ボランティアの相互学習」から「成人講師によるしつけ教育」の段階、「社会教育指導員とスタッフ主導」の段階、「学級生を交えて活動を創りあげる」段階を経て、現在「メンバーの主体的な話し合い学習」の段階に至っていると整理されている（板橋区大原社会教育会館, 2019）。

　また、町田市の障がい者青年学級は、1974年の発足以降一貫して障害者の学習権保障をテーマにした取り組みを行っていることで高い評価を得てきた。当初は公民館だけで実施されていたが、学級生の人数が増えるにしたがって3つの学級に分かれ、150名を超す学級生の学習をボランティア・ス

タッフが支えている。音楽、スポーツ、演劇、調理などの分野に分かれて、学級生の希望に沿った活動を展開し、さらに学級で長く学んだ人たちが自主サークルを創設するなど、先駆的な取り組みを行っている（町田市障がい者青年学級, 2017）。

公民館で行われてきた障害者の生涯学習支援事業は、障害者青年学級だけではない。

国立市公民館は、青年教育の一環として、障害の有無を超えて共にまちづくりに参画することをめざした事業を展開している。なかでも1981年に、国内ではじめて公共施設に喫茶コーナーを開設し、障害者を含む青年たちが自主的に運営するという仕組みをつくり、障害者青年学級などとの相乗効果もあって、成果を挙げてきた[2]。

その他にも、障害者の当事者グループの活動を支援したり、手話サークルなどでの障害者の活動を支えたり、一般の学級や講座やサークルなどへの障害者の参加を支援するなど、さまざまな形で障害者の生涯学習支援がなされてきている。

4．どこから手を着けるか

このご時世、資金も担い手も乏しい中、障害者の生涯学習支援への着手に後ろ向きな公民館も多いのではないだろうか。先に紹介した先駆的な事例は、歴史的な蓄積の中で現在の形がある実践である。現時点で同じようなことを求められても無理があるというのも、一理あるところだ。

そのような中、筆者は、障害者の生涯学習支援への着手が、公民館の活性化につながらないだろうか、ということを考えている。まず、多様な人たちが集まる公民館のほうが、学びの質は高まるはずだ。「共に生きるための学び」[3]が、これからの社会において重要性を増していくだろう。多様性は学びの源泉なのだ。障害者と共に学ぶ状況が生まれると、見えなかったものが見えてくるという経験をするはずだ。そもそも障害者が公民館に足を運びにくいのはなぜなのかということを考えるだけでも、公民館活動の質を向上させる糸口になる。幸い、障害者差別解消法によって、障害者の参加を妨げて

いる障壁の除去（合理的配慮）が義務づけられ、社会が公民館における障害者の支援を後押しする状況になっている。

　韓国のナザレ大学という私立の総合大学に、知的障害者だけが学ぶリハビリテーション自立学部というユニークな学部がある。なぜこのような学部が生まれたのかという歴史を紐解くと、一人ひとりの学生を大切にしようとする建学精神のもと、入学してきた障害学生の学びの質に責任をもとうとしてきた教職員の努力が見えてくる。今では韓国随一の障害学生支援を行い、それが政府や企業からも高い評価を受け、その信頼とネットワークが卒業生の高い就職率にもつながっている。学習機会への参加に困難を感じる学習者に寄り添おうとすることが、支援システムを生み出し実践力を向上させる原動力になるのだということを教えてくれる実践だ。公民館をインクルーシヴにしていくのは、つまるところ、一人ひとりの学習者の学びを大切にしていく努力の積み重ねなのだ。

　2018年度に文部科学省が社会教育施設を対象に行った調査（有効回答数2734施設）によると、障害者の学習活動の支援に関わった経験のある社会教育施設は、全体の14.5％であった（文部科学省, 2019）。そもそも障害者が公民館に足を運んでくれないのか、あるいは公民館が障害者の参加を拒んでいるのか。いずれにしても社会教育法第20条の精神からかけ離れた実態だといわざるをえない。公民館が、学習機会から排除された多様な人々の存在に目を向けていくことによって、公民館の公共的意義は高まり、学習者間の相互学習も活性化されるのではないだろうか。

注 ──────────────────────────────────────◎

1　たとえば1985年に書かれた論文に次のようなくだりがある。"公的社会教育に求められるもっとも基本的な課題は、障害者問題が他行政の課題であるとする発想を転換し、障害者を含めた住民・市民の多様な生活実態・生活課題に根ざした学習要求に応え得る社会教育のあり方を追求することである"（高橋, 1985, p.35）。
2　国立市の事例についての先行文献は多数ある。平林（1986）、喫茶わいがや40周年記念ブックレット編集委員会編（2021）を参照。

3　「共に生きるための学び（learning to live together）」は、ユネスコの「ドロール・レポート」（1996年）で掲げられた、learning to know、learning to do、learning to beと並ぶ学びの4つの柱のうちのひとつである。「知るための学び（learning to know）」と「するための学び（learning to do）」については、一般的な学びのイメージに一致しているので説明は不要だろう。それらに比べて、「存在するための学び（learning to be）」と「共に生きるための学び（learning to live together）」は抽象的であり、多様な解釈に開かれている。筆者は、さまざまな他者との関係の中で、自分が存在することの意味を確認し、他者と共に世界をつくっていく自己を確立していくイメージを、これらの概念から想起する。learning to beとlearning to live togetherは、学びを根源的に理解するための重要な概念だと考える。

第 3 章

障害者の生涯学習推進政策の
概念枠組みと未来社会

1．政策動向とその背景

（1）政策動向の概要

　これまで社会教育・生涯学習の政策、実践、研究いずれの領域においても、障害者の学習活動はマイナーな位置づけしか与えられてこなかった。政策・実践の面では、障害者の学習は社会福祉と教育との谷間に落ち込む領域であった。研究面では、国家・社会の形成者としての主体形成を価値とする戦後の社会教育学の伝統において、政治参画の主体から遠い存在とみなされてきた人たちの学習は、優先順位の低い問題になる傾向があった。

　筆者自身はかつて、生涯学習政策の意味を解釈しようとする試みの中で、前期資本主義において障害者は社会への適応を迫られていたのに対して、後期資本主義社会においては障害者自身の生きがい、自己実現、幸福がめざされるという趣旨の歴史観を提示したことがある（津田, 1995）。その論文を書いてからすでに25年以上が経過した今日、ようやく障害者の生涯学習推進が政策課題としてクローズアップされてきた。筆者の観点からは遅きに失しているという感を否めないが、それだけに「なぜ今、障害者の生涯学習推進政策か？」という疑問も生じる。この章では、「なぜ今」という問いについての考察も行う。

　障害者の生涯学習推進政策は、2017年4月の「特別支援教育の生涯学習化に向けての松野文部科学大臣メッセージ」を端緒として展開した。その中で松野は、"これからは、障害のある方々が、学校卒業後も生涯を通じて教育や文化、スポーツなどの様々な機会に親しむことができるよう、教育施策とスポーツ施策、福祉施策、労働施策等を連動させながら支援していくことが重要です。私はこれを「特別支援教育の生涯学習化」と表現することとしま

した"と述べている。これを読む限りでは、障害者の生涯学習推進政策は、学校教育の一部である特別支援教育の拡張として展開するイメージが喚起される。

また松野文部科学大臣のメッセージが発せられた同じ日に、生涯学習政策局長、初等中等教育局長、高等教育局長、スポーツ庁次長、文化庁次長の連名で、地方公共団体等に対する通知「障害者の生涯を通じた多様な学習活動の充実について」が出された。その中で、障害者の生涯学習支援活動を行う団体等の表彰への協力、障害者スポーツや文化芸術活動の振興への協力、特別支援学校におけるスポーツ、文化、教育の祭典（「Specialプロジェクト2020」）への協力、特別支援教育におけるスポーツ・文化芸術活動等の取り組みの充実への協力、障害者に対する理解の推進への協力、高等教育における障害学生支援への協力が依頼された。この文書においても、学校教育と生涯学習とが一体的に捉えられており、生涯学習が学校教育の拡張として理解されているように感じられる[1]。

その後、文部科学省生涯学習政策局生涯学習推進課[2]に設置された「障害者学習支援推進室」は、「障害者の生涯を通じた多様な学習活動の充実について」という文書によって、当面の政策の青写真を示した。その中で、2018年度の取り組みとして、次の項目が挙げられている。「学校卒業後における障害者の学びの推進に関する有識者会議」の設置、文部科学大臣表彰の実施、スペシャルサポート大使（著名な障害者や支援者による啓発活動）の設置、障害者の多様な学習活動を総合的に支援するための実践研究、生涯学習を通じた共生社会実現に関する調査研究、人材育成のための研修会・フォーラムの開催、関係機関等への周知。2017年度の準備期間を経て、2018年度には本腰を入れた施策が展開された。

（2）政策展開の背景

こうした急速な政策展開がどのような背景のもとに起こっているのかということについて、簡単にまとめておく。

前掲の文書「障害者の生涯を通じた多様な学習活動の充実について」では、この政策の背景として国連の「障害者権利条約」を第一に挙げている。

この条約は、2006年に国連総会で採択されたもので、日本は国内法整備を経て2014年にこれを批准した。教育に関する障害者の権利を扱っている第24条では、特に生涯学習が強調されており、次のように述べられている。"締約国は、この権利を差別なしに、かつ、機会の均等を基礎として実現するため、障害者を包容するあらゆる段階の教育制度及び生涯学習を確保する。当該教育制度及び生涯学習は、次のことを目的とする。(a) 人間の潜在能力並びに尊厳及び自己の価値についての意識を十分に発達させ、並びに人権、基本的自由及び人間の多様性の尊重を強化すること。(b) 障害者が、その人格、才能及び創造力並びに精神的及び身体的な能力をその可能な最大限度まで発達させること。(c) 障害者が自由な社会に効果的に参加することを可能とすること"(日本政府公定訳)。障害者権利条約が、いかなる意味で生涯学習を強調しているのかという考察は必要であろう[3]が、ここでは少なくとも教育に関する障害者の権利保障は、特別支援教育を整備するだけでは足らないことが示されているということを確認しておきたい。

「障害者の生涯を通じた多様な学習活動の充実について」は、障害者権利条約とは別の文脈で2つの閣議決定を背景として取り上げている。「経済財政運営と改革の基本方針2017」(2016年6月9日閣議決定)、「未来投資戦略2017」(2016年6月9日閣議決定) であり、いずれにおいても障害者の就労に向けた学習が強調されている。少子高齢社会、そして人口減少社会において深刻化する労働力不足をいかに補うかという課題、それに財政状況の逼迫に伴って社会保障のあり方を見直さなければならないという課題は、障害者を社会福祉の対象から労働力へと転換させる模索を導いてきている。

内閣府 (当時) は、政策統括官 (共生社会政策担当) を置き、"国民一人一人が豊かな人間性を育み生きる力を身につけていくとともに、国民皆で子供や若者を育成・支援し、年齢にかかわりなく安全に安心して暮らせる「共生社会」の実現"に向けた政策の総合的な調整を行っていた。国家の意思決定の中枢レベルで、共生社会が理念として掲げられており、それをめざす方法として、「豊かな人間性」「生きる力」の育成、次世代への関心がクローズアップされている。障害者の生涯学習推進政策もまた、こうした内閣府の政策動

向の影響下にあったと考えてよいだろう。

　では、なぜ今、共生社会が理念として浮上してきているのか、またここで
いう共生とはどのような意味なのか、といった疑問が生じてくる。これらに
ついては、第4節で改めて考察したい。

（3）この章の目的と方法

　この章では、障害者の生涯学習推進政策に関わって検討すべき概念的枠組
みを検討し、この政策の意味を捉えることを試みる。この試みの過程で、障
害者の生涯学習政策の全体像を現在の視点から整理し、今後実現していく必
要のある政策課題の枠組みづくりに有用な知見を提示することをめざす。

　この検討を進めるにあたって、障害者の生涯学習推進政策の一環として
2018年度に実施された「学校卒業後における障害者の学びの推進に関する
有識者会議」（以下、会議）における議論を足がかりにする。

　この会議は“学校卒業後の障害者が社会で自立して生きるために必要とな
る力を維持・開発・伸長し、共生社会の実現に向けた取組を推進する”目標
の一部として、“学校卒業後の障害者の学びに係る現状と課題を分析し、そ
の推進方策について検討を行う”ために設置された（生涯学習政策局長決定「学
校卒業後における障害者の学びの推進に関する有識者会議の設置について」2018年2
月28日）。

　この会議での議論を取り上げるのは、次のような理由による。第一に、特
別支援教育、社会教育、社会福祉、自助グループ、障害者雇用の現場といっ
た視点の多様性と、実践家、研究者、公務員、企業社員、障害当事者といっ
た立場の多様性に基づくコミュニケーションが展開されたからである。第二
に、文部科学省（障害者学習支援推進室）による叩き台や実践者による報告と
いった計画性や、討議過程の逐語の文字起こしといった、周到なマネージメ
ントに基づいてなされた討議だからである。その結果として、検討材料とな
る資料が豊富に残されていることも重要である。

　なお、この会議には筆者自身がその一員として参加した。以下では、会議
での議論の過程を資料として扱いながら、会議の場では考察を深めることに
限界がある概念的枠組みについての考察を行う。ここで行うのは、会議の議

事分析ではなく、会議に参加している筆者の視点から行う考察に主眼があるのであり、記述の責任はすべて筆者に帰するものである。

２．障害者の生涯学習推進政策をめぐる概念の整理

　第1回会議（3月20日）は、橋田裕障害者学習支援推進室長（当時）を中心に事務局が作成した「検討事項（案）」の検討からスタートした。この「検討事項（案）」は次のような構成であった。

　1. 検討の背景
　2. 検討の方向性
　3. 主な検討課題（例）
　(1) 障害者に真に求められる学習プログラム・実施体制等
　〖視点1〗学校から社会への移行期に特に必要となる学習の在り方
　〖視点2〗障害の各ライフステージにおいて必要となる学習の在り方
　〈内容〉①プログラムの内容、②実施体制等
　(2) 一般的な学習活動への障害者の参加の推進方策
　(3) 人材の育成・確保、普及啓発
　(4) 推進体制の整備等

　この基本的な枠組みに基づき、合計8回の会議において、各論および総括的な議論を行った。その議論を反映させた形で「学校卒業後における障害者の学びの推進方策について（論点整理）（案）」（以下、論点整理）がまとめられた。
　この論点整理は、第1回会議で提示された「検討事項（案）」と比べると、次の3点について議論の深まりがあったことを確認できる。
　第一に、障害者の生涯学習を推進する担い手を多元的に把握しようとしている。学校、社会福祉法人やNPO法人の他、障害者自身による自発的な学習実践も含めて、地域の多様な主体による学習機会の提供を視野に入れている。

第二に、学級・講座型の学習機会から仲間との交流の場、カフェなど、ノンフォーマル教育からインフォーマル教育まで、多様な学習形態を視野に入れている。

　第三に、実践課題に即したビジョンが示されている。障害者の学習機会への参加を阻害する要因を除去する方策、地方自治体に対する支援体制、連携・協力の促進による社会環境整備など、行動計画につながるビジョンが打ち出されている。

　さて、こうした公式の論点整理とは別に、筆者は第1回会議から第5回会議までの逐語記録をデータとして独自の整理を試みた。議論をまとめる過程で、所期の検討課題の整理の枠組みに拘束されることなく、議論を読み返すことが有益だと考えたからである。また同時に、会議の方向性は「どのように事業を推進するか」という問いに対する解を求めようとするものであるが、筆者はその手前にある「障害者の生涯学習推進とは何か」「障害者の生涯学習推進政策はどうあるべきか」という問いに関心の中心があった。したがって、「論点整理」とは次元の異なる概念的整理を行いたかった。

　そこで、次の手順で会議の逐語記録を分析することにした。逐語記録を分節化して簡潔なラベルを付し、切片化したラベルをラベル間の関係を検討しながら二次元空間に配置し、さらに一定のラベルのまとまりにカテゴリー名を付した。その結果として図2が生成された。

　この作業を通して、「（障害者の生涯学習推進政策の）理念」「学びの多様性の保障」「市民の自発的な課題解決への支援」「情報保障とアクセシビリティ」「縦割りを超えた連携・協働・ネットワーク」「学習プログラムの開発」といった項目を、この会議の議論における中核カテゴリーとして抽出した。これらは障害者の学びの場を広げるために検討すべきアジェンダということができ、なかでも「学びの多様性の保障」が、その中心的な位置づけにあることも示している。

　また、学習機会の多様性を確保する学習プログラムの内容として、「豊かな生活のための学習」「インクルーシヴな社会のための学習」[4]「職業生活と関わる学習」の3つのカテゴリーが浮かび上がった。

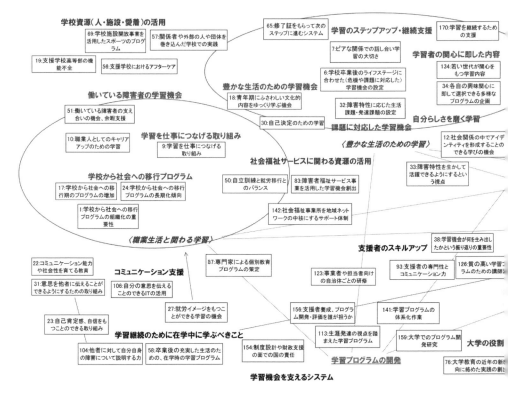

学校資源（人・施設・愛着）の活用

69:学校施設開放事業を活用したスポーツのプログラム

57:関係者や外部の人や団体を巻き込んだ学校での実践

19:支援学校高等部の機能不全

56:支援学校におけるアフターケア

65:修了証をもらって次のステップに進むシステム

学習のステップアップ・継続支援

7:ピアな関係での話し合い学習の大切さ

170:学習を継続するための支援

学習者の関心に即した内容

134:若い世代が関心をもつ学習内容

34:各自の興味関心に即して選択できる多様なプログラムの企画

豊かな生活のための学習機会

18:青年期にふさわしい文化的内容をゆっくり学ぶ機会

6:学校卒業後のライフステージに合わせた（危機や課題に対応した）学習機会の設定

働いている障害者の学習機会

51:働いている障害者の支え合いの機会、余暇支援

30:自己決定のための学習

32:障害特性に応じた生活課題・発達課題の設定

自分らしさを磨く学習

10:職業人としてのキャリアアップのための学習

学習を仕事につなげる取り組み

9:学習を仕事につなげる取り組み

課題に対応した学習機会

12:社会関係の中でアイデンティティを形成することのできる学びの機会

社会福祉サービスに関わる資源の活用

〈豊かな生活のための学習〉

学校から社会への移行プログラム

17:学校から社会への移行期のプログラムの増加

24:学校から社会への移行プログラムの長期化傾向

50:自立訓練と就労移行とのバランス

83:障害者福祉サービス事業を活用した学習機会創出

33:障害特性を生かして活躍できるようにするという視点

1:学校から社会への移行プログラムの組織化の重要性

142:社会福祉事業所を地域ネットワークの中核にするサポート体制

〈職業生活と関わる学習〉

38:学習機会が何を生み出したかという振り返りの重要性

支援者のスキルアップ

126:質の高い学習プログラムのための講師

22:コミュニケーション能力や社会性を育てる教育

87:専門家による個別教育プログラムの策定

123:事業者や担当者向けの自治体ごとの研修

93:支援者の専門性とコミュニケーション力

コミュニケーション支援

31:意思を他者に伝えることができるようにするための取り組み

106:自分の意思を伝えることのできるITの活用

27:就労イメージをもつことができる学習の機会

156:支援者養成、プログラム開発・評価を誰が担うか

141:学習プログラムの体系化作業

23:自己肯定感、自信をもつことのできる取り組み

113:生涯発達の視点を踏まえた学習プログラム

159:大学でのプログラム開発研究

大学の役割

学習継続のために在学中に学ぶべきこと

104:他者に対して自分自身の障害について説明する力

58:卒業後の充実した生活のための、在学時の学習プログラム

154:制度設計や財政支援の面での国の責任

学習プログラムの開発

76:大学教育の近年の新しい向に絡めた実践の割と

学習機会を支えるシステム

図2◎有識者会議の論点整理

3. 政策の構造的把握と考察

(1) 論点の構造化

　ここまで述べてきたことをいったん図3のようにまとめた。

　障害者の生涯学習推進政策の推進力となっている要素として、障害者の学校卒業後の生活への不安といったような当事者の要求や、障害者権利条約などに表れる国際的な動向、さらには少子高齢社会への対応といった国内の政治的関心を挙げることができる。これらの要素には、大きな社会の変化の流れがあることも理解を深める必要がある。この点については第4節で考

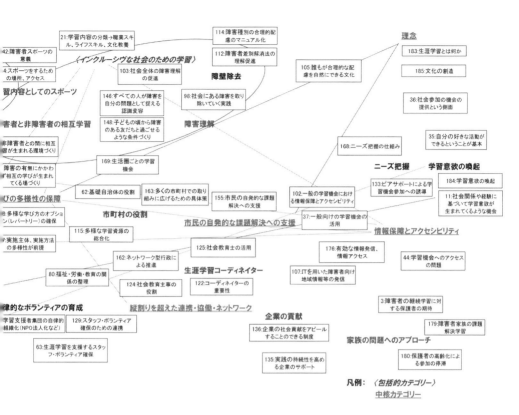

察する。

　この政策は、共生社会実現を謳う国家政策の一環に位置づけられ、学習プログラムの開発、情報保障とアクセシビリティ、連携・協働・ネットワークの推進、市民の自発的な課題解決支援を通して、学びの多様性を保障する取り組みに焦点が当たっている。

　学びの多様性の中味は、豊かな生活のための学び、インクルーシヴな社会のための学び、職業生活に関わる学びといったカテゴリーに整理できる。

　以下では、このように整理しながら浮かび上がってきた3つの問いをめぐって検討を進めていくことにする。

　第一に、学びのカテゴリーの中で、特に「インクルーシヴな社会のための

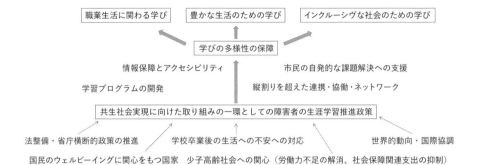

職業生活に関わる学び　　豊かな生活のための学び　　インクルーシヴな社会のための学び

学びの多様性の保障

情報保障とアクセシビリティ　　　　　　市民の自発的な課題解決への支援
学習プログラムの開発　　　　　　　　　縦割りを超えた連携・協働・ネットワーク

共生社会実現に向けた取り組みの一環としての障害者の生涯学習推進政策

法整備・省庁横断的政策の推進　　　学校卒業後の生活への不安への対応　　　　世界的動向・国際協調
国民のウェルビーイングに関心をもつ国家　少子高齢社会への関心（労働力不足の解消、社会保障関連支出の抑制）

図3◎論点の構造的把握

学習」をどのように構想するのか、という問いである。第二に、共生社会を
実現していこうとする運動において、政策と実践の関係をどのように理解す
るべきか、という問いである。そして第三に、多様な学びを保障するための
社会資源をいかに確保するべきか、という問いである。

　これらは、いずれも政策を実現する際に直面する基本的な問いだといって
よいだろう。

(2) インクルーシヴな社会のための学習をどう構想するか

　障害者の生涯学習推進政策は、基本的に障害の社会モデルに依拠して取り
組まれている（井口, 2020）。障害の社会モデルは、障害者を「機能障害のあ
る人たち」として捉えるよりもまず、「社会的に排除され差別されることで
不利益を被っている人たち」として捉える。障害者に固有の問題とは、機能
障害の克服や社会適応よりも、まずは社会的排除や差別の克服である、と捉
える。障害の社会モデルは、障害の問題とは、機能障害をもっている人たち
の問題ではなく、機能障害を理由に特定の人たちを排除する社会の問題だと
捉えるのである（石川・長瀬, 1999）。

　WHOが2001年に規定したICFによる障害概念の変更、障害者権利条約に
よる障害の社会モデルの部分的採用などを通して、機能障害が障害概念の中
心に位置づけられなくなるに伴って、障害者と非障害者の境界も曖昧になっ
てきている[5]。つまり誰が障害者かということが自明ではなくなってきてい

るのである。

　ヴァルネラビリティ（脆弱性）という言葉の使用頻度が高くなったことも、このことと関連があろう。ヴァルネラビリティとは、危機に直面する確率が高い状態というだけにとどまらず、危機に直面した際にその危機から脱する能力が弱い状態を示す（Wheeler & Haddad, 2005）。一般に障害者の多くがヴァルネラビリティの高い状態にあるということはできようが、ヴァルネラビリティの高い人たちはすべて障害者であるということではない。ヴァルネラビリティは、人間の条件の一般的特徴であり、自然的・身体的・構造的・個人的要因によって高められるとされる（池谷, 2016）。ヴァルネラビリティは多様な要因によって高まるし、ほとんどすべての人は人生のどこかでヴァルネラビリティの高い状態を経験する。

　こうした動向の中では、障害者をめぐる共生社会実現の責任は、社会全体に帰しているということができる。障害の問題は、社会の問題であり、またほとんどすべての人が障害の問題の当事者でもあるということができるからである（津田, 2006b）。

　共生社会実現に向けた社会の側の変容を生み出す学習には、フォーマル教育に近いノンフォーマル教育から、インフォーマル教育まで多様にありえる（本書第5章参照）。ノンフォーマル教育には、障害理解教育や、学校や社会福祉協議会等で実施される福祉教育などがある。これらは「障害者の生涯学習」として理解することは難しいが、「障害者の生涯学習推進」の重要な要素であることは論を俟たないだろう。

　他方、インフォーマル教育実践には、障害者が働く喫茶コーナー、たまり場づくり、居場所づくりといった実践などがある（小林, 2001; 障がいをもつ市民の生涯学習研究会, 2022）。たとえば平林正夫は次のように述べている。"地域における「たまり場」がそのような治療空間、教育空間になる可能性は充分にある。またその場で「障害者」と「健常者」が出会い、ふれあうことによってはじめて地域における相互理解が可能になる"（平林, 1986）。こうした教育実践においては、障害の有無にかかわらず多様な人たちの間に活発な相互行為が生起することをめざし、障害の問題をめぐる相互学習が生じる確率を高める。インフォーマル教育実践は、教育・福祉・労働といった機能的な

境界を曖昧にする。むしろ機能分化以前の原初的な人々の営みを再生させる機能をもち、それゆえに人々の自由で自発的な活動と学びを保障する。筆者は、現代社会においてそういった空間の創出が必要だと主張し、「都市型中間施設」という概念を提示し実践的に検討してきている（津田, 2012b; 2017c）。

　すなわち、インクルーシヴな社会のための学習としてイメージすべきなのは、多様な人たちの間での、日常レベルでの自由で自発的な相互性に基づいた学びであり、そうした学びが生起する場づくりが求められるということができる。

(3) 共生社会を生み出していく運動における政策と実践の関係

　障害者の生涯学習推進政策は、多様な価値の実現をめざして教育実践を創出しようとする教育運動の側面をもっている。教育実践の創出は、政策だけでなしえるものではない。さまざまな教育現場があってはじめて政策が成り立つ。さまざまな教育実践は、人々がそれぞれの意図や思いをもって取り組んでいる。

　教育運動は、追求する価値の実現を阻む権力構造に対峙する。小川利夫はかつて、「国民の自己教育運動」と「社会教育活動」を対置させることで社会教育論の理論的枠組みを確立した。「国民の自己教育運動」は「国民」が自発的に展開するものであるのに対して、「社会教育活動」は国家権力による作用として行われるものとして描かれる。社会教育の現場には、「国民の自己教育運動」と「社会教育活動」の間に起こる葛藤・矛盾の磁場があると捉えられる（小川, 1973）。

　前期近代社会から後期近代社会に移行する中で、国家権力のあり方に変容が生じたため、「国家」と「国民」の関係把握が、20世紀後半に活躍した小川と現代を生きる筆者らとでは自ずと異なる（津田, 1995）。国民からの正統性調達の重要性が増している後期近代の国家権力は、「国民」の中の多数派の権力性と同一化して、少数派の不利益を増幅させる働きをもちえる。少数派の利益を守る動きの多くは、「国民」からの正統性調達とは関わりなく、国際的な圧力、経済的合理性、法的正義に基づくことが多い。

　ここまで見てきたように、障害者の生涯学習推進政策、あるいは内閣府が

掲げる共生社会実現に向けた政策は、「国民」から得られた正統性よりも、国際的な合意、経済的合理性、法的正義に基づいていると考えてよいだろう。したがってこれらの政策は、人々が「共生社会実現」の必要を理解していく学びの促進を伴う必然性があり、「国家」による「上からの教育運動」として表れる。障害者の生涯学習推進政策は、この「上からの教育運動」が、障害者の学びを創造している「下からの教育運動」と合流して形づくっているものとして理解できるだろう。

　その限りにおいて、「国家」による「上からの教育運動」と、障害者の学びを自律的に創造している「下からの教育運動」は、いったん蜜月の関係に置かれる。しかし、両者の間には矛盾があり、この蜜月関係が崩れることがあることも予測できる。矛盾というのは、「上からの教育運動」が「国民」の多数派からの正統性調達を志向しがちであるのに対して、「下からの教育運動」は「国民」の多数派の意識や行動の変容を志向し、時としてそれと対峙することもあるという点にある。

　たとえば、特別支援学校における性器の模型を用いた性教育に対して、しばしば国家権力の側からバッシングが起こる。2003年の七生養護学校事件（東京都日野市）では、教室における性器の模型の使用について視察をした都議らが、"「常識では考えられない」「まるでアダルトショップのよう」と口々に非難した"と2003年7月5日付産経新聞が報じている。同様の事件は、2018年にも東京都足立区の中学校での性教育をめぐっても起きている。これらの事件に見られる構図では、「国民」の多数派の「常識」と、その「常識」によって正統性を得ている国家権力との連帯に対して、具体的な視覚情報による学習を必要とし、それなくしては適切な社会関係に支障が生まれかねない障害特性をもった少数派の「国民」の「必要」が対峙する。国家権力は、「国民」の多数派からの正統性調達の危機を回避しようとすることで、結果的に少数派の「国民」を抑圧することがあるということだ。障害者の生涯学習推進政策においても、「上からの教育運動」と「下からの教育運動」に葛藤・矛盾が生じえるものと理解する必要がある。

　概してフォーマル教育は、国家権力による意志が入り込み、「下からの教育運動」が抑圧されやすい環境に置かれやすい。フォーマル教育は国家権

力が質と量を保障するものだから、「国民」からの正統性調達に敏感なのだ。筆者が、障害者の生涯学習推進政策を「特別支援教育の生涯学習化」（前述の松野文部科学大臣のメッセージ）と捉えることに違和感と危険を感じるのは、この理由によるところが大きい。「国家」による「上からの教育運動」は、「下からの教育運動」と「国民」の多数派の「常識」との間の微妙な立ち位置にあるということが自覚される必要がある。

　また、「特別支援教育の生涯学習化」という概念に対して危険を感じるのは、イヴァン・イリイチが問題提起した「制度化の過剰は現代の貧困化を招く」というテーゼに関わっているからでもある（イリイチ, 1977）。すなわち、学校システムも人間の手で制御できる程度の小規模であった間は、人間の幸福を実現する道具として機能していたが、臨界点を超えて大規模化した学校システムは、逆に人間を制御し、人間の自律性を奪うことになる。すでに人間による制御を超えて肥大化した学校システムを、生涯学習の名のもとに拡張していこうとする動きに対しては、人間の自律的な生の次元に根ざして警戒する必要があろう[6]。

　障害者の生涯学習推進政策において、根拠とすべきなのは、障害者を中心に日々の生を営む世界であり、彼ら自身が自らの生に輝きをもたらそうとする「下からの教育運動」である。

（4）多様な学びを保障するための社会資源

　学びの多様性は無限の広がりをもっている。学びの内容の多様性、学びの方法やツールの多様性、学びの形式の多様性、学びを生み出す関係の多様性など、さまざまな観点で多様性があり、多様性を保障しようとする試みは、社会資源をどれだけ多く調達することができるかという問題にかかっている。

　また、障害者の学びを自律的に創造している「下からの教育運動」は、「上からの教育運動」によって支えられることもある。決定的なのは社会資源の提供という側面である。障害者やその周囲の人たちが、自らの生に輝きをもたらそうとする「下からの教育運動」は、その維持・発展のための資源が慢性的に不足しがちである。その資源を補給しようとする際、制度的なセクショナリズムに組み込まれるリスクを負いやすい。

障害者福祉による生活基盤の充実に伴い、社会参加への具体的な要求が実体化してきた。そうした要求は障害者福祉の中で処理され、就労支援や生活介護といった障害者福祉の枠組みの中で、自己実現欲求や学習要求への対応がなされる場合が多い。たとえば、障害者の文化芸術活動振興は、文部科学省（文化庁を含む）よりも厚生労働省のほうが先行して施策化してきた（品川, 2016）。また、障害者施設において学習機会の提供を行っている事例も多い。学習機会提供として銘打っていなくても、障害者福祉事業に学習機能を見出すことは難しくない。たとえば筆者は、アート制作を事業内容とする障害者就労支援施設のケーススタディで、取り組みに内在する学習の要素を浮き彫りにしている（本書第12章）。

　障害者の日常生活の側から捉えれば、学習や文化活動を含む生活の諸要素は連続的なものであり、多様な機能にまたがって障害者の要求に対応している障害者福祉の領域において、生涯学習が支援されるのは合理的である。しかし他方で、障害者福祉における学習的側面は、障害者福祉サービス利用者のために提供される学習機会を意味する傾向にある。生活の根幹の支援と主体形成支援とが重なりあうことが学習者の自律性を制約しかねないという危険性は、セルフ・アドボカシー運動の文脈で指摘されてきている（津田, 2006a）。本来、学習機会は社会福祉サービスに組み込まれて完結するようなものではない。また、障害者に関わることを何でも障害者福祉や特別支援教育の枠で捉えようとすることは、過剰なセクショナリズムを補強し、人と人との関係を分断する[7]。

　自律的な教育運動は、過剰な制度によるセクショナリズムの枠内に隷属しないものをいう。自律的な活動のために、セクショナリズムを超えて、道具となりえる制度を自由に選択的に活用する。たとえば、ミネソタ州セントポール市で、障害者の造形と舞台芸術を支援するInteract Center for Visual and Performing Artsは、非営利の任意団体として、興行・事業収入（収入全体の76%）の他、企業や財団などからの寄付（7%）、州の芸術振興部局、障害者福祉部局などからの補助金（15%）を受けて、大規模な事業を展開している（Interact Center for Visual and Performing Arts, 2016）。

　共生社会を生み出していく教育運動の根拠を、こうした自律的な「下から

の教育運動」に置くとしたら、障害者の生涯学習推進政策の手段と資源は、次のような方向性で検討するべきということになろう。

　最初に考えるべきことは、自律的な「下からの教育運動」の活性化を支援するということであろう。現時点で筆者が参考にすべきと考えているのは、「子ども食堂」をはじめとする「子どもの居場所づくり」の運動である。この運動は、市民の自発的な参画によって成り立つ「下からの運動」として興隆し、それを社会全体で支えていこうとする機運を醸成する「上からの運動」によって注目度が高まった。「下からの運動」が「上からの運動」を喚起し、「上からの運動」を受けて「下からの運動」が活性化するという循環が実現している。「下からの運動」を支えようとする運動にも多様な担い手が現れ、「上からの運動」も多元化する。「下からの運動」だけでなく「上からの運動」も、次世代の貧困化に対して自分にできることをしようとする市民の自発的な意思に基づくようになる。これらの多くは、市民が実践に伴うさまざまな困難があることを覚悟のうえで、実践に取り組んでいる。自らヴァルネラビリティをもつ市民が連帯し、相互に学びあいながら継続的な運営を行っている（栗林, 2016）。

　「子どもの居場所づくり」の動向を検討すると、自律的な「下からの教育運動」の活性化を支援する際のいくつかのポイントが見えてくる。財政的支援はもちろん重要であるが、それだけではないということである。

　まず、市民が自発的に取り組むべき社会的課題と、その社会的課題に向きあうことの意義を社会的に共有できる、わかりやすい「物語」とミッションが存在することである。子どもの貧困問題は、さまざまな「物語」を生み出し、各種のメディア等を通じて市民に共有されてきた。その「物語」の続きに市民が自発的に取り組む実践のミッションを容易に見通すことができる、という構造になっている。障害者の生涯学習というテーマで、市民の自発的な取り組みを引き出す「物語」とミッションがいかに生成されるか、ということを検討する必要があるのではないか。

　次に社会的な連帯とそれに基づく積極的な実践評価が重要性をもつ。ヴァルネラブルな市民の自発的な取り組みには障壁も多い。ミッションに基づく実践であればあるほど、ミッションと実際との格差に落胆することもある。

「子どもの居場所づくり」に関していえば、自らの取り組みが、子どもの貧困問題の解決にどのように貢献しているかということが見えにくいこともある。"対象として想定している子どもが思ったように集まって来ない"という課題は、多くの実践から聞かれる（農林水産省, 2017）。行政による直接サービスであれば、一般的に、実践の目的に応じた効果によって評価される必要がある。しかし、市民の自発的な取り組みの場合、そのような実践評価である必要はない。副次的効果、外部効果も、十分に実践の意義としてすくい取られなければならない。それは、地域コミュニティの活性化であったり、取り組みを通した市民個々人の成長であったりしてもよい。そういった活動が各所に起こっているという状態自体が、貧困家庭の子どもたちに希望をもたらす社会全体の豊かさにつながっているかもしれない。そうした副次的効果、外部効果の多くは明確に測定することのできないものであろう。それでも、確実に存在する効果を確認し、そうした効果を生み出している実践に対して正当な評価がなされる機会が必要である。そうでなければ、実践に取り組む市民は自信と意欲を失い、「下からの運動」が停滞することは避けられない。市民たちが社会連帯に基づく相互承認の機会、それを通したエンパワメントの機会をもつことは、重要なことである。

　障害者の生涯学習を支えてきたヴァルネラブルな市民たちの多くが、これまで十分な社会的評価の機会、社会連帯の機会に恵まれていたかどうかは、疑わしい。障害者青年学級や障害者就労支援施設での学習実践など、社会的に認知された枠組みの中で活動する限りは、一定の評価の枠組みが存在してきたと考えてよいだろう。しかし、そういった枠組みを離れた実践の多くは社会的に孤立する傾向にあり、支援者と障害者とが向きあうことで細々と続いている。「下からの教育運動」を支援しようとする際、社会的に十分に評価されず、孤立しているさまざまな実践に光を当てる方策を考えなければならない。

4．人口減少社会における障害者の生涯学習推進政策

　障害者の生涯学習推進政策、そしてその根拠となっている共生社会実現に

向けた国家プロジェクトは、容易に費用対効果を算出できない「人を育てる」ことに関わるプロジェクトであり、長期的視点に立って先を見通したうえでの政策でなければならないだろう。そこで、将来社会の展望との関連で、いかなる共生社会を実現しようとしているのか、あるいは実現すべきなのかということを検討してみる。将来予測を含むため、厳密さに欠ける記述となるが、それにもかかわらずこうした議論を行っていく意識をもつことが、障害者の生涯学習の推進を考えるにあたって重要であると考える。転型期ともいわれ、急激でドラスティックな変化が起こる現代において、現在にのみ根ざした思考はすぐに時代のニーズに合わなくなる可能性があるからである。

　国家プロジェクトとして共生社会をめざす客観的な必然性の要因として、少子高齢社会あるいは人口減少社会、およびグローバリゼーションを想起することができる。少子高齢社会は、労働人口の相対的な減少とそれに伴う1人当たりの労働人口の負担の増加、高齢者のウェルビーイング（well-being）への関心の高まり、子育て環境の整備の必要性といった課題をもたらしている。グローバリゼーションは人口移動を活性化させており、さまざまな民族や文化、国籍をもつ人たちが混じり合って成り立つ社会に向かわせている。さらにその先に、ポスト少子高齢社会ともいうべき人口減少社会の進行、オートメーション技術の進歩と普及といった要素も加わって、次のような課題が生まれていくことも予想されている。労働力の過剰、格差の拡大、都市への人口集中とスラム化、農村の限界集落化、地方の中小都市の人口減少に伴う生活基盤の衰弱といった課題である（広井, 2013; 水野, 2014; 橋本, 2018; 井上, 2018）[8]。

　私たちの社会には、世代間の利害対立、労働人口と非経済活動人口との利害対立、階級間の利害対立、大都市・地方の中小都市・農村間の利害対立、異なる民族・文化・国籍をもつ人たちの間の利害対立など、共生社会を阻害しえるさまざまな要因があり、今後これらの深刻化が予測されるのである。共生社会に対する国家の関心を大雑把に捉えるならば、こうした対立の深刻化による国民国家の分断・分裂の回避にあるといえるのではないか。

　こうした背景を前提として、障害者の生涯学習推進政策と共生社会実現と

の関係について考察してみる。この問いは、障害者と非障害者はどのような意味で共生できていないのか、あるいは障害者と非障害者が共生するというのはどのようなことを指すのか、といった問いの一部になる。

　第一に、生産人口の減少予測は、「働ける障害者には働いてもらう」という形で障害者の労働力化への期待を生み出す。すなわち、障害者を労働人口の中に取り込むことによる共生が意図される。実際に、しばらくは障害者の一般雇用は堅調に伸びることが予測される（労働政策研究・研修機構, 2018）。労働を通して障害者が社会参加することは、障害者のウェルビーイング[9]の向上はもとより、障害者に対する社会の認識の向上、社会保障費の削減など、さまざまな効果をもたらしえる。

　しかし、生産人口の減少の先には、市場の縮小とオートメーション技術の進歩による労働そのものの減少、それに伴う労働力の過剰が予測される。当面、「福祉から雇用へ」という障害者の労働力化の努力はいくつかの点で効果的であるが、長期的な視点から考えると、それだけでは足りない。「働ける労働者」を象徴として社会変革を試みるという方向性は、一定の成果を得るだろうが、最低賃金を得て働く被雇用者となることができない人の地位向上までには至らない。将来的には、労働力の過剰は、「働ける障害者」でさえも労働市場から締め出すことになることも想定したほうがよいのではないか。むしろ、現時点から、障害者の労働力化の取り組みと同時に、すべての人に焦点を当てたウェルビーイングの向上に取り組みを進める必要があるように思われる。障害者の生涯学習推進政策は、障害者の労働力化の教育的側面、およびすべての障害者のウェルビーイング向上の追求といった、二重の課題との関連を背景としていると理解する必要があろう。

　また、原理的に考えると、障害者を労働人口に取り込むことによる共生という発想には、「税金で生活している」ことが共生を困難にしているという前提、非経済活動人口であることが共生の阻害要因であるという前提が見え隠れする。それらの前提自体、ヴァルネラビリティの高い人たちの人権という観点からも、また労働力の過剰が問題化するであろう未来予測の観点からも、乗り越えられる必要があろう。

　第二に、地球規模の複雑で予測不能な諸課題を前に、障害の有無にかかわ

らず、個々人が諸課題に対応する力をつけていくことが求められている。組織も個人も、直面する課題に対して、協働して解決をめざさなければならない時代に入ってきている。協働による課題解決は、個々の弱みを相互に補いあう関係を前提にする。2015年9月25日に国連総会で採択された「我々の世界を変革する――持続可能な開発のための2030アジェンダ」には、次のように書かれている。"このパートナーシップは、世界的連帯、特に、貧しい人々や脆弱な状況下にある人々に対する連帯の精神の下で機能する"（外務省仮訳）。障害者もまた、支援の対象であるだけでなく、協働・連帯する主体としても位置づけられなければならないのである。障害者が保護の対象として「問題」であり続ける社会ではなく、障害者を含む多様な人たちが協働・連帯して、共通する課題に取り組むという方向に、障害者と非障害者の新たな共生の枠組みが見えてくるのではないだろうか。障害者の生涯学習推進政策は、そういう意味での主体形成、協働・連帯の創成をビジョンとしてもつこともできよう。

第三に、労働人口の減少に伴う社会保障の機能不全、さらには格差の拡大は、障害者のヴァルネラビリティを高める。共生社会実現をめざす政策には、高度経済成長期以降一貫して追求してきた制度的保障を代替・補完する相互扶助システムの追求という意図が含まれているといえよう。たとえば、内閣官房が主宰した「社会保障の在り方に関する懇談会」は2006年にとりまとめた「今後の社会保障の在り方について」において、社会保障の基本的な考え方を、自助・公助・共助という概念を用いてこのことを説明している。社会保障を利用しなければ生活を維持できない人口の増加と、財政難による社会保障システムの困難によって、社会保障への依存はリスクの高い選択になってきている。そうした状況においてなお人々のウェルビーイングの向上を保障するために、自助・共助の力を強化し、それらを公助によって補完する、といったビジョンを読み取ることができる。

高度経済成長を前提にした権利保障の観点からは、自助・共助の強調は危険な兆候とみなされる（中野, 1999）。自助・共助は、国家の責任を回避するレトリックであり、また国家権力による人々の人間関係への介入・管理につながりかねないからである。共生社会実現のための政策は、人々のウェル

ビーイングへの関心を高めつつ、国家による市民社会管理とは異なる形での
コミュニティ形成支援がめざされなければならない。

　コミュニティ形成支援は費用対効果が見えにくい。コミュニティ形成支援
は、いわば縁の下の力持ちであり、成果は表舞台にあるコミュニティ成員に
帰す。その成果自体も他の多様な要素と関連し、どこまでがコミュニティ形
成支援の結果といえるか確定することは困難である。こうした事情から、コ
ミュニティ形成支援はこれまで政策上劣位に置かれることが多かった。その
ことはコミュニティワーカーの扱いに端的に表れており、社会教育職員から
は一貫してコミュニティワーク機能が軽視・剥奪される傾向が強まってきた
し（乾, 2013）、地域福祉政策においてソーシャルワークを担うコミュニティ
ソーシャルワーカーの配置も安定を欠く[10]。

　コミュニティ形成支援は、障害者の生涯学習推進政策においても重要な要
素となる。多様な活動の担い手が力を発揮し、活動がさまざまな人のウェル
ビーイングをもたらすための条件整備、具体的にはコミュニティワーカー、
あるいはコーディネイターの配置、コミュニティエンパワメントの技法や
ツールの開発・普及などが肝要となる。

　2020年から社会教育主事課程修了者や社会教育主事講習受講者に対して
「社会教育士」の名称が付与されるようになったのも、コミュニティ形成支
援の必要性が高まっていることと関係している。社会教育士の肩書きをもつ
人たちが多方面で活躍することができるかどうかは、コミュニティ形成支援
の重要性に対する社会的認知が進むかどうかに関わっているように思われる。

　社会保障という観点から付言すると、人口減少社会に適応した社会保障の
形態として、ベーシックインカムの導入が検討されるようになっていくとい
う予測も、現実味がある。すべての人に最低限度の生活に必要な家計を保障
しようとするベーシックインカムは、人々の生き方を大きく変える可能性が
あることも指摘されている。すなわち、「生活のための労働」から人々を解
放し、より自らのウェルビーイングの追求にシフトした生き方を選択できる
ようになる可能性があるとされる（井上, 2018）。ベーシックインカムが人々
の生き方に与ええる変化は、労働力の過剰、格差の拡大に向かう社会、共生
を困難に陥れる利害対立の深刻化が予見される未来に、希望をもたらしえる

ように感じられる。

　障害者の生涯学習推進政策もまた、人々が自らウェルビーイングを高めることができるための条件づくりという観点を中心に据えなければならない。その核心は、障害の有無にかかわらず、すべての人が熱中して取り組むことのできる意味のある活動をもつことができる条件づくりだろう。障害者の生涯学習推進政策は、意味のある活動に取り組むことから最も遠ざけられてきた人たちに焦点化しているという点で、時代を先取りしたプロジェクトになりえるのではないか。

注 ───◎

1　1970年代末の生涯教育の政策化に向けた動きの際、学校教育のもつ選別と支配の構造の拡大であること（持田, 1976）、また個人の企業社会への自発的服従を強いるシステムの強化になることが懸念された（宮原, 1974）。時代背景が異なるので直接的ではないが、障害者の生涯学習推進政策においても念頭に置いておくべき指摘だろう。

2　2018年10月の文部科学省組織改編により、総合教育政策局男女共同参画共生社会学習・安全課に移管。

3　国連が教育政策の柱として生涯学習を強調する背景には、グローバルな課題（特に不均衡な発展の問題）と人々の学びを関連づけていることがある。生涯学習政策は、経済成長を前提に急速な社会の変化に追いつくことを個人に求めるための政策ではなく、すべての人がアクセス可能な基本的ニーズとしての教育機会の整備として推進される（前平, 2003）。この文脈から、生涯学習によって充足されるべき現代日本の障害者の基本的ニーズとは何かという考察も深める必要がある（津田, 2017a）。

4　本書では、政府が使う「共生社会」の語と「インクルーシヴな社会」の語を近似する概念として捉える。排除の反意語であるインクルージョンは、共生が実現されていないという社会認識を前提とした共生社会という語とでは、意味するところが重なる。ただし、排除には権力関係の介在が暗示されるのに対して、共生されていない状況というだけでは権力関係は想起されにくいかもしれない。本書では、権限や権利の不均衡を是正することを重視するため、共生社会の語は政策用語としてのみ用い、概念としてはインクルージョンの語を中心に使う。

5　横須賀俊司は、すべての人を「潜在的障害者」とみなす普遍化戦略を紹介する杉野昭博（杉野, 2007）に対して、"例外なく誰もが必ずケアを必要とする。それは乳幼児時代

である”とし、「ベーシック・ケア」の構想を述べている（横須賀, 2009, p.148）。障害者と非障害者の間の境界の曖昧さを説明する理論は複数ある。

6　成人期における教育が、人生の初期における教育とは質的に異なるものであるという指摘は、障害者の生涯学習推進政策の基本的なパースペクティブとして意識しておくべきだろう。マルカム・ノールズは、成人の学びの特徴として次の4つの要素を挙げている（ノールズ, 2002）。第一に自己決定的であること、第二に経験が豊かな学習資源になること、第三に社会的役割が学習へのレディネスに関わること、第四に問題解決に向けた学習であること。社会的役割をもって人生経験を経ることによって、自らの経験から学び、経験に基づいて自らの課題の解決に向けて学ぶ自律的な学習者になっていくという道筋が、障害者にも当てはまることは論を俟たない。

7　障害者の社会教育を論じる観点のひとつに教育福祉論がある。辻浩によれば“教育福祉は、教育と福祉が連携して、子ども・若者が安定した生活基盤のもとで豊かな人間発達を実現することをめざす概念”（辻, 2020, p.126）である。“教育福祉から教育を考えることで、絶対視されてきた学校知に対して、オルタナティヴな教育的価値が提供される”（辻, 2020, p.128）など、セクショナリズムを超える価値を見出そうとする教育福祉論と本書は、近い距離にある。

8　巨視的な視点で歴史を捉えると、現代は定常社会に向かっているといわれている（デイリー・枝廣淳子, 2014）。その観点から、豊かさを「必要なものが必要なときに手に入ること」とする原点に立ち返り、「より速く、より遠くに、より合理的に」という近代資本主義を駆動させてきた理念が逆回転し、「よりゆっくり、よりちかくへ、より曖昧に」へと価値転換するだろうとされる（水野, 2014）。蛸壺化した専門性は「より速く、より遠くに、より合理的に」という価値の体現であり、「よりゆっくり、よりちかくへ、より曖昧に」に即した専門性への転化が求められていくといえよう。その顕著な例として、行政破綻した夕張市の医療における価値転換が参考になる（森田, 2015）。

9　障害者の生涯学習推進政策にとってウェルビーイングの理解は欠かせない。近年、ウェルビーイングは各国の社会政策上のキーワードになっている。ウェルビーイングは、“われわれの生活が自分にとってよいものであること、当人の自己利益の観点から人生がうまくいっていること”であり、主観的な幸福感（happiness）と客観的な要素（物理的環境や生活の質）との複合概念とされる（江口, 2015）。すなわち、“個人レベルでの生活状態や健康状態、あるいは個人が享受している福祉の水準に注目することに加え、広義では個人が所属するコミュニティ・国家の福祉の水準など、社会全体の「よさ」を包括的に評価するための概念”（浦川, 2018）である。障害者の生涯学習推進政策も、国民のウェルビーイングを向上させる取り組みの一環として理解する必要があろう。その際、障害者のウェルビーイングの理解、ウェルビーイングを阻害する要因の分析を基盤

に、障害者のウェルビーイングを高める客観的要因を検討することが、基礎的な研究となる。

10　市町村社会福祉協議会、包括支援センターを対象に行ったアンケートでは、コミュニティソーシャルワーカーを配置している機関が6割にすぎず、そのうちの8割が兼任というデータもある（野村総合研究所, 2013）。

第4章
障害者の生涯学習推進政策の
リージョナルな取り組み

1. 障害者の生涯学習推進の具体的な課題

　障害者が学校卒業後にも学びの機会を得ることができる環境をつくるためには、やるべきことがたくさんある。ほとんど手つかずの領域であり、政策推進者はどこから着手すればよいか途方に暮れる。

　大まかに整理したとしても、障害者の生涯学習推進政策は、①学びの場をどのように増やしていくことができるか、②どのようにして学びの場を充実させるために必要な資源を調達できるか、③どのようにして人々の意識を変えていくことができるか、といった、いずれも大きな課題に直面する。

　①学びの場をどのように増やしていくことができるかというテーマでは、社会教育施設などで実施するプログラムを開発することも必要だし、民間で実施される学習プログラムを活性化することも必要だ。また、既存の開かれた学習プログラムに障害者が参加できる条件を整えていくことも必要だし、障害者を対象としたプログラムを開発・実施して行くことも必要だ。学びの場の設置目的も多岐にわたりえるし、それに応じて学習内容も多様である。あらゆることが足りていない状況の中、一気に進めることは難しいが、できるだけ効果的に推進することが望ましい。

　そこで、②どのようにして学びの場を充実させるために必要な資源を調達できるかというテーマが重要となる。学習の場を充実させる資源には、「人」「もの」「カネ」「情報」がある。

　学びの場を充実させる「人」というのは、障害者の学びをさまざまな形でサポートしたり、障害者と共に学んだりする人、さらには、学びの場に主体的に関与する障害のある学習者である。いかにして「人」を育てるかという観点は、障害者の生涯学習推進政策の鍵である（文部科学省, 2022）。

学びの場を充実させる「もの」としては、学びの場をつくるための会場、学びに必要な資料や教材、障害者のニーズに応じて学びを保障するためのツールなどを挙げることができる。これらについては合理的配慮に関わる場合が多く、学習機会に責任をもつ「人」の意識や、学習資源開発に必要な「カネ」の問題が絡む。

　生涯学習推進政策は「カネ」の問題を避けて通ることはできない。「人」「もの」「情報」を駆動させるためには、そのための資金を調達しなければならない。2017年に文部科学省に障害者学習支援推進室が設置されることで、障害者の生涯学習推進政策に国家予算が配分されるようになったことは、政策の具体化にとって決定的に重要であった。とはいえ、「カネ」の慢性的不足は避け難いことであり、いかに「カネ」に依存しない工夫をしていくかという発想も、持続的な政策推進には不可欠である。

　障害者の学習機会を保障しようとするとき、「情報」は最初に重視すべき資源である。学ぼうとする人が、学びたい内容や地理的条件などに見合った学習機会を探したり、学ぶ場を設置した人が想定した学習者を募ったりするとき、「情報」は不可欠な資源となる。「情報」は収集し、整理し、発信し、流通させることで、利用可能な資源となる。それぞれの過程で、相応のエネルギーをかける必要があり、「人」と「カネ」の問題が関わっている。

　障害者の生涯学習推進政策において、③どのようにして人々の意識を変えていくことができるかというテーマは、学びの場を充実していくための資源開発の観点からだけでなく、学びの場において展開される学びそのものにも関わっているという観点からも重要である。意識変容の焦点は多岐にわたる。障害者本人、障害者を日常的に支援している人たち、学習機会に責任をもつ人たち、さまざまな学習者という4つの層に分けて、それぞれの意識変容について簡単に触れてみる。

　障害者本人の意識変容という観点からは、学校卒業後にも学びの場を活用しながら充実した生活を送るビジョンをもつこと、そのためにも学びに対する肯定的な意識を得ることが課題である。こうした意識は、学校教育を受けている段階でも形成される。したがって、障害者の生涯学習推進政策が学校関係者を巻き込んで展開することも重要だといえる。

障害者を日常的に支援している人たち、たとえば障害者の親や障害者福祉関係者などの意識変容もターゲットになる。一般的に、これらの人たちにとって最大の関心事は障害者本人が安全に暮らしていくことであり、衣食住の確保と就労の優先順位が高い。それゆえ、学校卒業後の学びというテーマは、副次的な関心にとどまることが多い。学びへの関心を加えることで充実した生活を実現することができるという意識をもつことができるよう、どのように働きかけを行うことができるかということも、障害者の生涯学習推進政策にとって大切な視点である。

　学習機会に責任をもつ人たちの意識変容という観点では、障害者を学習者として認知すること、障害者のニーズに応じた合理的配慮に対する構えがあることが大切である。合理的配慮に対する構えというのは、障害者が学習機会を利用することを前提とした環境整備と、実際に障害者が学習機会を利用した際に必要となる個別的な対応を行う体制のことである。学習機会に責任をもつ人たちがこうした構えをつくるための研修機会を整えることも、必要な取り組みである。

　さまざまな学習者に対して、障害認識の変容を促す取り組みについて検討される必要もある。障害を理由とする社会参加の拒否は差別だとする認識の広まりは、障害者による学びの機会への参加に大きく関わる。学習者個々人の意識変容と同時に、他者を歓待する文化の醸成[1]も必要であり、個人の変容と文化の変容とが共鳴しながら、障害者が十分に参加できる社会が形成されていく。すべての人々が学びの場に歓待され、他者との豊かな相互作用を伴う学びに参加することができる条件を整備していくことは、障害者の生涯学習推進政策の核心だということもできよう。

　以上、①学びの場をどのように増やしていくことができるか、②どのようにして学びの場を充実させるために必要な資源を調達できるか、③どのようにして人々の意識を変えていくことができるか、といった3点から、障害者の生涯学習推進政策の課題について触れてきた。以下では、これらの課題に対する政策展開の実際を検討していくことにする。

2．リージョナルな取り組みとその重要性

(1) 学びの場と地域特性

　学びの場は、参加する学習者にとって身近でなければならない。行き慣れている場所であったり、知りあいが参加している場所であったりすると、身近さが感じられる。対面での参加が前提の学びの場であれば、地理的条件は特に重要である。障害者の学びの場についても、参加できる地理的条件が満たされる場所にあることは、優先順位の高い要件である。

　地理的条件は、それぞれの地域特性に影響を受ける。たとえば兵庫県の場合、人口密集地は南部の大阪湾周辺に広がっている。そこから北に向かうほど人口が減り、豊かな自然が残されている地域になる。人口密集地域には、相対的に豊かな社会資源がある。潜在的な学習者の人口も多いため、学びの場を設置・運営しやすく、学ぶ場の選択肢も生まれやすい。

　それに比べると、人口の少ない地域では、設備の整った場所、サポートする人、学びの場に通うための交通手段など、さまざまな点で社会資源に不足が生じやすい。また、潜在的な学習者の人口自体が少ないことも、学びの場を設置・運営するうえでの障壁になりやすい。しかし、人口の少ない地域では、人口密集地にはない豊かな自然や社会的なつながりが、学びの場を支える条件になることもありえる。

　また、もちろん人口密集地、人口の少ない地域、それぞれの中にもさまざまな差異がある。たとえば、古くから住んでいる住民の多い地域と、新しく移り住んできた住民の多い地域とでは、社会的つながりが異なり、学びの場として利用可能な資源も異なってくるだろう。

　このように、障害者の生涯学習推進政策には、地域ごとの特性に応じた展開が必要だ。地域特性に応じて障害者の身近な地域で学びの場が活性化されることが、望ましい展開だといえる。しかし、現状ではそのような展開から程遠い。相対的には好条件である人口密集地域でさえ、障害者が参加できる学びの場は十分にあるとはいえない状況である。

(2) ローカルな実践を促進するナショナルな政策

　2017年に設置された文部科学省の障害者学習支援推進室で行われてきた障害者の生涯学習推進政策の中心は、それぞれの地域で学びの場が設置・運営される環境を整備するところにある。ナショナルな政策がローカルな実践を促進するという形で、障害者の生涯学習推進政策が進められてきているといえる[2]。

　障害者学習支援推進室が最初に着手したのは、ローカルな実践やキーパーソンの発掘だった。筆者自身も、このときに初代室長の訪問を受け、これから始まろうとする政策展開の青写真を説明してもらった。ワクワクする話だった。室長はこの時期に、ローカルな実践やキーパーソンを訪ね歩き、障害者の生涯学習の全体像を把握し、政策推進に必要な資源を発掘しようとしていたのだった。

　また、障害者学習支援推進室が設置された2017年度から「障害者の生涯学習支援活動」に関わる文部科学大臣表彰制度がスタートしたところにも、政策推進の起点としてローカルな実践やキーパーソンの掘り起こしが重視されたことが表れている。この表彰制度は、主に都道府県と政令指定都市が「障害者の生涯を通じた多様な学習を支える活動を行う個人又は団体について、活動内容が他の模範と認められるもの」を推薦することになっている。

　2018年度からは、「学校卒業後における障害者の学びの支援に関する実践研究」を委託事業として開始した。この事業は、「効果的な学習に係る具体的な学習プログラムや持続可能な実施体制等に関する実証的な研究開発」を行おうとする団体を公募し、審査をしたうえで委託する形で遂行された。

　また2019年度からは、全国をブロックに分け（初年度は6ブロック）、それぞれのブロックごとに「共に学び、生きる共生社会コンファレンス」を企画・実施している。この事業は、「障害理解の促進、障害者の学びの場づくりの担い手の育成、生涯にわたる学びの場の拡大」をめざすものとされた。

　2020年度には、「地域コンソーシアムによる障害者の生涯学習支援体制の構築」事業がスタートした。この事業は、「都道府県（政令市）が中心となり、大学や特別支援学校、社会福祉法人、地元企業等が参画する障害者の生涯学習のための地域コンソーシアムを形成」するというものである。初年度

には、北海道、秋田県、兵庫県、宮崎県がこの事業に着手し、2022年からは東京都と大分県がこれに加わり、コンソーシアムを組織した。

このように、ローカルな実践やキーパーソンの発掘から始まったナショナルな政策の次のターゲットは、ローカルな実践を促進するための事業の組織化であった。しかし、ナショナルな政策遂行機関が、直接ローカルな実践を促進するための環境整備をすることは難しい。そこで大きな役割が期待されるようになってきたのは、都道府県レベルのリージョナルな政策遂行機関である。

ローカルな実践は、学習者の生活圏内で実施されることが望ましい。しかし、そのための社会資源は多くの場合に不足している。どうしても生活圏をまたぐ広域での社会資源の共有が必要になる。ローカルな実践から見るとき、リージョナルな取り組みには、社会資源の共有を促進する役割が期待されるのである。

幸い筆者が住む兵庫県は、この動きに敏感に反応し、全国に先んじた動きをしてきている。そこで、兵庫県を事例として、障害者の生涯学習推進政策のリージョナルな取り組みについて検討してみることにする。

3．障害者の生涯学習連携コンソーシアムの挑戦──兵庫県の場合

(1) 兵庫コンソーシアムの組織

リージョナルな政策遂行は、ナショナルな政策遂行とローカルな実践遂行との間に挟まれている。2つの主体の間に位置するパイプとしての役割が期待される。兵庫県の「地域コンソーシアムによる障害者の生涯学習支援体制の構築」事業（以下、兵庫コンソーシアム）は、兵庫県教育委員会が文部科学省から受託して2020年度に組織された。

兵庫コンソーシアムは、兵庫県教育委員会が2018年度から、また神戸大学が2019年度から同じく文部科学省から受託して実施していた「学校卒業後における障害者の学びの支援に関する実践研究」を統合することで実現した。兵庫県教育委員会社会教育課と神戸大学が連携協力した事務局体制を構築し、特別支援教育課や首長部局、神戸市教育委員会、特別支援学校、障害

者団体、障害者福祉事業所、民間文化・スポーツ事業団体などを巻き込んで組織化することで、兵庫県内の障害者の生涯学習推進の動きを創り出そうとしている。

(2) 兵庫コンソーシアムの活動

　兵庫コンソーシアムのミッションの柱は3本ある。第一に学習プログラムの開発、第二に研修機会の創出、第三に調査研究である。学習プログラムの開発については、兵庫県教育委員会と神戸大学がそれぞれ独自に実施しているものがベースにあり、それぞれの実践に対してコンソーシアムが果たしている役割はそれほど大きいとはいえない。

　以下では、コンソーシアムが組織化されていることによって表れてきている成果や課題について述べることにする。

　2020年度は、コンソーシアム構成員どうしのコミュニケーションを豊かにとることを重視し、お互いの思いや実践について知りあう時間をとった。また、兵庫県内の障害者の生涯学習実践情報を収集した。2021年度は、情報収集と発信、県内の障害者を対象とするアンケート調査を行った。

　情報収集と発信については、2020年度に収集した障害者の生涯学習実践情報を整理してデータベースを作成し、アプリケーションで配信できる形を整えた。現在も更新しているこのデータベースには、98件の学びの場が登録されている（2022年9月時点）。それらの活動内容を詳しく見ると、音楽活動に関するもの20件、アート活動は8件、ダンスは16件、スポーツに関するもの26件、学級・講座形式の活動は19件、専攻科は2件といった状況である。

　また、アンケート調査計画は、「動きを創り出していくための調査」とすることを目標とし、ワーキンググループも組織して精力的に検討を行った。調査は2021年9月にオンラインを通して実施した。療育手帳をもつ知的障害者を対象とし、811件の有効回答を得た。本人だけで回答したものは350件、支援を受けながら本人が回答したものは142件、保護者や支援者が回答したものは312件であった。

　調査結果には注目すべきデータが多くあった。なかでも、「自由時間が

自由時間の活動への
意欲が高い

活動高ニーズ群　　　積極的活動群

453名　　　　　　246名

現在、自由時間に　　　　　　　　　　　　現在、自由時間に
取り組んでいる　　　　　　　　　　　　取り組んでいる
活動がない　　　　　　　　　　　　　　　活動がある

停滞群　　　　　　消極的活動群

98名　　　　　　14名

自由時間の活動への
意欲が低い

図4◎活動意欲と活動機会

たっぷりある障害者が多く、その多くが自由時間を有効に活用して学びなどの活動をしたいと思っているにもかかわらず、活動の機会をもつことができていない」ことが明確に示された点（図4参照）が、コンソーシアムとしての次の取り組みにつなげる点で有効だった（兵庫県学校卒業後の障害者の学びを支援するための地域連携コンソーシアム, 2021）。

　2022年度の兵庫コンソーシアムは、障害者が自由時間を活用した学びなどの活動機会を広げるために、実施可能な方策を検討するところから始まった。議論の結果、県内の公共的な学習施設（主に博物館）をターゲットにして、障害者が参加して学びを享受できる体制を整える働きかけを行うことに決まった[3]。具体的には、一方でこのプロジェクトに賛同する博物館等の施設を募集し、他方で障害者団体の協力を得て、障害者が中心となって実際に博物館等を訪問し、施設の魅力をさらに引き出す提案をしてもらおうというものである。この一連の動きをコンソーシアムとしてモデル開発し、いずれは県内全域に広げていこうというビジョンである。

（3）兵庫コンソーシアムの成果と課題

　兵庫コンソーシアムを組織してから、2023年春でようやく3年となる。成果

を語るのは早計だが、いくつかの手応えを感じている部分はある。

　第一に、兵庫県教育委員会と神戸大学がダブル事務局体制で進めているという点である。紆余曲折はあったものの、相互の長所を引き出しあう体制になってきた。端的に述べるならば、兵庫県教育委員会は組織力に優れており、神戸大学は機動力に優れている。また、参加者が兵庫県教育委員会の事業に協力するという形ではなく、障害者の生涯学習機会の創出に積極的な参加者が対等な関係で知恵と力を出しあう組織になっており、協働で政策を遂行する推進力が保たれている点も、ダブル事務局体制で運営しているメリットだと感じられる。

　第二に、コンソーシアムに集まる人たちのモチベーションが高まり、それぞれの持ち場で新しい事業が展開され始めていることにも手応えを感じている。2021年度からは神戸市も、神戸市が誇る共に生きる社会の実現をめざす総合福祉ゾーン「しあわせの村」を舞台にして、文部科学省から「学校卒業後における障害者の学びの支援に関する実践研究事業」を受託し「KOBEしあわせの村ユニバーサルカレッジ」に着手している。また、2022年度からは神戸大学附属特別支援学校で地域の障害者を対象とした学習プログラム「ポランの広場」を開始した。

　第三に、障害者が参加している学びの場の情報を一元化できたことや、アンケート調査によって全体的な状況を把握できたメリットは大きい。現在進行中の動向を把握することができたし、注目すべき実践に関する情報も入りやすくなった。コンソーシアムが事業化されたことで、兵庫県全域の情報を収集・発信する機会が得られたことは、今後の政策遂行の布石になる。

　第四に、協働での事業展開によってつながった組織間の関係、人間関係が、今後のさらなる展開の土台になるという手応えである。文科省からの受託で実施できる兵庫コンソーシアムは時限付きの事業であり、早晩異なる形での継続を協議しなければならなくなる。そのときに一過性の取り組みに終わるのではなく、細々とでも継続していく事業であるための基礎固めができてきている。障害者の生涯学習推進政策の意義を共有し、能動的に事業推進をしようとする人が増えているという実感、また協働で進める事業を共有しているという実感が、障害者の生涯学習に関わるリージョナルな政策の推進

力になるだろう。

　他方、雲の中を模索するように進めている事業でもあり、リージョナルな政策遂行ゆえの壁を感じることも多い。

　それを最も感じるのは、情報を発信し情報の流れを創り出そうとするときである。具体的には、障害者の生涯学習情報を収集し、整理したうえでアプリとして発信するところまでは順調であった。ところが、使いやすいフォーマットを準備しても、人々がそのフォーマットを活用できるようにする段階で分厚い壁を感じている。ホームページや広報誌などで、アプリの存在を知らせる努力はしているものの、情報を必要としている人に的確に伝わるための方策が見つからないという点で、もどかしさを禁じ得ない。

　学びの場をすでにもっている人ほど、豊かな社会関係に囲まれて生活しているケースが多く、したがって適切で質の高い情報を得やすい。逆に、社会関係が乏しく学びの場に参加する機会が少ない人ほど、情報が行き届きにくい。すると、生涯学習の機会の選択肢が増えると、すでに学びの場に参加している人はより多く機会を獲得し、参加する機会に恵まれてこなかった人は取り残される。こうした格差が広がりかねない。学びの場に参加していない人に、適切で質の高い情報が行きわたるようにするにはどうしたらいいか。この壁は、学習者の顔を直接見ながら政策遂行をするわけではないリージョナルな政策遂行の限界をはっきり示している。

　ローカルな、学習者の顔が見える範囲で事業を推進していく担い手が各地にいること、そうした担い手と協働することがリージョナルな政策遂行には欠かせない。障害者の生涯学習推進政策の最大の弱点は、障害者の生活に近いところで生涯学習の機会を拡充しようとするキーパーソンの層が薄い点にある。公民館の機能強化の他、社会福祉協議会や学校との連携、社会教育士の活躍の機会の拡充などによって、キーパーソンの層を厚くしていく努力が求められる。

注

1　他者の存在が自己の喜びであるような関係、あるいは何の見返りも求められることな

く愛される経験が、教育活動の根底にあると考える思想があり、筆者もその思想に共鳴している（田中, 2012, p.196）。堤はこのような教育のありようを“情感的なつながり（ケアし合う共同体）が、無理のない相互の自然体のやりとりの中で生み出される”活動と表現している（堤, 2019, p.222）。

2　政策推進には、ナショナルレベル、リージョナルレベル、ローカルレベルのそれぞれの役割がある。それぞれのレベルは、国、都道府県、市区町村に対応する。3つのレベルの関係は、政治体制や政策課題の性質によって異なる。障害者の生涯学習推進政策においては、ナショナルレベルで制度的条件整備を進め、リージョナルレベルを通してローカルレベルのエンパワメントを図るという図式になろう。リージョナルレベルはローカルレベルの実践に直接的に関与しつつ、広域的な視野をもって取り組みを行わなければならないという意味で、固有の専門性を必要としている。リージョナルレベルを重視する背景には、中央集権に対抗する分権化と自治の文脈がある（佐藤, 2000）。国家政策の効率的な実行主体としてよりも、ローカルレベルの自律的な実践にとって利用可能なエージェントとしての機能が、リージョナルレベルの専門性に期待される。

3　兵庫コンソーシアムで「ミュージアム・インクルージョン・プロジェクト」と名づけられた試みは、障害者の利用を活性化させたいという思いをもつ博物館等に手を挙げてもらい、そこに障害のある学習者をマッチングして、展示方法等の改善や環境整備につなげるという構想である。博物館等のバリアフリーにとどまらず、資料の魅力を市民がよりよい形で共有できる機会として、障害者本人が力を発揮して取り組むプロジェクトである。2023年度以降に本格実施となるため、ここでは構想を記述しておくにとどめる。

第2部　さまざまな形の学びの場づくり

第5章

教育と学びを重層的に捉える

1. 社会教育と生涯学習の概念と理念

社会教育法は、社会教育を次のように定義している。

　学校の教育課程として行われる教育活動を除き、主として青少年及び成人に対して行われる組織的な教育活動（体育及びレクリエーションの活動を含む。）をいう。（第2条）

「レクリエーションの活動を含む」とあるように、社会教育はかなり広い領域の活動を含むことがわかる。

　たとえば、「居場所」という概念をめぐっても、社会教育と他の領域では捉え方が異なる傾向がある。社会学、教育学、建築学など多領域の「居場所」の定義を概観した論文では、最終的に"「居場所」は他者から認められたり、他者から自由になって自分を取り戻したりして得られるような「自分を確認できる場所」と定義することができる"としている（中島・廣出・小長井, 2007, p.88）。

　筆者自身、15年以上にわたって障害児者を中心として多様な人たちが集う「居場所づくり」を運営してきたが、その過程で筆者らの実践に対して「ただの居場所」という評価を幾度となく聞いた。「ただの居場所」という言葉は、「人が安心して居ることはできるが、成長を促すこともない場所」という意味で使われたと推測することができる。一般的に、「居場所」は教育や学習とは関わりのない言葉なのだ。

　他方、社会教育の領域では、「居場所」の教育的機能について語られてきた。たとえば、ある青少年施設における「居場所」を分析した論文は、安心

を土台にした活発なコミュニケーションによって自己が形成されていく過程を描いている（松山, 2011, p.167）。また、「マイノリティの居場所」について論じた論文では、"マジョリティにとって当たり前のように「居場所」となる空間がかれらにとっては「居場所」となりえない"という観点から、排斥や抑圧に直面しているマイノリティの人たちが主体的に創造する場としての「居場所」という考え方が主張される（額賀, 2014, pp.14-15）。さらに、特に青少年教育の文脈では、「教育」「育成」「指導」から「関わり」と「参画」への視点の移動という観点から「居場所」概念を捉えようとする論考もある（田中, 2001, p.10）。人々の関わりを創り出し、つなげ、発展させることや、人々が社会的な活動に参画するための条件を整備するといったことも、「居場所」という言葉から導き出される社会教育の役割として描かれるのである。

　「居場所」に類似している「たまり場」という概念がある。国立市の公民館職員であった平林正夫が「たまり場」概念をめぐって次のように述べているのは示唆的である。

　　"「出会い」とはある人や物を媒介としながら、結局、自分自身の無意識の部分と出会う―気づくことではないだろうか。どうしてそんなに学習や教育を優先しなければならないのだろうか。気づきのない学習はあたかも発見のない探検、あるいは出会いのない旅をするようなものだ。であるから、「たまり場」では、初めから何かを押しつけるのではなく、参加者自らが自分の存在を確認できるようなうちとけた、自由な雰囲気を大切にしたい。そこを出発点に様々な意志が生まれ、いろいろな企画がだされるようになる。逆にいえば、いつまでも無目的でいるというのも大変なことなのだ。いつかは何らかの目的性、意図性がでてくる。最初から最後まで無目的であり、無意識的ではありえない。前から述べてきたように、意識的―無意識的行動がからまりあいながら、気づき、学び、交流の連鎖の中でそれぞれが自分の存在を確認していくのである。そのような環境を形成していくのが職員や行政の役割といえよう。"（平林, 1986, p.146）

この論述は、社会教育における学びの重層性がよく示されている。「教え

る」―「教えられる」という関係を前提とした教育、あるいは「教え育む」という文字通りの行為としての教育は、さまざまな層の学びによって支えられているという理解である。

　まず「教える」―「教えられる」という関係のもとでの「教え育む」教育は、「教えられる」側の学びがなければ成り立たない。学びが成り立つためには気づきが必要であり、その気づきが成り立つためには出会いが欠かせない。そのような重層性である。

　一般的な狭い意味での教育は、「教える」―「教えられる」という関係のもとでの「教え育む」ことを意味する。しかし、この意味での教育も、学びを創り出す営みだと考えれば、学びが成り立つ諸条件である気づきや出会いを創り出すことも教育という言葉で表現しえる。したがって、教育には、狭い意味での「教え育てる」という営みも含めて、学びが成り立つ諸条件を創り出す営み全体を表す意味があると理解できる。

　このように広い意味で捉える教育の概念は、フォーマル教育、ノンフォーマル教育、インフォーマル教育といった3つのカテゴリーによっても説明される。

2．フォーマル教育、ノンフォーマル教育、インフォーマル教育

（1）能力を引き出して有用な人材に育てる教育

　「教える」―「教えられる」という関係のもとで「教え育む」ことが教育だという観念は根強い。

　教育はeducationの訳語として日本に定着した語であるが、educationの語源を紐解いていくと、educareというラテン語に行きつくという。"educareは持続的、継続的に糧を与え養う、〈生〉を再生する（recreare）行為である"（白水, 2016, p.146）。けれども、最近まで長いこと、誤って「引き出す」「外に連れ出す」を意味するeducereが語源として扱われてきたという。"「能力」、「有用性」、「国力」、「社会的福祉」といった諸概念を獲得し、統治言説の内部で「教育」を語ることを常とするにいたった。この自明性は、「能力を引き出す」ことを《教育（education）》の原義として錯覚するほど、

根底的なものである"(白水, 2011, p.167)。教育は、この世に生まれてきた子どもを歓待し、その生を無条件に受け入れ、自ら成長していく過程を見守り応援するという行為を含み、また土台としなければならない。社会に有用な人材を育てるために子どもの能力を引き出すという営みは二次的なものであるはずだが、近代社会はこの営みこそが教育だと強調してきたのだ。

　まさに学校教育は、子ども個々人の能力や資質を引き出して有用な人材に育てることに特化した組織としての役割が期待されてきた。2020年に出された中央教育審議会初等中等教育分科会の中間まとめ『「令和の日本型学校教育」の構築を目指して』には、「全ての子供たちの可能性を引き出す、個別最適な学びと、協働的な学びの実現」という副題が付されている。

　その一方で、学校教育にかかるそのような圧力による歪みも指摘されてきている。

　たとえば本田由紀は、日本の学校教育のシステム構造の特徴を、「垂直的序列化と水平的画一化の独特な組み合わせ」と表現している。垂直的序列化は、"相対的で一元的な「能力」に基づく選抜・選別・格付け"を意味し、水平的画一化は"特定のふるまい方や考え方を全体に要請する圧力"を意味しているとする。垂直的序列化は"下位として位置づけられる層を、必ず生み出す"し、水平的画一化は"マジョリティに一であることを要請するが、少しでも一でない存在を0とみなし否定的に扱う力学を含む"と分析している（本田, 2020, pp.103-104）。能力や資質を引き出すことを追求した結果、学校教育は必然的に排除を生み出すシステムを創り上げたという見方もできる。障害児教育に目を移すと、特別支援学校や特別支援学級の膨張が、通常学校や通常学級の排除圧力を原因としているのではないかという指摘とも関係づけることができる（鈴木, 2010; 原田, 2023）。

（2）フォーマルでない教育

　現在の日本の社会には、学校教育への社会的な期待の大きさと、学校教育に対する根源的な批判とが共存している。批判的な言説の中で最も影響力があったもののひとつに、イヴァン・イリイチの脱学校論がある。

　イリイチの主張の根底には、過剰な制度が人間の力を奪うというテーマが

横たわっている。学校は過剰な制度の象徴のような存在であり、本来は人間に力を与える制度であるはずの学校が、逆に人間の力を奪っているという。学校の制度化が進むと、学ぶこととは学校に通って教育を受けることだという錯覚をもたらす。そうして学校に通うことが自己目的化し、学校への依存が起こる。学んで力をつけることが目的だったはずが、いつのまにか学校に通って教育を受けることが目的となってしまう。イリイチはこれを「価値の制度化」と呼ぶ。「価値の制度化」は“物質的な環境汚染、社会の分極化、および人々の心理的不能化をもたらす”と述べている（イリイチ, 1977, pp.13-14）。

　学校システムはまぎれもなく、最も組織化・制度化が進んだ教育システムである。建物としての学校があり、教材があり、教員が配置されている。また、そうした仕組みを定めている法律があり、その法律を執行する官僚組織がある。学校教育への社会的な期待も、学校の組織化・制度化を後押ししてきた。たとえば、ICT（情報通信技術）を活用した産業振興への期待が高まると、その期待を受けた学校システムはICT教育を制度的に組織する。また、グローバルな世界で活躍できる人材養成に対する期待が高まると、使える英語を身につける教育が要請され、小学校段階からの英語教育が制度的に組織される。そして、膨張する一方の学校システムを維持するためには、社会は高いコストを払い続けなければならなくなる。

　フィリップ・クームズは、教育システムが時代の要請に追いつかず、人的・物的諸資源の深刻な不足に直面していることを問題にして、“増大する教育と社会の割れ目が教育組織の枠を不可避的にこわしてしまい、場合によっては、社会そのものの枠を破壊するであろう”と述べている（クームズ, 1969, p.4）。クームズはこの問題に応じるため、組織化・制度化が進んだ学校教育をフォーマル教育と呼んだ。それによって、“フォーマルでは〈ない〉教育のなかにある多様性が浮かび上がり、ノンフォーマル教育とインフォーマル教育とを並列させる枠組みが生み出された”（梨本, 2011, p.146）。

　ノンフォーマル教育とは、学校のような建物があったり教育者の役割をもつ人がいたりなど、組織化された教育ではあるものの、制度的基盤が発展途上であるような教育をいう。鈴木敏正は、ノンフォーマル教育は日本の社会

図5◎インフォーマル教育の意味

教育に最も近い概念だと述べている（鈴木, 1997, p.33）。確かに社会教育法では、学校教育の教育課程以外の「組織的な教育活動」を社会教育と定義している（第2条）。

　それに対してインフォーマル教育は偶発性の高い教育である。人間のあらゆる行為には学習的側面がある。家族や友だちとの会話から学びを得るし、仕事をするということは学びの連続だともいえるし、人生の節目で起こるさまざまなできごとも私たちに学びを与えてくれる。そうした日常的で偶発的な学びのうち、インフォーマル教育と呼ぶことができるのは、その学びを創り出そうとする意図が介在する場合である（図5参照）。"「インフォーマル教育」が「偶発的教育」と異なるのは、周囲の環境から何事かを学ぼうという学習者の意図的な取り組みか、学習のための状況（ただし、特定の学習者を念頭に置くわけではない）をつくろうという個人や組織の取り組みのいずれかが含まれているという点である"（梨本, 2011, p.149）。

　筆者は、何らかの社会資源を動員できる立場にいる人が、不特定の人の偶発的な学びが高い確率で起こるよう、手持ちの社会資源を活用して環境を組織化する行為と、その結果生まれる学びの連鎖に特に関心をもっている。このような営みの場合、学習者の側に学ぶ意図が想定されていないが、教育者の側に教育的意図があり、社会資源を動員する点で教育の組織化を行っているという意味で、インフォーマル教育であり、また社会教育の一形態だと説明することができよう。

さて、次章からは、インフォーマル教育実践として「のびやかスペースあーち」の取り組みを、またノンフォーマル教育実践として「学ぶ楽しみ発見プログラム」を取り上げて、知的障害者が参加する学びの場づくりの実際について論じる[1]。

　「のびやかスペースあーち」と「学ぶ楽しみ発見プログラム」は、いずれも神戸大学が主催し、筆者自身が深く関与している事業である。

　第6章と第7章で取り上げる「のびやかスペースあーち」では、この施設を管理・運営する筆者が、さまざまな目的をもって来館する多様な人々を対象として、意図的に相互に学びあう関係をつくりだそうとする実践である。筆者には人々の学びを創出しようとする意図があるが、参加者は必ずしも学ぼうという意図があって参加するわけではないという意味で、インフォーマル教育実践と位置づけられる。

　第8章と第9章で取り上げる「学ぶ楽しみ発見プログラム」は、知的障害者に大学教育を開くプログラムである。学校教育法に規定された「特別の課程」として実施されているプログラムであり、フォーマル教育の要素もあるプログラムだが、通常の大学のカリキュラムとは独立しており、大学にとっては副次的で周辺的なプログラムであるという点でノンフォーマル教育の性質ももっている。それゆえ教育者にとっても学習者にとっても自由度の高いプログラムであり、知的障害者の学びはもとより、大学教職員や正規学生の学びも創出していることに着目することができる。

注 ─── ◎

1　インフォーマル教育とノンフォーマル教育を組み合わせて実践の全体像を構想するアイデアは、筆者自身が25年余り前にスタッフとして関与した国立市公民館の青年教育事業から大きな影響を受けている。国立市公民館の事業の特徴のひとつに、インフォーマルな教育の場としての青年室と、それに隣接する喫茶「わいがや」、それらを緩やかな連続性のあるノンフォーマル教育実践である講座やしょうがいしゃ青年教室といった仕組みがある（喫茶わいがや40周年記念ブックレット編集委員会, 2021）。

第6章

インフォーマルな学びの場の教育力

1. インフォーマル教育実践における「場のちから」

(1) なぜ「場のちから」か

　インフォーマル教育実践[1]は、教育的意図を場に持ち込もうとする実践者の側だけから把捉するわけにはいかない。その場を共有する人たちが、それぞれの経験に基づいてその場を意味づけているということ、また、その場における人々の経験も多様であるという視点から迫らなければならない。

　たとえば、高齢者と子どもがひとつの空間を共有する場について考える。富山型デイサービスと呼ばれる実践（富山県民間デイサービス連絡協議会, 2003）を想定するとすれば、そこに集まってくる高齢者や子どもたちの側には、教育の場としての意味づけはないと考えてよかろう。彼らにとってデイサービスの拠点は、サービスを受ける場であり、そこを利用している多くの多様な人たちとともに、生き生きと活動する場であろう。そこに教育実践現場として意味付与するのは、現場から一歩退いて観察できる立場にいる人たちである。

　富山型デイサービスの中で、地域や家庭での役割を次の世代に譲り、さまざまなことに対して熱意を失っていた高齢者が、子どもと関わり世話を焼くことができるという環境によって、自発的に社会的役割を再獲得していったという事例が紹介される（惣万, 2002）。この高齢者の再社会化とも呼びえる変容と相補的な関係にあるのは、自分たちに対して温かいまなざしを投げかけてくれる高齢者との関わりをもつ子どもたちの経験である。役に立たない高齢者という観念とは異なる、自分と直接の関わりをもつ意味のある存在としての高齢者との関わりを経験したということもまた、教育的な意味をもつ。高齢者と子どもたちとの間に相互的な学びが展開されたという捉え方が

できるのである。

　この状況を教育実践として分析しようとする場合、次のような相互に関連するいくつかの疑問に直面する。第一に、高齢者と子どもとが触れあいさえすれば、ここで起こったような変容が双方に起こるのだろうかという疑問である。むしろよく聞かれるのは、「子どもはうるさくてかなわない」という高齢者の声に象徴される事態である。第二に、そうであればなぜ富山型デイケアでは予定調和的ともいえるような高齢者と子どもとの共生が実現したのだろうかという疑問である。第三に、この現場において、高齢者や子どもがそれぞれこの関係をどのように経験していたのかという疑問である。高齢者と子どもが存在したから相互によい関係を結ぶことができたということだけの物語であれば、うまくいった特殊な事例であるにすぎない。社会構造のもとで分離を強いられてきたそれぞれの主体が、さまざまな葛藤を経て共生を実現したというプロセスがあるといった説明が付されることで、実践の普遍性が浮かび上がる。

　教育者があらかじめもっている価値を学習者に効果的に伝達するという予定調和的な実践への価値づけではなく、また仕組まれたできごとによって学習者が予定調和的に変容するといった物語でもない。インフォーマル教育実践を丁寧に分析しようとすれば、場を共有している人たちがその場から多様な力を受け、内的な葛藤や外的な抗争を経験しながら、必ずしも学習者自身にとって一面的・一義的に捉えることができない個人や関係の変容を把握することになる。こうした視点から、インフォーマル教育実践の分析枠組みとして、「場のちから」に着目する。

(2)「場のちから」の定義

　インフォーマル教育実践における「場のちから」を、「教育の価値を実現する人や関係の変化をもたらす、実践現場に内属する多様な構成要素をもつ力」と定義する。個人や関係の変容をもたらす「場のちから」の構成要素として、その場にいる人たちの経験や認識や行為、相互の関係、活動の内容、物理的な空間の様態、地域特性など、多様なものを想起することができる。そうした要素の総体[2]として「場のちから」という概念を提起する。

まず、平林正夫が「社会教育における空間論的視点」という切り口で「場のちから」の存在を示そうとしていたことに注目する（平林, 1986, pp.112-163）。平林は"これまでの教育論の多くは教育をする側の意図性において成立していた。空間論的アプローチにおいては、むしろ教育を受ける側の主体性、実在性を重視していく必要があろう"と述べ、「体験されている空間」を把握することが必要だと考えた。

　同様に、小林繁は"意識と身体と象徴と言語といった要素によって構成されるトポスが、われわれの学びの内実を規定している"と述べ、トポス（場）に焦点を当てた論考を行っている（小林, 2000, p.11）。

　「場のちから」は、日常生活を生きる過程でさまざまな人やものとの相互行為や関係の中から生まれ、私たちに影響を行使する「ちから」である。したがって「場のちから」は、日常生活の内部に入り込まないと見えてこない。人々の相互行為や関係の中から紡ぎ出され了解される意味を把握することなしには、「場のちから」は把捉しえない。

　こうした「場のちから」は、たとえばフォーマルな教育場面にも存在しえるし、またフォーマル教育にとって利用可能な資源ともなりえるものである。しかし、インフォーマル教育実践においては、人や関係に最も大きな変化を与える力として、特定の何かだけを想定することがいっそう難しい。多様な力を総合的に把握していくことによって、インフォーマル教育実践の分析が可能になるという特性がある。

　「場のちから」を構成する要素の多様性や質は、それぞれの場に固有である。「場のちから」は場によって多様である。したがって、どのような要素の内容や質、どのような要素の組み合わせによって「場のちから」が構成されているかということが、個人や関係の変容の質と量を左右する。こうした視点から、インフォーマル教育実践分析の中心に、「場のちから」の分析を置くことになる。

　以下では、「場のちから」を分析するとはどういうことかということに焦点を当て、実際のインフォーマル教育実践を例にしながら研究方法論について考察を深める。

2.「場のちから」を示すデータの収集

(1)「合理的配慮」の生起を捉えるアクションリサーチ

　「場のちから」を構成する要素は無数にあり、そのすべてを観察して記述することは不可能であるし無意味でもある。したがって、何を要素として記述するかということは、観察者の意識によるところが大きい。

　「場のちから」として参加者に大きな影響を及ぼしている要素を知るための一手段として、観察者自身が場の内側から要素を把握し、それらを言語化する方法を用いた。場に内属するためには、観察者は観察者然としているわけにはいかない。観察者自身が実践者となり、場に対する働きかけも行う。したがって本研究は、観察者自身の位置や行為を自覚しつつ場と相互作用するアクションリサーチとして実施される必要があった。

　それにしても、観察者は「場のちから」を意識すると無数の要素に気づき、その整理のために途方もない労力を課されることになる。ある方向性をもった「ちから」に着目するのでなければ、観察と記述のほとんどは無駄な労力となる。

　そこでこの章では、観察と記述の方向性として、「合理的配慮」に関わる「場のちから」に焦点を当てる[3]。「合理的配慮」が生まれる「場のちから」の要素を明確にしていくことは、参加者が「合理的配慮」やその重要さに気づくインフォーマル教育実践を創り出すための重要なデータとなる。場に責任をもつ実践者にとっては、それらの要素を強化することが、実践の方法となりえるからである。

　なお、「合理的配慮（reasonable accommodation）」というのは、「アメリカ人障害者法（ADA）」をはじめとする各国の障害者差別禁止法や、2006年に国連総会で採択された「障害者権利条約」に登場する概念である。「障害者権利条約」によれば、"「合理的配慮」とは、障害者が他の者と平等に全ての人権及び基本的自由を享有し、又は行使することを確保するための必要かつ適当な変更及び調整であって、特定の場合において必要とされるものであり、かつ、均衡を失した又は過度の負担を課さないものをいう"（日本政府公

定訳）とされる。こうした「合理的配慮」の欠如は差別とされた。

　この点については、次のような指摘がなされる。"雇用や商品サービスといった「公的場面」において、視覚障害者への配慮を法的に義務づけ、合理的配慮の欠如を法的処罰の対象とすれば、近隣関係といったインフォーマルな場面においても、視覚障害者への「配慮」が「当然のマナー」として定着することが十分に期待できる"（杉野, 2007, p.9）。すなわち「合理的配慮」は、私たちの生活、認識、態度、行為に関わることがらなのである。

　一人ひとりの社会構成員に対してどのような「配慮」が欠けているのか、その「配慮」を「当然のマナー」として行うことができるには、どのような条件が必要であろうか。この条件は、個別の関係の問題であり、個々人の認識や行為能力のみに還元しえない。多様な要素によって構成される「場のちから」を加味しないわけにはいかないだろう。以下では、個別の「配慮」が生まれる条件の形成を意図した実践において、どのように「場のちから」が生み出され、また「場のちから」がどのように「合理的配慮」を強化していくかということを検討する。

(2) 事例の概要

　不特定多数の個人に欠けている「配慮」に対してセンシティヴであることを追求する実践として、「のびやかスペースあーち」の「居場所づくり」プログラムを事例として扱う。「のびやかスペースあーち」（以下、「あーち」）は、「子育て支援を契機とした共生のまちづくり」をめざす神戸大学のサテライト施設として2005年に創設されたものである（津田, 2006c, pp.287-320）。「居場所づくり」プログラムは、この施設の理念を実現するために実施されている事業のひとつで、インクルーシヴな社会をめざすアクションリサーチのフィールドとなっている。

　このプログラムは、ひとりでは遊びを展開することが困難な障害のある子どもの遊びを支援することを象徴的な契機として、プログラムに集まる多様な人たちが相互に支えあう関係をつくり、参加者一人ひとりにとっての物理的・心理的「居場所」となることをめざすものである。毎週金曜日の午後に、クッキング、音楽、造形、ダンスなど多彩なプログラムを内容として実

施しており、毎回障害のある子ども6〜8名、障害のある成人2〜3名、その他のボランティア10〜15名、乳幼児やその保護者5〜10組、総勢で30〜50名が集まって活動を楽しむ。

　創設当初「あーち」は、開館している週5日がインクルーシヴな場となることを想定していた。大学のイニシアティヴで、一般市民やNPO、行政、企業も巻き込んで開催した準備委員会では、次のような基本方針が打ち出された。

①誰もが温かく迎え入れられるような雰囲気をつくります。
②誰もが安心して居ることのできることを求めることができるような工夫をします。
③来場者がお互いに関心をもち、関わり合うことができるような工夫をします。
④誰もが自己表現の機会を得て、他者がその表現にしっかりと向き合うことができるような工夫をします。
⑤コミュニティが自律的に活動することができるよう、専門的に支援します。

　こうした理念を実現するために、空間配置の工夫や、理念に協賛するボランティアへのプログラムの依頼、周辺の外部組織との連携強化による多様な住民の参加促進などを行った。しかし、これらの努力によって即座に利用者の多様性を保つことはできなかった。

　たとえば、近くにある精神障害のある人たちの作業所に、「あーち」の利用を打診し、ある造形プログラムへの参加を促したことがあった。ところが、実際に来館した利用者のほとんどは、乳幼児が遊ぶ明るい空間が目に入った瞬間に帰宅してしまった。プログラムに参加できた人もいたが、結局彼らの「あーち」の利用が定着することはなかった。

　いくつかの試みが失敗した後、すでに常連となっていた重度心身障害のある小学生とその母親を中心とした、毎週1回の継続的なプログラムを組織していくことから始まったのが、「居場所づくり」プログラムである。

初期の段階では、社会的な「配慮」が欠如することでさまざまな社会参加から排除されている人たちへの「配慮」と、参加者の多様性を確保することとの間に明確な葛藤が存在した。たとえば、ある自閉症の子どもにとって、多様な人たちの多様な動きがある場所は居心地のよい空間ではなかった。その子どもへの「配慮」を重視すると、他の「配慮」を必要とする人を排除せざるをえないという状況が生じた。

　けれども、さまざまなプログラムを重ね合わせたり、個々人に特定の役割を付与するなどの試行錯誤を繰り返したりすることによって、徐々に参加者の多様性を確保することができるようになっていった。造形やダンス、演劇のプログラムと相乗りするなどの工夫は、特に効果的であった。以下では、こうした状況の中で、参加者に「配慮」の視点が生まれていった過程を追うことで、「場のちから」の要素を発見・検討する。

(3)「場のちから」を表すデータの取得

　「居場所づくり」プログラムの見学者が、次のような感想を述べた（『居場所づくり通信』第8号、2006年11月24日）。

　　「のびやかスペースあーち」は、思った以上の創造性溢れる空間でした。
　　今時の若い人と悪い意味でよく言います。確かにそんな事感じる場面も、時々目にしますが、しかし、私は、今時の若い人は、実に伸びやかで素晴らしい感性を持っていると思うことがよくあります。勉学と実践の場がこんな形で存在することは、なんとうらやましい事でしょう。
　　今回見学させていただいて、一番印象に残ったのは、「あーち」に参加している人々の（赤ちゃんも子どもも、ボランティアの人たちも）存在の平等だった事です。このことは、とても不思議であり居心地のよさにつながっていたように思います。それが何故なのか、どのように築き上げられてきたのか、少し考えて見たいと思いました。（主体性が、大切にされているということでしょうか？）
　　ハード面のバリアフリーは、ある程度進んでいますが、ソフト面（心）のバリアフリーは、結構難しいと感じていました。支援者の様々なクリエ

イティブなプログラム設定と臨機応変の対応に経験と愛情の深さを感じ、心のバリアフリーを拓くまたコミュニケーションを拓く仕掛けについても考えさせられました。赤ちゃんとお母さんが、来られましたが、このプログラムは、障害の子どものみを対象にしていると思っていましたので、こんな形で小さいときから、自然に彼らと接する機会のあることに、とても驚きました。

　場を共有した人が、場に力を感じ、その力がどこから来るものであるのかということを分析しようとしている。「参加している人々の存在の平等」「主体性が大切にされている」ところに、「場のちから」を感じており、それらが「居心地のよさにつながっていた」としている。そのうえで、そうしたちからが生まれるための要素として、「クリエイティブなプログラム設定」「臨機応変の対応」「愛情の深さ」が挙げられている。
　「場のちから」は、このような観察を通した要素化とそれぞれの要素についての考察によって分析される。それらの要素について、いかに証拠を挙げていくかということが、研究方法論としての重要な課題である。
　たとえば、この観察に表れた「クリエイティブなプログラム設定」という要素について考えてみると、「クリエイティブ」であるかどうかは、場を共有している人たちによって判断されなければならない。インフォーマル教育の場においては、場を共有している人たちによる意味世界から教育を考えなければならないからである。「クリエイティブ」であるか否かの客観的指標をつくって評価したところで、その指標と参加者の意味世界との間にズレが生じていたら、意味のない評価やそのためのデータ収集といえる。
　したがって、「クリエイティブ」であることを説得力をもった形で提示するためには、「クリエイティブ」であると感じた参加者が証拠を挙げながら説明しなければならない。この観察の場合、なぜプログラムの設定が「クリエイティブ」であると感じられたのかについて、具体的なプログラムの内容、プログラムによって生起したできごと、他の参加者の反応等が説明に必要な要素となりえる。
　また、「場のちから」が生まれる要素として把握されたものが、どのよう

な「場のちから」を構成するかということも、説明されなければならない。この観察の場合、たとえば「クリエイティブ」なプログラムが、なぜ「参加している人々の存在の平等」や「主体性が大切にされている」ことを保障しているのかという説明が必要となる。

　こうした点に着目しながら、実際に収集されたデータに基づいて「居場所づくり」プログラムに表れる「場のちから」を分析してみようと思う。前述のように、この事例においては、「合理的配慮」が自然に生まれてくる点に着目して「場のちから」を把握し、それを生み出す諸要素を検討する。

　分析の手がかりとするデータは、「居場所づくり」プログラムのボランティアによる任意で記述された「ふりかえりシート」である。分析対象となった期間は2006年5月から2007年2月であり、この期間に23名のボランティアから175件のデータが収集された。

3.「配慮」はどのように共有されたか

　以下では、集められたデータに基づいて「場のちから」の諸要素について検討する。データの検討は、実践に参加している筆者を含めた2名の分析者の共同作業で行われ、記述の中から重要と思われる要素を抽出し、生成された概念を構造化していくという方法を基本とした。

　ちなみに、「場のちから」を構成する要素には、個人が「合理的配慮」を行うことができるようになっていくという変化が含まれる。これは時系列的にデータを扱うことで明らかとなる。この点については、すでに論考がある。この論考では、「熱中できることがあった」「メンバーシップを越えた、さまざまな人の自由な往来と協働」「身体活動による一体化した雰囲気」等の場に内在する諸要素が作用して個人の変容を引き起こす「場のちから」となっていることを述べることができた（清水・津田, 2007, pp.94-115）。

　今回のデータ検討では、さらに典型的な記述のみを扱い、「合理的配慮」に関する場面について、それらが生じる過程や背景についての考察を例示する。

(1) 多様かつ重層的な関係性

　たとえば、次のような場面の描写がある。ダウン症の成人Sとダウン症の子どもPとの関わりについての記述である（固有名詞は頭文字に変換してある。（ ）内は筆者補記）。

　　"SとPの関係性は妙に楽しい。お互いに遠慮がなく楽しい。今日は授乳室用のカーテンで「イナイイナイバー」をして遊んでいた。それまでにはSが鬼になり「ふらっと」（子どもの遊び場スペース）で追いかけごっこをしていた。Sはちいさな子どもに気遣いをしながら時々T（Sと同じ作業所に通う友人）に、行き過ぎをたしなめられながら、いつもニコニコ小さな子にも「ごめんなさい」がはっきり言えるのはすごい。"

　この場面には、小さな子どもたち、S、T、P、記述者が登場するが、それらの間の関係のバランスに着目することができる。SはPに、同じ障害のある年長者として「お互いに遠慮がなく」接していることが観察される。そこに小さな子どもたちが関わろうとしてくるが、それにSが「気遣い」や言葉掛けをしている様子も描写される。Sの子どもたちへの接し方に危険が予知されると、Pが同僚として注意喚起し、さらにそれらの行為を記述者が見守っている。記述にはないが、小さな子どもの保護者もこの場面を見守っていて、口出しをしていないということも、この場面を成り立たせている重要な要素かもしれない。ヨコの関係での注意喚起、タテの関係での見守りによって、ある程度の危機管理が、行為者に対する圧力とならない関係の中でなされている。

　遊びは自発的行為として成立するので、おとなが「遊んであげる」ことによってはじめて遊びが成立するのでは、子どもにとって創造的な遊びにはならない。自ら遊びを展開することが難しい子どもであっても、できる限り子どもの自発的行為におとなが寄り添う形をつくる必要がある。「居場所づくり」プログラムにおける「合理的配慮」のひとつは、子どもの自発性の育ちを見守ることだということが、この観察から意味づけられる。この場面で「合理的配慮」を支えているのは、おとなと子どもという二者関係に集約で

きない、同じ場面を共有する人たちの間の多様かつ重層的な関係性であると理解できよう。

(2) 意見の調整と葛藤

　もちろん、子どもの自発的な行為を邪魔しないというおとなの間の合意がなければならない。特にどのような配慮が必要であるかということを本人が他者に伝えることができない場合、配慮する主体の思いが先行しすぎる場合もありえる。パターナリズムに陥らないように注意を払う必要があり、おとなの相互関係の中に自らの行為をふりかえり考える契機が含まれていることが、重要性をもちえる。たとえば次のような記述の中に、子どもの自発性を育てることに焦点を当てるおとなの関わりを形成していく過程を読み取ることができる。

　「居場所づくり」プログラムとリンクして活動を展開している「ダンスプログラム」へのPの関わりについての記述である。

　　"今日は「ダンスプログラム」がありました。最初は参加していたのに途中で不参加になった理由を母親に聞いたところ「教える」から駄目ですと言われました。なかなか難しいです。「ダンスプログラム」（のスタッフ）はそんなに一方的でないのに……"

　Pの自発的な遊びを育てようとしている母親の視点が、重要な言説として記述者に受け止められるとともに、記述者はプログラムのスタッフの関わりを肯定的に評価している。プログラムのスタッフにも思想や理念があって子どもとの関わりを模索していることを、母親も知っているため、意見を述べることをせずに不参加を選択したと理解される。これに対して、記述者は、母親の意見をプログラムのスタッフにも知らせる必要を感じるとともに、このプログラムをPの遊びの選択肢として残しておきたいという思いから、「なかなか難しいです」と葛藤を述懐しているのではないだろうか。こうした、子どもの遊びについて、おとなの間での考え方に違いがありながらも、おとなどうしがコミュニケーションをとろうとしている。こうした記述

の一端に、それぞれの子どもの状態に応じて、子どもの自発性を育てる「合理的配慮」の原動力が形成される可能性を見出すことができる。

(3) 安全配慮

　「合理的配慮」の中でも最も議論を要するのが安全への配慮であろう。過度の安全配慮は、子どもの自発的で自由な遊びの展開を阻害してしまう。そうかといって、予見可能な危険はあらかじめ排除しないわけにいかない。

　たとえばある支援者は、ダウン症の子どもとの関わりにおいて、身体を使った活発な遊びを一緒に楽しみながらも、「側転をするので心配でした」と述べている。子どもの遊びを止めたくはないが、危険な行動は抑止したいという矛盾した思いに戸惑っている。とはいえ、危険な行為を抑止しながら、子どもの自発的で自由な遊びの展開を保障する方法を考えていかなければならない。その際に重要なのが、どのような行動が危険であるかということの知識である。一般的な危険防止の知識と同時に、個別の子どもの行動に関わる危険についても知っておく必要がある。

　その際、さまざまな子どもとの関わりの経験がある専門家によるアドバイスは貴重である。たとえば、強く怒りを訴えていた重度重複障害のある子どもに対して、「すぐにaさん（支援者）がbさん（障害児教育の経験がある支援者）を呼ばれ、発作にまでは至らず良かったのですが、ずいぶん不安な出来事でした」（（）内は筆者補記）という記述が見られる。個別に異なる子どもの特性に応じた対応は、危険と思われる事態が発生した際に、経験の浅い参加者を過度な不安に陥れる。不安は、当該の子どもも含めた全体に波及することがあるので、「場のちから」を減退させる。子どもたちの自由で自発的な遊びを保障しながら、危険が発生した際に対応できる条件をつくっておくことは、「場のちから」を生起させる重要な要素である。

(4) 他者への関心と他者からの認知

　自閉症のある子どもについて、ある支援者が次のように記述している。

　　"今日驚いたのは、「赤ちゃん、赤ちゃん」といって、遊んでいる子の手

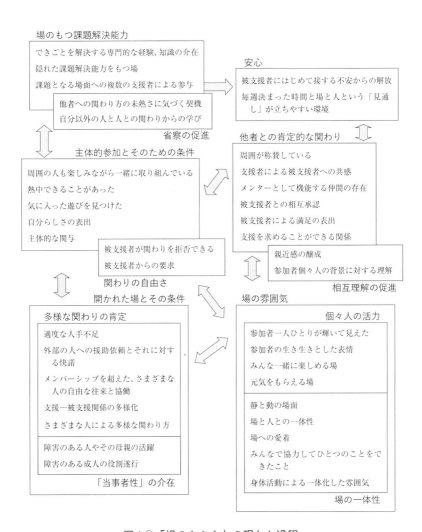

場のもつ課題解決能力

できごとを解決する専門的な経験、知識の介在
隠れた課題解決能力をもつ場
課題となる場面への複数の支援者による参与

他者への関わり方の未熟さに気づく契機
自分以外の人と人との関わりからの学び

省察の促進

安心

被支援者にはじめて接する不安からの解放
毎週決まった時間と場と人という「見通し」が立ちやすい環境

主体的参加とそのための条件

周囲の人も楽しみながら一緒に取り組んでいる
熱中できることがあった
気に入った遊びを見つけた
自分らしさの表出
主体的な関与

被支援者が関わりを拒否できる
被支援者からの要求

関わりの自由さ

他者との肯定的な関わり

周囲が称賛している
支援者による被支援者への共感
メンターとして機能する仲間の存在
被支援者との相互承認
被支援者による満足の表出
支援を求めることができる関係

親近感の醸成
参加者個々人の背景に対する理解

相互理解の促進

開かれた場とその条件

多様な関わりの肯定

適度な人手不足
外部の人への援助依頼とそれに対する快諾
メンバーシップを超えた、さまざまな人の自由な往来と協働
支援―被支援関係の多様化
さまざまな人による多様な関わり方

障害のある人やその母親の活躍
障害のある成人の役割遂行

「当事者性」の介在

場の雰囲気

個々人の活力

参加者一人ひとりが輝いて見えた
参加者の生き生きとした表情
みんな一緒に楽しめる場
元気をもらえる場

静と動の場面
場と人との一体性
場への愛着
みんなで協力してひとつのことをできたこと
身体活動による一体化した雰囲気

場の一体性

図6◎「場のちから」の現れと過程

をとって嬉しそうにしていたことです。それまでは他の子に関心を示しませんでした。いろんな人、子どもと交流することによる変化かなと少し嬉しくなりました。"

また同じ自閉症のある子どもについて、「積み木を高く積み上げていき、

他の保護者の方から拍手喝采をあびたことで、気持ちよかったのか、何度も
やっていました」という記述も見られる。

　どちらも、継続的な関わりによって、前者の例では他者への関心が促進さ
れ、後者では他者からの承認を得る機会を得ている。特に、この自閉症のあ
る子どもと乳幼児との関わりについては、ボランティアらがとても気を遣っ
ていた。たとえばこの子どもについて、「一度あかちゃんの頭に、足がぶつ
かってしまいました。そのお母さんと話したところ気にしないでと言われま
した。その後、この子どもとともに状況説明しました」という記述も残され
ている。それだけにこうした関心と承認は、自閉症のある子どもの社会関係
の拡大についての「合理的配慮」の結果であり、同時に子どもを見守るおと
なの間での「合理的配慮」の共有の結果と考えてよい。

　葛藤が生まれかねない状況にある子どもと乳幼児やその保護者との関係
は、多様な人たちとの関わりが了解されている場において、他者の存在や行
為と必然的に関わる前提が整っていることが、相互に関心をもち承認しあう
関係に発展する「場のちから」の条件になっていることがわかる。

　こうした検討に基づいて、合理的配慮の内容、「場のちから」の内容、「場
のちから」が現れる過程や背景、意味解釈をまとめた図6を作成した。この
ような整理によって、インフォーマル教育実践がどのように人々の学びを促
進させているかということを示すことができると思う。

注 ──────────────────────────────────────◎
1　集まってくる人たちに教育や学習の意図が必ずしもない場に、教育的な意義を見出す
　ことができる場合、そのような場をインフォーマル教育の場と呼ぶことにする。またそ
　の場は、あらかじめ教育的意図を伴って関わる人にとっては、インフォーマル教育実践
　の場となる。インフォーマル教育実践は、さまざまな意図が絡みあう場において、織り
　なされる糸の一本である教育的意図がどのように場全体に彩りを与えるかという視点か
　ら見た実践である。
2　日常生活に起こることを理論的に構成した概念で説明しようとすると、日常生活レベ
　ルで感受する意味とは異なるように感じられる説明になることがある。クルト・レヴィ
　ンは、こうした差異を低減しようとして、日常生活に起こるさまざまなことがらを要素

として抽出して理論的な説明を精緻化しようとした（レヴィン, 1956）。「要素の総体」という表現は、そうした理論的関心と同軌にある。

3　「場のちから」の記述を「合理的配慮」を介して行うのは次のような理由による。「合理的配慮」は、相手によって異なる接し方を要求している。「○○のように支援してください（接してください）」というような「合理的配慮」の指示がある場合もあるが、多くの場合、ある人がどのような支援を必要としているかということは、関係の中から探り当てられていかなければならない。「合理的配慮」を実現しようとすれば、相互行為の中から、感じたり、考えたり、行為したりしたことの根拠や妥当性を探っていかなければならないのである。その場を構成するさまざまな要素によって、私たちの感じ方、考え方、行為が形成され、根拠や妥当性を探っていく中で、「合理的配慮」が生まれていくのだとすれば、まさに「合理的配慮」は「場のちから」の産物といえる。

第7章

インフォーマルな学びの場としての都市型中間施設

1. 緩やかな公共空間

(1) 「のびやかスペースあーち」の沿革と理念

　この章では、インフォーマル教育の場である都市型中間施設が、どのような学びを創り出してきたか、またその実践上の困難や課題は何かといったことを、事例に基づいて検討する。事例は、神戸大学大学院人間発達環境学研究科のサテライト施設として2005年に開設した「のびやかスペースあーち」（以下、「あーち」）であり、2015年度に実施した10周年調査のインタビューデータに基づいて検討を行う。

　「あーち」は、「子育て支援をきっかけにした共に生きるまちづくり」をめざし、住民に広く開かれた施設として開設され、この理念に基づいた運営努力が行われてきた。一般には社会の要請に応じて「子育て支援施設」として認知されているが、より広くインクルーシヴな社会を創成する拠点として位置づけようとしてきた。つまり、子育て支援という課題をテーマとして掲げ、実際に子育て支援の実践を遂行しつつ、それに関わる人々の学びや社会関係の創出を支援していこうとする指向性をもつ施設なのである。

　「あーち」は、神戸市と神戸大学との連携協定に基づき、神戸市灘区役所の移転に伴う空室を利用して神戸大学が運営を行ってきたものである。神戸大学大学院人間発達環境学研究科ヒューマン・コミュニティ創成研究センターの「子ども・家庭支援部門」および「障害共生支援部門」が旗振り役となって、当初から行政、NPO、企業、住民との協働をめざしてきた。多様な担い手がボランティアベースでリーダー役となるプログラムは、造形や音楽のワークショップ、人形劇や児童劇、親の学習会や交流会など、さまざまに展開している。これらすべては、「あーち」の運営に関わる組織や個人が

自発的に参加する連絡協議会によって管理される、「あーち」の主催プログラムである。また、毎月発行している「あーち通信」は利用者の参加によって紙面が構成され、協働を象徴する媒体となっている。

　こうした取り組みには、商品社会の中で子育てが個別化している現状を矛盾と捉え、子育てに関心のある多くの組織や個人の参加による子育ての社会化をめざそうとする精神がある。したがって、子育てに関わる課題に対する認識、学び、行動を社会に広げ、共有していくこと、そして個別化する課題を可能な限り公共的な課題に拡張することのできる緩やかな公共空間を形成することがめざされてきた。

　「あーち」は、こうした社会教育や児童福祉の実践現場となるだけでなく、実践的研究のフィールドや学生のサービスラーニングの現場としても活用されてきている。「あーち」での実践を素材とした研究論文は数多く発表され、また学生たちによって卒業論文、修士論文、博士論文が執筆されてきている。

　なお、「あーち」の空間構成は子育て広場として機能する「ふらっと」、自由な表現活動のためのスペース「あーと」、音楽や展示や学習等多目的に使用される「こらぼ」、それに談話スペースを兼ねた情報コーナーに分かれ、総面積は450㎡余りである[1]。

（2）なぜ都市型中間施設か──質的データ分析の観点

　「あーち」は、行政との連携に基づいて大学が運営する施設であり、さまざまな点で特殊である。行政のセクショナリズムから相対的に自由であること、研究開発が前提となっていることで実験的な取り組みが比較的自由にできること、制度的な縛りがなく自律的にルールを決めていくことができることなど、特殊であるがゆえに恵まれた条件も多い。その分、「あーち」の理念や実践の中で、社会的に開かれた施設に普遍化できる特徴をモデル化して概念提示する必要がある。

　そこで、「あーち」がめざしてきた理念を明確にするため、筆者は「都市型中間施設」という語を立ち上げ、概念化の努力をしてきた。“「都市型中間施設」とは、機能分化したシステムや孤立した個人をつなぎ、さまざまな背景をもつ人たちの間の対話的コミュニケーションを活性化することで、社

会的排除を受ける傾向にある人たちの社会参加を促進し、同時に社会的な問題に対する参加者の当時者性を高めることができる場"(津田, 2011a, p.1) と説明している。施設の設置者が参加者の学びの創出を意図している一方、参加者の参加動機に学ぼうとする意思があることを前提としないという構造によって「都市型中間施設」をインフォーマル教育の場として特徴づけることができる。

　この概念に基づいて、この章の質的データ分析の観点として2点整理しておく。

　第一に、子育てが私的領域としての家庭内に閉塞する一般的状況に対して、公共空間への参加を通して、子育ての共同性を取り戻し促進する機能をもつという点である[2]。機能分化したシステムは、困難な子育てに対して個別的に高度な対応を行おうとする。個別化されたニーズをサービスによって満たすという合理主義は、困難に直面したときに他者と困難を分かちあいながら解決しようとする共同性よりも、進歩的であると捉えられる。他者への無関心、核家族化、地域社会の衰退といった、漸次進行してきた社会現象とも相俟って、子育ては共同的な営みではなく、私的領域に閉塞した営みになってきた。「都市型中間施設」は、こうした私事に閉塞する私たちの生活のあり方を見直すきっかけとして、他者との対話的コミュニケーションを活性化する。この章の質的データ分析の観点としては、子育ての困難（あるいは子育てだけに限らず持ち込まれる困難）を共同化する場となっているかどうかということになろう。

　第二に、対話的コミュニケーションが成立するコミュニティを形成し広げていく機能をもつという点である。私的領域に閉塞した子育てにおいて生じる困難に対して、機能分化したシステムは私事への応答として対応する。困難を抱えた個々人は、商品化されたサービスを購入する消費者として遇せられ、ニーズに対応したサービスが市場を介して提供される。この隘路から脱するためには、新しいコミュニティの創成が必要とされる。閉ざされた私事性を変容させる力をもつ関係性の形成が、「都市型中間施設」の機能として期待されるのである。この章の質的データ分析の観点としては、子育ての困難が語られるコミュニティを形成する実践となっているかどうか、またそう

したコミュニティが「都市型中間施設」内部に閉塞しない形で拡張しているかどうかということになろう。

　この章では、これら2つの観点、つまり私的領域に閉塞した生活を開いていくこと、対話的コミュニケーションが成立するコミュニティを形成・拡張していく学びの過程に対して、「都市型中間施設」がいかにインフォーマル教育の機能を発揮しえたか、ということについて検討する。

2．「のびやかスペースあーち」10周年調査

(1) 調査の概要

　「あーち」の実践の成果や課題を検討するために、開設5周年にあたる2010年と開設10周年にあたる2015年に、「あーち」利用者等を対象とした調査を行った。2回の調査では、共通して利用者悉皆のアンケート調査を実施したが、2015年の調査では加えてインタビュー調査も行った。この章では、このうちインタビュー調査の結果に基づいて検討を行うが、以下でアンケート調査の概要にも簡単に触れておく。

　2010年調査と2015年調査はそれぞれ、調査票配票数2,043、2,639、回収数544、432（回収率26.6％、16.4％）であった。「あーち」は利用料を徴収しないが、利用者登録を課しており、登録票に記載された住所に配票を行った。「あーち」が研究機関であるということについて、利用者には周知しており、こういった調査に個人情報を利用することについてはあらかじめ利用者の了解を得ている。とはいえ、登録票のデータは、利用者の転居などの変更が生じても更新できない場合が多く、未達の調査票も数多くあった。ちなみに、2015年6月時点での利用者登録数は3,626名となっている。

　これらのアンケート調査結果は、それぞれ論文としてまとめ公開している（津田他, 2012; 伊藤他, 2016）。

　ここでは、この章で取り上げるインタビュー調査の分析と関わる点に絞って、2015年に実施したアンケート調査結果を簡単に整理しておくことにする。

　第一に、利用者個々人が抱える問題や悩みが、どの程度他の利用者等との間で共有される傾向にあるかという点に関連するデータである。多様なプロ

グラムに参加していることと、「わが子が障害のある子どもと一緒に遊ぶことには抵抗がある」かどうかを問うた設問への回答との間には相関が見られなかった。これは、そもそも「わが子が障害のある子どもと一緒に遊ぶこと」に対する抵抗感をもっている回答者がほとんどいなかったことと関連がありそうである。他方、「あーち」を利用したことによって「障がい者・児がいきいきと生活するための支援」「高齢者がいきいきと生活するための支援」について興味・関心が高まったとする回答の平均値は、それぞれ2.57、2.09であった（「4 よくあてはまる」「3 あてはまる」「2 あまりあてはまらない」「1 全くあてはまらない」の4段階評価）。これらの数値も、興味・関心が高まったとするには十分ではない。ただし、これらのデータを、どのくらい多様な「あーち」のプログラムに参加しているかというデータとクロスさせると、いずれも高い数値で相関が示された。利用者は、「あーち」のさまざまな仕掛けに関わるうちに、支援の必要な人たちに対する理解が促進されるようになったということはできそうである。

　第二に、「あーち」での実践を通して新しいコミュニティが形成されているか、またそのコミュニティが外部に開かれ拡張しているかという点に関連するデータである。「あーち」利用の満足度について、「多様な境遇・年齢の人と知り合えた」「多様な境遇・年齢の人との相互理解が深まった」「『あーち』以外の場でも交流できる人と知り合えた」とする回答の平均値がそれぞれ2.72、2.41、2.51であり、それほど高い値とはいえない（満足度が最も高いと4、最も低いと1、中央値が2.5）。「あーち」において、そうした「多様な境遇・年齢の人と知り合いたい」とする期待値も2.53と、そもそも高くはない。ただし、これらのデータを、どのくらい多様な「あーち」のプログラムに参加しているかというデータとクロスさせると、いずれも高い数値で相関が示された。利用者は、「あーち」のさまざまな仕掛けに関わるうちに、多様な人たちと出会い、関係形成がなされていくのだと理解することができる。

　このように、「あーち」の取り組みが、私的領域に閉塞した生活を開いていくこと、対話的コミュニケーションが成立するコミュニティを形成・拡張していくことに貢献しているかどうか判断するためには、今回のアンケート

郵便はがき

101-8796

537

料金受取人払郵便

神田局
承認

7846

差出有効期間
2024年6月
30日まで

切手を貼らずに
お出し下さい。

【 受 取 人 】

東京都千代田区外神田6-9-5

株式会社 明石書店 読者通信係 行

Ա||ι·ι··||·ι||·ιլ||·|ι||ι||·ι||ι·|ι||ι·|ι·|ι·|ι·|ι·|ι·|ι||ι·||ι||

お買い上げ、ありがとうございました。
今後の出版物の参考といたしたく、ご記入、ご投函いただければ幸いに存じます。

	年齢	性別
ふりがな お名前		

ご住所 〒　　-

TEL　　（　　）　　FAX　　（　　）	
メールアドレス	ご職業（または学校名）

*図書目録のご希望	*ジャンル別などのご案内（不定期）のご希望
□ある □ない	□ある：ジャンル（　　　　　　　　　） □ない

書籍のタイトル

◆本書を何でお知りになりましたか?
　　　　□新聞・雑誌の広告……掲載紙誌名[　　　　　　　　　　　　　　　　]
　　　　□書評・紹介記事……掲載紙誌名[　　　　　　　　　　　　　　　　]
　　　　□店頭で　　　□知人のすすめ　　　□弊社からの案内　　　□弊社ホームページ
　　　　□ネット書店 [　　　　　　　　　　] □その他[　　　　　　　　　]
◆本書についてのご意見・ご感想
　　■定　　　　価　　　□安い (満足)　　　□ほどほど　　　□高い (不満)
　　■カバーデザイン　　□良い　　　　　　□ふつう　　　　□悪い・ふさわしくない
　　■内　　　　容　　　□良い　　　　　　□ふつう　　　　□期待はずれ
　　■その他お気づきの点、ご質問、ご感想など、ご自由にお書き下さい。

◆本書をお買い上げの書店
　[　　　　　　　　　　市・区・町・村　　　　　　　　書店　　　　　　店]
◆今後どのような書籍をお望みですか?
　今関心をお持ちのテーマ・人・ジャンル、また翻訳希望の本など、何でもお書き下さい。

◆ご購読紙　(1)朝日　(2)読売　(3)毎日　(4)日経　(5)その他[　　　　　新聞]
◆定期ご購読の雑誌 [　　　　　　　　　　　　　　　　　　　　　　　　]

ご協力ありがとうございました。
ご意見などを弊社ホームページなどでご紹介させていただくことがあります。　　□諾　□否

◆ご 注 文 書◆　このハガキで弊社刊行物をご注文いただけます。
　　□ご指定の書店でお受取り……下欄に書店名と所在地域、わかれば電話番号をご記入下さい。
　　□代金引換郵便にてお受取り…送料+手数料として500円かかります(表記ご住所宛のみ)。

書名		冊
書名		冊

ご指定の書店・支店名	書店の所在地域	
	都・道 府・県	市・区 町・村
	書店の電話番号　(　　　)	

調査結果に基づくだけでは不十分である。量的データによって、よく利用する層には変化が起きているが、あまり利用していない層にはほとんど変化が起きていないということはわかったが、具体的にどのような内容を伴った変化であるのか、その変化が利用者全体に伝播しないのはなぜかといったことを検討することには限界があった。

(2) インタビュー調査の概要と分析方法

　インタビュー調査は、2015年7月から2016年1月にかけて、合計25名の関係者を対象として実施した。25名の内訳は、「あーち」の日々の運営に関わるスタッフ5名、「あーち」のさまざまなプログラムを運営するリーダー12名、ボランティア学生8名（うち3名は卒業生）である。いずれもアクティブな活動を通して「あーち」に関わっている人たちである。なお、これらの被調査者の属性は固定的なものではない。リーダー、スタッフなどではなく、市民として「あーち」を利用した経験者は25名のうち17名にのぼる。

　インタビューは、大まかな調査項目を指針として被調査者に自由に語ってもらう半構造化面接として実施した。あらかじめ被調査者に共通して示した調査項目は、「あーちの特徴をどのように捉えているか」「達成感を感じることができたエピソード」「あーちでの活動によって得られた自分自身の学び」の3点であった。インタビュアーは、調査実施の中心となった研究会の参加者の他、「あーち」の実践に関わった経験があり、本調査に深い関心と理解のある神戸大学の学生や卒業生が担った。

　なお、調査実施に先立って、神戸大学大学院人間発達環境学研究科・研究倫理審査委員会に研究倫理審査を申請し、2015年7月に承認（No.151）を得ている。

　インタビューデータの分析は次のような手順で行った。まず、個々のデータを読み、次の2つの観点に関わる部分を抜き出した。(1) 子育ての共同性を取り戻す営みに関連する部分、(2) 対話的コミュニケーションの土台となるコミュニティの形成・拡張に関連する部分である。抽出されたデータは185個であった。次に、それら抜き出した部分にラベルを付し、共通点のあるラベルを集め、それぞれにカテゴリー名を付した。また、これらのカテゴ

リー間の関係を検討し、カテゴリーマップを作成することによって、語りの全体像の把握をめざした。このカテゴリーマップから読み取ることのできる全体像と個々の語りの細部との間を往復することで、語りの全体と部分を読み解いた。

3．インフォーマルな学びはいかに機能したか

(1) 語りに登場する人物

　まず、この章で焦点を当てる経験が、どのような人たちとの関係の中で起こっていたのかということについて把握しておく。私的領域に閉じ込められ公論化しにくい子育ての経験を端緒とし、対話的コミュニケーションを通して形成されるコミュニティは、利用者全体を巻き込んで一気に形成されるようなものではない。ひそひそ話として語られるようなことが、公共的課題として承認されていく過程が重要なのである。とすれば、どのような人たちとの間にコミュニケーションが生じ、どのような人たちを巻き込んでコミュニティが形成されているのかということを、まずは捉える必要がある。

　語りに登場する人物を基準にしてデータを分析した結果、次の4点を確認することができた。

　第一に、被調査者が「あーち」で出会った人たちの多様性を認識していたという点である。日常生活では出会うことのない人たちとの出会い、日々の生活に困難をもつ人たちに意識が向かう経験などが語られている。象徴的には、次のような発言である。下記の①では利用者の多様性が「あーち」の特徴となっていること、②では「あーち」では異質な他者との関係が日常的であることが言及されている。

　　"経験していくと、子ども連れの人だけではなくって、まあ、たとえば障害のある方とか、地域のお年寄りとか、誰でも来ていい場所なんだなというのがわかりました。"（プログラムリーダー）①

　　"昔はもう、全然あっち……別に避けるわけじゃないけど、もうまった

く一線を置いたあっち側の人って感じでは思っていたんで、……接し方も
わからないし、やっぱここに来るようになって、ご近所の発達障害もって
るお嬢ちゃんとママとかともすごい話するようになったし、……うーん。
特に自分から歩み寄ってはなかったですね。……理解は、とまではいかな
いけれども、自分の中の何かこう、垣根が取れた感じですかね。"（スタッ
フ）②

　第二に、社会に一般的にある課題が身近になるような他者との出会いの経
験が語られるという点である。たとえば次のような発言である。③からは、
課題を抱え支援を必要としている人たちの存在が、「あーち」で出会った人
たちに省察を求める機会となっている様子を読み取ることができよう。②も
同様の言及と理解することができる。

　"大変な思いしてる人とか、もう、どうしようもない、にっちもさっちも
いかないような状況に陥ってる人がいて、こういう施設が必要なんだって
わかってからは、ちょっとその、自分のなんて言うか、力不足なところと
か、しんどいなーっていう気持ちがちょっと芽生えてきた。"（スタッフ）③

　第三に、子どもの成長の歓びが語られたり、子どもの成長に伴う課題の変
化について語られたりする程度の時間的な長さをもった関わりの経験が語ら
れているという点である。たとえば次のような発言である。④では子どもが
目に見えて成長していく様子を「あーち」で出会った人たちが共に歓んでい
ることが述べられ、⑤では、子どもの発達に伴って変化する課題に対応し
て、関係性や取り組みが変化してきていることが語られている。

　"立てなかった子が立てるようになっていたりとか、本当にまあ継続し
ているプログラムが、ちゃんと正確に、それこそやっぱり、できるように
なってくるんですね。それがやっぱり嬉しいです。私たちの、はい、幸せ
で、まあ、おばあちゃんみたいな心境です。はい（笑）。そういう子ども
たちの、やっぱり成長が一番、幸せなことですね、なんか。はい。"（プロ

グラムリーダー）④

　"課題は変わるんですよ。だからうちの子で言ったら長い間ここでいっ
ぱい遊ばしてもらいました。で、今は養護学校の高等部に行ってると、高
等部から養護学校に来ると、わりと軽度の子とかもいると、それもおしゃ
べりもできる、普通に遊ぶこともできるし、うちの子に絡みあってくれる
こともできるし、で、いわゆる普通の子と遊ぶ感覚になってくるんですよ
ね。学校の中でも。でもそこから派生するものとしては、ひとつは、養護
学校……高等部から養護学校に来てしまった……が、また遊ぶ場所がな
い、っていうことで、その子たちはちょこちょこ高校の子たちが今来始め
ている。"（プログラムリーダー、障害児の親）⑤

　第四に、多層的な支援者やピアの存在が語られている点である。たとえば
次のような発言である。⑥では、個人が抱えている課題を媒介として利用者
間に信頼関係が醸成されている様子が、また⑦では、多様な他者との出会い
が、自然な形での相互支援関係になっている様子が言及されている。「あー
ち」が信頼関係に基づいた重層的な支援の場になっていることを読み取るこ
とができる。

　"こういうのがすごい大変でね、みたいなのを打ち明けてもらったとき
に、変やけど嬉しいというか、信頼してもらえてるんやなあというのがだ
んだん増えてくるとやっぱり嬉しいし、子どもたちも私のことを覚えてく
れて、その回を積み重ねるごとに覚えてくれて、このお姉ちゃんこんなこ
としてくれるから、こういう遊び、言ってみようみたいなのも、たぶん考
えてくれたりとかするので、いいなあと思って。"（学生ボランティア）⑥

　"おとなの方にも、ちっちゃいお子さんにも、うちの子の状態を目の前
で見てもらえる……で、語りかけてもらえる、触って、こう、声かけても
らえる？っていう関係が、子どもから……うちの子から見れば、いろんな
子どもといろんなおとなと出会うことができる、っていう場になっていっ

たなあ……そういう場だなぁ、っていうふうに思います。"（プログラムリーダー）⑦

　以上のように、語りに登場する人物を整理するだけでも、すでに、課題を抱える人たちとの関わりから、社会的関心を共有するコミュニティの存在を確認できる。被調査者の語りの整理を通して、多様な課題を抱えた人たちとの相互の出会いを軸に、支援―被支援の関係が生起しつつ固定化されず、関係性が重層化していく様子、また、その背景として重層的な関係性が成熟するための継続性が重要であることを読み取ることができた。

（2）私事から共同への転回

　次に、「あーち」が、「都市型中間施設」として、私事に閉塞する私たちの生活のあり方を見直すきっかけとして、他者との対話的コミュニケーションを活性化する機能をもっているかどうかという点から、インタビューデータを整理し分析した結果、次の3点を確認することができた。
　第一に、「あーち」が、私的領域に閉ざされた生活課題に苦しむ人たちの居場所になっていることが確認できる点である。たとえば次のような発言が見られる。⑧からは、「あーち」に、個々人が抱えている課題を他者と共有してもよいのだという雰囲気があることを読み取ることができる。⑨では、日常的に他者との関係から排除される傾向のある人たちにとって、「あーち」が社会的な関係形成の場になっている様子が語られている。

　"自分の子どもが他と比べて、特に小さいお子さんを連れた親子を見ることが多いんですけど、その発達がちょっと遅れてる、とかっていうことに対して、すごい隠したいみたいな気持ちとか、あとは、なんかすごいそれで落ち込んで、認めたくないっていう気持ちはすごくわかるんですけど、そうじゃなくって、もっといろんな人に相談して、どういうふうにその子のためになることをしたらいいのか、とか、そういう、なんて言うか、助けがすごい周りにあって、そんなに自分一人で抱え込まなくていいんだな、っていうふうに、私だったら、あの、前の私だったら、やっぱり

隠したいとか恥ずかしいことだって思ったと思うんですけど、そんなこととは全然なくって、いろんな人の助けも借りながらオープンにしていったほうが幸せだなっていうふうに、いろんな人を見て思えるようになりました。"（スタッフ）⑧

"同じような特性の子がいたら、一緒に走り回れる。まあ、喧嘩はもちろんありますけどね。でも喧嘩できる相手がいるっていうのも、彼らにとったらすごく楽しいっていう感じね。だからよく学校からの子どものね、情報の調査の中に「友だちはいますか？」っていう欄があるけど、まあ、健常の子だったらね、「友だち何人おって」みたいな、「20人ぐらいかな」とか、「100人ぐらいかな」って書くだろうけど、「友だちね？」誰を友だちと呼ぶんだろうみたいな。実際「家に遊びに行ける友だちは、3人ぐらいいるなあ」とかね。いう感じで……なんだろう、ほんとにいわゆる友だちっていうのはね、つくりにくい子どもたちなので、そういう意味ではここに来て遊ぶ、遊べたら友だち。"（プログラムリーダー）⑨

第二に、困難な課題をめぐって、多様な人たちの間にコミュニケーションが生起し、インフォーマルな支援が生起していることが確認できる点である。たとえば次のような発言が見られる。⑩では、「あーち」が課題を抱えた個人にとって課題を共有できる他者と出会う場となっている様子について語られ、⑪では、重たい課題についても前向きに語ることができる雰囲気について語られている。「あーち」では、個々人が抱えている課題について、個人的な相談として深刻に語られるような場というよりも、課題を他者と共有する場として、コミュニケーションのモードが自律的に調整されている、といえるかもしれない。

"いろんな機関をまわられて、奔走してるって言って疲れ果ててしまってあーちに駆け込んだっていうお母さんとかもいらっしゃって、そういう意味では同じ気持ちを共有できる仲間が、たぶん、彼女たちは欲しかったし、公園に行ってもね、たぶん、自分の子どもが他の子たちと違うと、疎

遠になってしまうとか。そこでは同じグループの、共有できるお母さんたちがいないっていうのはすんごい、みなさん同じことをおっしゃってて。本音でいろんなことしゃべれるっていうこともあっただろうし、わずかな時間ね、それがずーっと続くわけではなくてもその一時でも、共有できるものがあればそれすごく大事なんやなっていうのは。"（プログラムリーダー）⑩

"その苦労話でこう笑いあえる、みたいな。「今日大変やったわー」とか。それを暗いトーンでしゃべるんじゃなくて、「こんな大変やったわ」ってある種こう、おもしろかったなっていうトーンで話しあいながら帰ったりとか、大学で会ったときにその話ができたりとかするので、その辺でシェアはしやすかったかなと。"（学生ボランティア）⑪

第三に、支援する側、支援される側双方の学びの場となっていることが確認される点である。たとえば次のような発言が見られる。⑫では、若干固定的な支援─被支援関係にある中で、支援者が被支援者から学びを得ていることが、また⑬では、多様な人たちとの相互性の中で、利用者が支援のあり方を学んでいる様子が語られている。

"直接お母さんと触れ合うことによって、いろんなお母さんたちの悩みに答えたり、あるいは、そういうお話をしながら、自分自身もすごく学びになったりすることがあったのでね。一番の学びっていうのはそれでしょうね、きっと。いろんなお子さんたちや悩みを抱えたお母さんたちと、実際に触れ合うことで。……生の声ですね。その中でいろいろと、なんて言うかな、アドバイスしたりしながら。アドバイスしながらもね、別に全部が成功、成功って言うのかな、うまくいったものばかりではないんですね。でも自分で何回かやってるうちに、いろんなね、相談事受けたりとか、話をしているうちに、うまくいったときには、ああ良かったなって思えるし。お母さんたち自身がね、ホッとするというか、あるいは表情が軟らかくなって、「ああそうだったんだ」とかね。疑問とかいろんなことが

わかって。"(プログラムリーダー) ⑫

　"お母さんとおしゃべりするのも楽しいところがあって。子どもと関わ
るのがメインなんですけど、経験豊富なお母さんから話を聞けるとか、お
母さんと子どもの関わりを見て、こうやって接したらいいんやとか。そう
いうのは体感的に学んでいったみたいな。"(学生ボランティア) ⑬

　このように、私的領域から公共的領域に開かれていく過程の分析から、
「あーち」を舞台に、困難を抱えた人たちの存在が端緒となったコミュニ
ケーションの生起、それに伴う相互の学びあいやインフォーマルな支援の萌
芽を見て取ることができた。特に、被調査者の語りの整理を通して、この過
程において個人が抱える課題を他者に語るコミュニケーションモードが重要
性をもっていることに気づいた。個々人が自らの抱えている課題について語
ることを通して、他者と課題を共有しつつも、一方的な支援—被支援ではな
く相互性に支えられた関係性が立ち上がるという過程は、場の力（本書第6
章参照）もさることながら、場の力と相互作用するコミュニケーションモー
ドによって支えられているのではないか。

（3）新しいコミュニティの創出
　最後に、「あーち」が、対話的コミュニケーションを介したコミュニティ
形成の過程、そのコミュニティが外部社会に向かって開かれていく過程を支
援する機能を果たしているかどうか、という視点から、インタビュー結果を
分析した。その結果、次の3点を確認することができた。
　第一に、対話的コミュニケーションを介して、「異質性との出会いと受容」
によって認識変容が生まれ、その変容が生活に浸透することを通して、「あー
ちを超えた社会関係への影響」を生み出していることが確認できる点であ
る。たとえば次のような語りが見られる。⑭では、「あーち」で日常的に多
様で異質な他者と出会うことによって、他者に対する認識や行動に変化が生
じている様子が語られ、また⑮からは、そうした認識や行動の変化が、地域
生活の豊かさに貢献している可能性を読み取ることができる。

"すごく、なんか、自然な形かなと思います。なんだろ、やっぱり、今までそういう、たとえば、おかしな話になるかもしれないですけど、ハンディキャップをもたれてる方は、なんだろ。やっぱり、行くところが固定化されてて、なかなか、出会う機会っていうのがなかった。……私自身がそうだったし、実習で行ってはじめて知るみたいな、そんなところがあったんですけど、ここに来たら、やっぱり、こう、そうではなくって、ひとつの中で行き来している、そういうのがなんか、当たり前なんですけど、今までは、当たり前が遮断されてたというか、分かれてたみたいなところがあるかもしれないですけど……それを共にというところで、すごく、なんか自然な感じが、ナチュラルな感じがしますね。"（スタッフ）⑭

　"ここはここでいろんな方と出会えて、それはそれですごくおもしろいし、最初はあまり感じなかったんですけど、1年2年たつうちに、今度たとえば家の近所の駅の辺とかで、そこで会った人に会うと、「やあ！」とか、って声掛けしてくれて、「大きくなったね」とか「元気？」とかって……みんな声掛けしてくれるようになるので、そうなると、ここの場だけじゃなくて、ほんとに自分の住んでる近所でも知り合いになるという、そういう広がり？ができてきますね。"（プログラムリーダー、障害児の母親）⑮

　第二に、コミュニティの形成と拡張を支える要素として、「相互的・循環的支援」が確認できる点である。たとえば次のような語りが見られる。⑯では、「あーち」が、力を得た人がその力を他者に伝播していく舞台になっている様子が、また⑰では、支援を受けている人が、自分自身も他者に貢献できることがないか、「あーち」を舞台にして自発的に探索する様子が語られている。

　"お母さんたちが得たものを、次じゃあ、知らない人たちのために、伝えるっていうのかな。そういうふうなものができるっていう場ですよね、「あーち」って。それがすごいなと思いますね。うん。自由。"（スタッフ）⑯

"今は何か自然な流れで、誰か彼か、お掃除してくださったりしてるんです。筆を洗ったりとか、使ったものは元に戻すとか、そういうことをしてくださりだしたのは、嬉しいですね。……私がそれを言ったとか、なんとかじゃなくて、「あーち」自体がもってるような、居心地のいい空間を使わせていただいてるんだから、っていうような、お母さんも出てこられたんじゃないかしら。だいぶ前からですけどね。"（プログラムリーダー）⑰

　第三に、コミュニティの形成と拡張を支える根底に、「安心・信頼を生み出す雰囲気や関係」があることを確認できる点である。たとえば次のような語りが見られる。⑱では、「あーち」が、多様で多層的な関係性を媒介する開かれたコミュニティとなっていることが、また⑲では、社会関係の形成に困難を抱える傾向のある人であっても自発的に参加できる安心感と自由度が保たれていることが語られている。

"利用者さんが、また違う、もう、ほんとにここがあって助かるっていう声とか、実家に帰ってきたみたいな感じで、みなが迎えてくれるとかっていう言葉を聞いたら、すっごい、やっぱ嬉しいし、これからもそういう存在であり続けたら、いけたらいいなーって。"（スタッフ）⑱

"私はどういう障害があってっていう予備知識もなしに入っていくから、で、聞いても忘れちゃったりもしますけれども、特徴はそれぞれあると思います。自閉傾向の方はこういう感じとか、どういう見え方をしてるか、とかはあるかもしれないけれども、みなと関わりあう楽しさ、っていうのかな、その場に居られる、人の中に居られる楽しみっていうか、そんなのもあるでしょう？……（そういうことが）可能になってるんじゃないですかね。出入りも自由でしょう？"（プログラムリーダー）⑲

　こうした分析に基づいて、「あーち」において、安心できる雰囲気、他者との信頼感、支援・被支援関係が柔軟に変化する関係性が醸成され、そうした柔らかいコミュニティにおいて生じる他者との出会いを通して、参加者に

認識変容・態度変容が生じ、社会生活全体に影響を及ぼしているという過程が生まれていることが示唆されたといえよう。特に、被調査者の語りの整理を通して、「あーち」で形成された関係は、相互的な認識変容や行動変容を伴いながら、「あーち」という場の制約を超えて自律的に広がりをもっていることが読み取れる。

4．都市型中間施設の可能性と課題

　今回のインタビューとその結果の分析によって、第一に、「あーち」が、私的領域に閉塞した生活を、コミュニケーションと支援を介して公的空間に開いていく機能をもっていることを確認することができた。また第二に、「あーち」が、自己や他者の異質性への気づきや変容を通して、多層的なコミュニティを形成し、認識変容を介して外部社会に影響を与えていることも確認できた。

　同時に被調査者の語りの分析を通して、「あーち」がつくりだしているこうした過程には、開かれた公共性（宮坂, 1987, pp.33-34）を促進する場の雰囲気やコミュニケーションモードが重要な影響をもっていること、また「あーち」での取り組みが地域社会に影響を及ぼす過程では、個々人の他者に対する認識や行動の変容が重要な要素となっていることといった知見を得ることができた。

　ただし、この分析結果は、複数の語りを総合化する方法によって導かれたものであり、次の点に留意する必要がある。すなわち、これら2つの機能がどのくらいの力をもっているのか、どのくらいの規模の変化を生み出しているのかということを示せない。同時に実施した量的調査で示唆されるのは、先述のように大規模な変化が引き起こされているとは言い難いということである。この章で述べた結論は、むしろ弱く細い流れであるが、確実に存在することを可視化したものであるといえよう。したがって、この流れをどのように強化し広げていくかということが、今後の実践的な課題ということでもある。

　さて、第6章と第7章では「あーち」に集まる人たちから得られたデータ

の分析を通して、インフォーマル教育のケーススタディを行ってきた。「あーち」においてインフォーマル教育の性質は、「子育て支援をきっかけにした共に生きるまちづくり」という「あーち」の理念に表れている。個人の問題として囲い込まれがちな子育ての課題を、他者と共有し公共的な課題に転換していく場として、また、多様な他者と出会い支えあう関係を形成するために相互に学びあう場として機能させていこうとする運営側の意図性が、「あーち」をインフォーマル教育実践の場として機能させている。そして、これら2つの章で、運営側の意図性が、「あーち」での活動と場を共有する人たちの認識や行動に変化をもたらしていることを説明してきた。

　こうしたインフォーマル教育の性質上、本書で主なターゲットとしている知的障害者の学びは、他の人たちとの間に立ち現れるものとして扱うことになった。2つの章で、知的障害者の学びを直接取り上げていないのはそのためであるが、その学びは場や活動を共有する他者による記述や語りの中に登場していた。

　たとえば、本章に登場した自閉症児はすでに現在20歳を過ぎた青年に成長して、次章以降で描く大学教育プログラムに参加したり、一人で海外を旅行することをめざして英検の勉強に励んだりしている。彼のこうした成長は、彼を取り巻く人たちとの間に立ち現れてきたものであり、「あーち」における彼と他者との相互の学びあいもそれに貢献してきたものと理解される。

　筆者は、多様な人たちの学びあいに貢献し、個人の成長を相互に見守るインフォーマル教育の場が必要だと考え、「あーち」の継続と発展に尽力してきた。それと同時に、「あーち」をモデルケースとして、普遍的な施設概念を生成するために「都市型中間施設」という語を用いて考察を深めてきた（津田, 2011a; 2011b; 2012b）。

　この章では、「都市型中間施設」が、多様な人たちどうしが相互に影響を与えあうコミュニティの形成を確かに支え得ることを示すことができた。その中で、知的障害者が他者との間に成長の物語を紡いでいることも垣間見えた。

　しかし、そのコミュニティには中心と周辺が存在し、中心部分での活発な学びあいは確認できたものの、周辺部分あるいは外部への波及効果について

は課題があるように感じられた。したがって、「あーち」の実践やその分析から見えてきた「都市画型中間施設」の実践的課題は、多様な人たちが相互に影響を与えあうコミュニティがいくつも生まれ、さらに複数のコミュニティどうしが相互に影響を与えあう、といった営みが生起するようなプログラムや場づくりにあるといえよう。

注 ─────────────────────────────◎

1 　区役所跡地の建物の老朽化に伴う移転（2017年）や、新型コロナ感染拡大防止措置を経て、「あーち」の運営は変更を余儀なくされてきたが、基本的な理念と構造は現在も保たれている。

2 　宮坂広作は、「閉ざされた私事性」「開かれた私事性」「閉ざされた公共性」「開かれた公共性」といった4つの象限の把握を行っている。宮坂によれば、エゴイズムと通底する「閉ざされた私事性」に対して、"個人の内面の自由という原理に立脚して、自己の選択した価値に対して誠実であろうとする生活態度"をもった「開かれた私事性」がある。また、"個を否定したり、マイノリティを無視して、マジョリティや全体を絶対視し、さらに他者集団に対して自己集団の利益を一方的に擁護しようとする"「閉ざされた公共性」に対して、"各人が生活の主体としての自己の生活設計を持ち、他者と共存し、共生しようとする意志を尊重する"「開かれた公共性」がある（宮坂, 1987, pp.33-34）。また、堀尾輝久は、近代公教育を、教育の第一義的責任が親にあるとしたうえで、「私事の組織化」によって成り立っていると捉え（堀尾, 1971, p.10）、それに対して持田栄一は、社会共同の事業としての教育という観点を強調している（持田, 1979, p.63）。教育は、家族の中で行われる私事を立脚点としつつも、私事の組織化を通して社会共同の事業へと発展していくという方向性で議論されてきたのだといえる。これらの議論を踏まえると、子育て支援は、親への第一義的責任を課すことを前提とするという意味で私事性に立脚していながら、育っていく子どもが市民となり国民となるといった観点からは高い共同性・公共性も負っていると理解できる。この章で問題として捉えるのは、親子の固定的で閉ざされた関係性に基づく子育てであり、また共同利害によって仲間意識を形成するような共同性に至る道筋である。それに対して、他者との対話や協働を通じて親子の関係性やアイデンティティが不断に更新されていくような子育ての道筋を追究している。

第8章

ノンフォーマルな学びの場の多様性
——大学教育の挑戦

1．「難しいけど楽しい」学び

　神戸大学「学ぶ楽しみ発見プログラム」は、学校教育法第105条に規定された「特別の課程」（履修証明制度）によって運営する取り組みである。私たちはこのプログラムをKUPIと呼んでいる。KUPIは、Kobe University Program for Inclusionの頭文字を取った愛称である。

　10〜20名の知的障害のある青年たちが、秋学期の半年間、神戸大学の授業を受ける。彼らの多くは、それぞれの職場や社会福祉事業所などで働いた後、夕方になって三々五々集まってきて、まずは歓談しながらお弁当を広げた後、17時から始まる授業を受けるためにそそくさと教室に向かう。そして20時近くまで授業を受け、六甲おろしが吹く中を帰っていく。こうした生活リズムが週3日、半年間続く。楽な条件ではないが、青年たちはほとんど休むことなく、最後まで楽しそうに生き生きと学ぶ。

　彼らはその間、いろいろな初体験をする。大学の授業を受けて興味を広げることはもちろん、神戸大学の一般学生と人生を語りあうことも、夜景を見ながら友だちと家路につくことも新鮮な経験となる。"難しいけど楽しい"という彼らの声は何度も聞いた。彼らに関わった教員や一般学生は、そんな彼らの学ぶ姿勢に驚き、刺激を受ける。

2．国内外の大学教育プログラムの展開

（1）国際的動向からの刺激

　KUPIは、国立大学である神戸大学が実施する、知的障害者を対象としたパイロット的な教育プログラムである。日本では大胆なプロジェクトと目さ

れるだろうが、国際的にはさほど珍しいことではない。

　神戸大学と10年以上交流を続けている韓国ナザレ大学には、知的・発達障害学生だけを対象とした学部がある。この大学は障害学生支援に積極的に取り組んでおり、全学生5,000余名のうち約7.1％にあたる約374名が障害学生である（2018年度）。知的・発達障害学生が所属する学部は、1学年25名定員でリハビリテーション自立学部という。書類審査や面接試験による入学試験に合格した学生たちが、非障害学生と共に学ぶ教養教育課程と、学生の個別的な特性に応じた専門課程（進路職業教育）で学び卒業していく。寄宿舎での共同生活や進路指導、アフターケアも含めて、個別的でていねいな支援を行っており、卒業生の就職率は高い（近藤他, 2018）。

　韓国ナザレ大学の知的・発達障害学生たちとは、筆者自身も交流を続けており、教養教育の単位取得がとても難しいことや、専門課程での学びが充実していることについての語りを聞いてきている。知的・発達障害学生を支援するドウミと呼ばれる一般学生によるサポートや、教職員の熱意のある教育活動によって、充実したキャンパスライフを送ることができている一方、放課後などの自由時間の過ごし方に課題があるということも聞いた。

　アメリカでは、高等教育機会法（Higher Education Opportunity Act）という法律があり、知的障害学生に対する教育プログラムを提供した大学に対して連邦政府が補助金を拠出するとしている。この制度によって、多くの大学が積極的に教育プログラムを企画・実施し、知的障害学生が大学で学ぶ機会を得ている。また、知的障害者の大学教育プログラムの振興を目的としたThink Collegeという全米組織があり、リソースや指導助言、研修機会を提供している。Think Collegeの2022年のデータによると、全米で知的障害学生を対象とした307の大学教育プログラムがある。

　教育プログラムの形式は多様であり、知的障害学生だけを対象としたプログラムもあれば、一般の大学生を対象とした授業に知的障害学生がサポート付きで参加できるプログラムまである。また、教養教育を重視するプログラム、生活自立を重視するプログラム、職業教育を重視するプログラムなど、教育内容も多様である。

　筆者自身は、ミネソタ州のベテル大学とニューヨーク州のシラキューズ大

学のプログラムを訪問する機会があった。前者は、学内にある寄宿舎で一般学生からの支援を受けながら共同生活を行い、大学の通常の授業に参加する2年課程のプログラムである。後者は、InclusiveUという4年課程のプログラムで、2022年度には100名の知的障害学生が学んでいる。シラキューズ市教育委員会との連携プログラムで、市内の高校卒業生が対象である。知的障害学生を対象とした各種のプログラムの他、メンター学生の支援を受けながら一般学生を対象とした通常の授業に出席することもできる。なお、アメリカの大学の教育プログラムには、友だち関係や先輩・後輩関係の延長でサポートをする支援者が配置されていることが多く、そうした学生の支援者は「メンター」と呼ばれている。メンター学生は、授業に関わる支援の他にも、社会生活、居住、キャンパスやコミュニティへの参加といった側面の支援も任されることがある（Krech-Bowles & Becht, 2022）。

　アメリカでは、知的障害学生を対象とした大学での教育プログラムを説明する際に、中等後教育（post-secondary education）という概念が用いられる。高等教育機会法においても中等後教育の担い手として教育資源が豊富な大学を位置づけることで、知的障害者の中等教育修了後の学びの場の保障に大学が参加する体制が実現したと捉えることができよう。

　韓国やアメリカの他にも注目すべき取り組みがある（ゆたかカレッジ・長谷川, 2019）。KUPIもこうした国際的動向に刺激を受け、日本型の取り組みを模索しながら構想された。

（2）国内の動向からの刺激

　国内に目を移すと、公開講座として実践されている知的障害者を対象とするオープンカレッジが、いくつかの大学で開かれている。1995年から開設されている最も歴史のある東京学芸大学のオープンカレッジの他、札幌学院大学、北海道医療大学、拓殖大学北海道短期大学、青森県立保健大学、東北大学、群馬大学、淑徳大学、静岡英和学院大学、静岡大学、愛知県立大学、龍谷大学、桃山学院大学、大阪公立大学、武庫川女子大学、神戸学院大学、神戸大学、関西福祉大学、美作大学、島根大学、広島国際大学、長崎純心大学などが、現在実施しているか、あるいは過去に実施した実績をもってい

る。各地で行われている取り組みの現在については文部科学省の調査によって知ることができる（文部科学省, 2021）。

　知的障害者を対象としたオープンカレッジに関わる書籍や論文も少なくない。特に、草分けということができる東京学芸大学の成果報告（オープンカレッジ東京運営委員会, 2010）や、オープンカレッジの取り組みを全国に広げる役割を果たした建部久美子、安原佳子、安藤忠らの活動の成果（安藤・建部・安原, 2001; 建部・安原, 2001）、精力的に研究報告を行ってきている東北大学の成果（田中他, 2022）、大阪府立大学（現・大阪公立大学）や青森県立保健大学のオープンカレッジでの取り組みを背景に学びの意味を検討している西村愛の著作（西村, 2014）などが注目される。また他にも、多数の実践報告が公刊されている。

　神戸大学も2003年度と2004年度に知的障害者を対象とした公開講座を実施した（山本他, 2004; 津田他, 2006）。年数回のイベント的な取り組みで、大学教員や学生のボランタリーなサイドワークという位置づけであることや、知的障害のある学習者との関わりが一過性のものになりがちである点で、筆者自身が消化不良を感じたうえ、ちょうど「のびやかスペースあーち」の設置の時期と重なったため、2年間の実施でとりやめた。

　公開講座は、学校教育法で「大学においては、公開講座を設けることができる」（第107条）と定められている取り組みである。文部科学省は、「住民等の学習機会として重要な役割を担っている大学公開講座の実施状況について、開かれた大学づくりを推進するための基礎資料を得ることを目的」として、2011年から2019年まで「開かれた大学づくりに関する調査」を実施している。2019年の調査によると、障害者を主対象とした公開講座（主催）は83講座あり、2,241人の受講生が学んだとある。これらの講座が対象としている障害者の障害種別は多様であり、知的障害者を対象とするものばかりではない（水内・鶴見・高緑, 2014）。

　公開講座は、大学拡張（University Extension）の歴史に位置づけることができる事業である。それは、単に大学による社会貢献というだけにとどまらない意味を付与されてきた。たとえばイギリスの場合、資本家階級が大学教育を独占していた状況を改善するために、労働者階級に大学教育を届けると

いうコンセプトで大学拡張が行われた。19世紀半ばから20世紀初頭にかけて、大学の壁を乗り越え、労働者の町で授業を開講するアウトリーチ活動などが行われた（小堀, 1978, pp.194-213）。

　日本にはこのような動きが乏しかったとされるが、20世紀初頭に農民が大学教員を招聘して講義を組織した信濃自由大学や、"学問は大学の専売ではない。去勢された、学問を切売する馬肉屋の如き大学に何の真理が学び得ようか、我等は生きた大学を要求する"と謳った設立宣言によって開設された大阪労働学校などの取り組みもあった。

　すなわち、大学拡張は、大学の知が一部の人に占有されていることに対する異議申し立てとして、"「高等教育機関による住民への単なる学習支援サービス」と捉えるのではなく、「学習者（住民）による、既存の大学とそこでの学問の質やありかたそのものに対する批判」を含むもの"（笹井, 1998, p.103）なのである。

　この視点から捉えるなら、公開講座の形式をとるオープンカレッジは、大学から最も排除されている知的障害者が、既存の大学に対する批判的視点を含む試みとして実践されえるものだといえる。

（3）ノンフォーマル教育の多様性

　学校教育はフォーマル教育として位置づけられ、社会教育や生涯学習はノンフォーマル教育あるいはインフォーマル教育として位置づけられる。制度化され組織化された学校教育は、利用可能な資源の調達が比較的容易で、持続性がある。逆に、一般的に社会教育や生涯学習は、必然的に利用可能な資源の調達が難しく、持続性の点で劣る。したがって、社会教育や生涯学習の実践には、制度化や組織化に向かう力がかかりやすい。社会教育論草創期に春山作樹が、社会教育は「組織化の過程」にあると述べたのは、まさに正鵠を得ている（春山, 1932）。

　そのように考えると、フォーマル教育実践として展開している韓国ナザレ大学リハビリテーション自立学部の事例は、世界の最先端を進んでいるということができる。アメリカの大学の場合は、ベテル大学もシラキューズ大学も、フォーマル教育に類似した形態をとっている。これらは、法律に基づい

て資源が動員されることで制度化と組織化を進めたのだが、高等教育ではなく中等後教育として位置づけられることで、大学にとっては選択的な取り組みにとどまっており、自由度の高い実践としてノンフォーマル教育の要素ももっている。

　これらに比べて、日本のオープンカレッジは、脆弱な法的根拠しかもたないノンフォーマル教育実践として展開している。オープンカレッジが年に数回程度実施するイベントになりがちなのはそのためといえる。知的障害者に大学教育を保障するという観点からは、韓国やアメリカから大きく遅れをとっているという評価となろう。しかし、他の観点もあわせて考えると、異なる評価で捉えることもできるかもしれない。

　フォーマル教育には、自由度が少なく、硬直化しやすく、また権力作用を受けやすいというデメリットがある。たとえばオルタナティヴスクールは、フォーマル教育のデメリットを補完するノンフォーマル教育実践と捉えることができる（丸山他, 2016）。特に、フォーマル教育に適応できない人たちに対して、フォーマル教育の自浄作用として対応できる手段は限られる。有力な選択肢は、そのような人たちをカテゴライズして別枠でフォーマル教育を提供するということである。しかし、別枠のフォーマル教育は、新たな周辺を生み出しえるし、人を選別する装置として作用してしまう。

　それに対してノンフォーマル教育は、相対的に自由度が高く柔軟性がある。知的障害者に大学教育を開く実践において、自由度の高さと柔軟性は、対象者を設定する自由度、カリキュラム設定の自由度、教育者の選択幅の自由度、評価の観点や方法の自由度、学習者個々人のニーズに応じる柔軟性などといったところに表れる。実際にどのように自由度が発揮されえるかということについて、神戸大学の事例を紹介することを通して説明していきたいと思う。

　ノンフォーマル教育のメリットを活かしつつ、デメリットである資源調達や持続性の困難を改善することができると、いわば「日本型」の知的障害者の大学教育実践が現れるのではないか。神戸大学が知的障害者に大学教育を開く実践で、聴講生制度や特別の課程の制度を活用しているのは、高い自由度と柔軟性を保ちながら、資源調達と持続性を追求した結果である。

（4）インクルーシヴなキャンパスに向けた取り組み

　神戸大学がKUPIの取り組みに着手することになったのは偶然の要素が大きいが、実施環境がある程度整っていたという点については述べておく必要があろう。

　先述したように、神戸大学では2003年度と2004年度に、知的障害者を対象とした公開講座を実施した。その後、2005年度からは前の2つの章で取り上げたサテライト施設「のびやかスペースあーち」の運営を行い、インフォーマル教育実践を行ってきた。

　また、障害者雇用の分野では、知的障害者が環境整備員としてキャンパス清掃業務を担っている。重度障害に分類される知的障害者も多く雇用しており、業務指導員と共に日々学びあい課題に取り組みながら業務にあたっている。また、キャンパス内に「アゴラ」という大学が直接運営するカフェを設置し、従業員として知的障害者を複数人雇用している。いずれも先駆的な形態として注目された。知的障害者がキャンパスの中で役割を担い、学生や教職員と日常的に接触する状況がつくられている。

　障害学生支援の取り組みも、2015年に設置されたキャンパスライフ支援センターを中心にシステムがつくられ、成果を挙げてきている。また、神戸大学は、50年以上の伝統をもつ附属特別支援学校を併設していることも、インクルーシヴなキャンパスづくりに向けた取り組みの強みになっている。

　さらに、教育学部、発達科学部の伝統を引く国際人間科学部と、その大学院組織である人間発達環境学研究科には、多様な人間の発達について関心と造詣の深い教員や学生が多く在籍することも、KUPIに着手することができた条件として重要であった。

3．「学ぶ楽しみ発見プログラム」の概要

（1）授業の概要

　KUPIの授業は週3日ある。それぞれ授業と授業ふりかえりの時間によって構成される。授業の内容を学生たちがゆっくり時間をかけて咀嚼するために、ゆとりをもった時間を設定している。

火曜日は、神戸大学の一般学生向けの授業にKUPI学生も参加し、相互に学びあう状況をつくりだしている。授業名は「社会教育課題研究」という。ライフストーリーを語りあったり、ニュースポーツを体験したり、海外の知的障害者グループとオンライン交流をしたり、自己表現の作品化に取り組んだりなど、年ごとに一貫したテーマをもって取り組んでいる。

　水曜日は、KUPIのオリジナル授業である。授業名は「よりよく生きるための科学と文化」という。心理学、教育学、哲学、音楽学、宇宙物理学、動物学、音楽療法論、社会保障論、舞踊、スポーツ、ものづくりなどを専門とする神戸大学教員が、それぞれの領域の初歩の講義や実習を担当する。

　金曜日は、話しあい学習を柱とした主体的な学びの授業である。授業名は「話しあう！やってみる！」という。表現活動や自由研究やフィールドワークに取り組む。

　参考までに、2021年度の各曜日の授業計画表を掲げておく。

(2) プログラムを支える人たち

　こうした授業を支えているのは、2名のコーディネイターと10名を超すメンター学生たちである。

　コーディネイターは、水曜日の授業をコーディネイトし、授業の組み立てや配慮の相談に応じる。また、メンター学生をとりまとめて金曜日の授業の運営を担う。KUPI学生やその家族の相談に応じ、学習環境を整えるための業務も行う。いわばプログラム運営の柱といえる。

　メンター学生は、それぞれの授業に入り込んでKUPI学生の理解を助け、学びを深める役割を担い、さらに金曜日の授業を組み立てる。プログラムが進むにしたがってKUPI学生と友だちのような関係を築き、一緒に遊びに行く計画を立てたり、時には各種の相談に乗ったりすることもある。

　大学の事務や各教科の教員も重要な役割を果たしている。彼らが「余分な業務」とは思わず、意義のある取り組みとしておもしろがって役割を担っていることが、プログラム遂行上の大きな力となっている。

2021年度社会教育課題研究（障害共生教育論）授業計画

内容	KUPI学生の過去・今・未来を、KUPI学生本人と一般学生が協働して表現する。
ねらい	・KUPI学生にとっては表現したい自己を省察する機会となる。 ・KUPI学生にとっては新たな自己表現の方法を習得する機会となる。 ・一般学生にとってはKUPI学生のライフストーリーや人格に触れる機会となる。 ・一般学生にとっては他者の学びや自己表現の支援を実践的に学ぶ機会になる。 ・場合によっては、一般学生が他者への支援の中で自分の専門性を試す機会となる。 ・KUPI学生、一般学生両者にとって、異質性の高い他者と共同で作品を制作する体験となる。
表現手段	1. KUPI学生の語りを基に歌詞を作り、一般学生が曲をアレンジし、可能であればミュージックビデオ制作に挑戦する。 2. KUPI学生の語りを基に寸劇の作品を作り、可能であれば短編ドラマの動画制作に挑戦する。 3. KUPI学生の言葉による主張を構成し、KUPI学生の語りを素材として動画を制作する。

日程

10月5日	ガイダンス、知的障害者の表現活動について
10月12日	先週のふりかえり・アイスブレーク・ペアをつくって仲よくなる
10月19日	自己紹介・他己紹介
10月26日	表現したい自分について考える
11月2日	表現したい自分について考える
11月9日	相模女子大学との交流
11月16日	ここまでのまとめとこれから
11月30日	作品原案についての意見交換（台本・絵コンテづくり）
12月7日	作品原案についての意見交換（台本・絵コンテづくり）
12月14日	作品原案についての意見交換（台本・絵コンテづくり）
12月21日	作品づくり
1月11日	作品づくり
1月18日	作品づくり
1月25日	作品づくり
2月1日	作品発表会
2月8日	制作過程のふりかえり

2021年度　水曜日プログラム日程、内容について

水曜日の授業　テーマ「よりよく生きるための科学と文化」

（1）赤木 和重 先生（発達心理）
「人間と発達」 〜インプロというコミュニケーションを学ぼう！〜
①10/6　みんなでフリーズ
②10/13　おじゃま虫ゲーム

（2）稲原 美苗 先生（哲学）
「よりよく生きるためのてつがく」
①10/20　てつがくカフェ　その1
②10/27　てつがくカフェ　その2

（3）川地 亜弥子 先生（教育・生活つづり方）
「人間生活と言語表現」 〜人はなぜ書くのか〜
①11/10　生活つづり方にチャレンジ　作文を書こう！ その1
②11/17　作文を読んでみよう！　作文を書こう！ その2

（4）喜屋武 亨 先生（スポーツ・健康）
「身体を動かそう」
①11/24　フリスビーを使ったリスクドッチ

（5）伊藤 真之 先生（宇宙物理学）
「宇宙の科学」
①12/1　現代科学が描く宇宙の姿
②12/15　宇宙の中の生命

（6）柴田 眞砂子 先生（神戸大学附属特別支援学校教諭）
「ものづくり」
①12/8　フェルトの日常小物づくり

（7）岡崎 香奈 先生（音楽療法学）
「音楽表現を体験しよう！」
①1/12　音楽療法の紹介　楽器演奏
②1/26　即興バンド　替え歌　ソングライティング

（8）井口 克郎 先生（経済学・社会保障制度）
「障害者の人権」
①1/19　人権の話　やわらかソーシャルアクションについてなど

　＊12/22　は金曜プログラムの体験新喜劇発表日になります。

　＊課外授業　日程：未定
　「ワーク キャンプ」に参加しよう！　松岡 広路 先生

2021年度　KUPI（神戸大学・学ぶ楽しみ発見プログラム）シラバス

【授業科目名】	【曜日・時限】
「話し合う！やってみる！」	金曜日・17時〜20時
【テーマ】	【担当】
困りごとを介して話し合う	
【授業をする日】	【場所】
2021年11月19日（金）	F151、社会科学系図書館

【授業の内容】

・社会科学図書館へ行ってみる。

・困りごと、悩みごとをめぐって、対話（KUPIの教室の外に向かって）

・体育館での活動についての対話

【授業の計画】

（時間はいちおうの目安なので、きっとこの通りには進みません）

17：00〜17：10	今日のせつめい
17：10〜18：20	社会科学図書館へ行ってみる
18：20〜18：30	休憩
18：30〜18：50	困りや悩みを書いてみる
18：50〜19：10	困りや悩みをめぐって、対話
	【どんな困りごとがあるか、どんな悩みがあるか】
19：10〜19：30	体育館での活動について対話
	【体育館（12/3）でどんなことやりたいか】
19：30〜19：40	ふりかえり（シート記入 & 対話）

【みなさんへのメッセージ】

多くの人は学校を出たあと、働いてお金を稼ぎ、生活をして、人生を生きてゆきます。

そのなかで、困りごとや悩みがあっても、なかなか人に相談できなかったりします。

困りごとや悩みは、その人の問題だから、その人が自分で解決すべきでしょうか？

いや、ちがうはずです。一人で困ったり、悩んだり、解決しようとしなくてもいい。

だれか他の人と、みんなと、一緒に考えて、立ち向かうことができます。

むしろ、困りごとや悩みは、誰かとつながる、きっかけになったりするはずです。

4．ノンフォーマル教育としてのKUPI

（1）KUPIに対するさまざまな評価軸

　大学は、高度な知を介したコミュニケーションを特徴とする学校である。知が高度であるほど、その知を理解する人は限られていく。したがって、大学で学ぼうとする人には一定の知的能力が必須だと考えられてきた。大学入試は、高度な知のコミュニティに参加しえる人を選抜するためのプログラムだということができる。副作用として、大学入試は労働力を選別する機能をもってしまっているが、大学側の立場から考えると大学入試は、大学のコミュニティを形成するための合理的なプログラムなのである。

　知的障害者は、この大学の合理性の対極にある人たちといっていい。歴史的にも、学力を高めていくレールから真っ先に振り落とされる人たちとして知的障害者が発見された（小林, 1996, pp.113-120）。学校教育の定着が知的障害者を同定してきたということができるのであり、大学教育の場に知的障害者が不在であることは、「当たり前」のことだと考えられてきた。

　したがって、「知的障害者が大学で学ぶ」という設定は、多くの人に否定的な反応と肯定的な反応を引き起こすに違いない。否定的な反応の中には、知的障害者が大学における高度な知を享受することができるのかという疑念や、知的障害がない受験生にも大学入試で不合格になる人がいる中で、知的障害者だけ特別に大学教育の門戸を開くのは不公平ではないかという不信感なども含まれよう（田中他, 2022, p.210）。

　肯定的な反応の中には、大学の知に接することが知的障害者の人格形成にとって有意義なのではないかという点や、知的障害者の学びに関与する一般学生にとっての学びになるのではないかという点、大学教育の改善に資するのではないかといった点などがあろう。

　知的障害者が大学教育を受けるというテーマは、このように多様な意味づけに開かれているのだ。したがって、知的障害学生の学びについても、従来の価値尺度で評価していたのでは、KUPIを正当に評価することは難しい。KUPIが生み出している価値に着目しながら、知的障害学生の学びを意味づ

ける必要がある。

(2) 大学教育であることの意味

「わからないけど楽しい」。KUPI学生から幾度となく聞く言葉である。

KUPIの授業を行う教員は、伝えるべき内容の質を落とさず、KUPI学生が理解できるように時間をかけて平易に伝えることを心がけている。しかし、それぞれの専門分野で語られている専門的な内容を平易に伝えることは容易ではない。「難しい」「わからない」という言葉が出てくるのは当然である。

「わからないけど楽しい」という言葉をめぐって、KUPI関係者も検討を重ねてきた。なかでも、メンターを務めた井上太一は次のように述べている。

　"教育や学習の現場においては、往々にして「わからない」ことが場における学習者の居心地の悪さ、ひいては場からの排除を生む。そこには、知を理解すること、わかることの必要が横たわっている。しかし、ただちに理解できなければ、わからなければ、そこに居てはいけないのだろうか。あるいは、そのような規範が、知的障害をもつ人々をはじめ、そのほか多くの人々を学びから排除してきたのではないか。"（井上, 2020, p.145）

「わからない」状態にもいろいろある。

「わかる」ことが前提で学びが進行していると、「わからない」ことは逸脱状態を生み出す。その場合、「難しい」「わからない」状態を生み出している教員に教育方法などの改善が求められることになる。特に、知的障害者は日常的に「わからない」ことに囲まれて生活していると理解するのであれば、教員には「わからない」ことのない授業、「わからない」ことが「わかる」ようになる授業がいっそう求められる。このような発想からは、「わからないけど楽しい」という言葉は想定しにくい。

たとえば、KUPI学生のふりかえりの言葉に、"宇宙はけっこうスケールが大きいなと感じた。まだわからないことが多すぎる。だけど楽しかった"とある（神戸大学大学院人間発達環境学研究科, 2020, p.49）。この「わからない」

は、周囲はわかっているけど私はわからない、という意味を含まない。宇宙は大きすぎてイメージしようとしてもイメージできない、という意味での「わからない」である。その意味では、KUPI学生たちはもとより、一般学生も、教員すらも「わからない」。このKUPI学生は、「わからない」という語で、探求すべき問いがあることを感じ取っていることを示しているのだといえる。

　また、"いつも楽しくやっている。内容はわかっていないのでは。いっぱい話してくれるけど、さっぱり授業内容はわからない。本人自身は楽しく参加できている"という、保護者からの感想がある（神戸大学大学院人間発達環境学研究科, 2020, p.20）。KUPI学生にとって「わからない」ことが否定的な経験になっていないようなのだ。その鍵になっているのは、メンター学生や一般学生との関わり、「わからない」ことを表明する自由、「わからない」ことに挑戦しようとする意欲の3点ではないか。

　まず、"「よくわからない」と最初言っていたKUPI 学生もいたが、一般学生が「これは好き／嫌い？」と質問をしていく中で明確にしていくことができていた"（神戸大学大学院人間発達環境学研究科, 2020, p.20）。KUPI学生にとって「わからない」ことは、一般学生やメンター学生にとってはKUPI学生との関わりの契機となる。

　「わからない」ことが他者との関係をつなぐ契機になっていることは、「わからない」ことを表明する自由とセットで、KUPI学生にとって肯定的な経験になっているのではないか。たとえばメンター学生から、"わからない授業を、「わからない」「おもしろくない」とまっすぐに述べるKUPI生がいます。「わかったふり」をしすぎて麻痺してしまった私たちの知性を揺さぶってくれます"という記述を残している（神戸大学国際人間科学部, 2022, p.26）。

　こうした「わからない」自由を支えているものに、「わからない」ことに耐えようとする意欲があるのではないだろうか。たとえば次のようなKUPI学生の言葉がある。"今は不得意なことは逃げがちで対応がわからないが、嫌な状態でも頑張ってみようと思った"（神戸大学大学院人間発達環境学研究科, 2020, p.37）。

　「わからない」ことに耐えようとする意欲について、"不確かさの中で事態

や情況を持ちこたえ、不思議さや疑いの中にいる能力"（帚木, 2017, p.7）を意味するネガティブ・ケイパビリティという語が想起される。この能力は、他者との共感を育み、生活の中に深みや心の豊かさを生み出すとされる。

考えてみれば、高校までの教育は「わかる」ことが前提であるのに対して、大学教育は「わからない」ことが前提であることが多い[1]。知的障害があろうがなかろうが、人類が築いてきた壮大で深みのある知を前に、自分がいかにちっぽけな存在かを自覚するという経験をもっている人は多くいるのではないか。そして、その感覚が、謙虚さや他者への共感、人類の歴史に連なっている自己覚知につながりえるのではないか。

(3) KUPIの教育形態の特徴

大学で実施される知的障害者を対象とした教育プログラムの中でも、公開講座形式で実施されるオープンカレッジに比べて、KUPIはフォーマル教育に近い形を実現した。しかしながら、大学教育全体の中では例外的な取り扱いの域にあり、ノンフォーマル教育に位置づけるべきだろう。

表2で、KUPIの教育形態を整理した。大学の公式の委員会として実施委員会、評価委員会が組織され、カリキュラムの審査と修了者の判定を行っており、それに基づいてカリキュラムの運営、履修証明書の発行がなされていること、また修了要件が規定されていること、修了者が大学に入学した場合、審査を経て取得単位が大学の履修単位として認定される可能性があること、入学者選抜があること[2]、といった点がフォーマル教育に近い点だということがわかる。

とはいえ、大学教育がアドミッションポリシー、カリキュラムポリシー、ディプロマポリシーによって縛られているのに比して、特別の課程の履修証明制度では、学校教育法施行規則において、「大学等の教育・研究資源を活かし一定の教育計画の下に編成された、体系的な知識・技術等の習得を目指した教育プログラム」とされるにとどまり、多様な目的・内容のプログラムが想定されている。履修証明制度によってカリキュラムづくりの自由度が奪われるとまではいえない。

KUPIがオープンカレッジに比べてフォーマル教育に近いことのメリット

表2 ◎ KUPIの教育形態

	フォーマル教育（大学）	KUPI	オープンカレッジ
法的位置づけ	学校教育法	学校教育法による特別の課程	学校教育法の公開講座
予算	運営費交付金・授業料	文科省受託研究・授業料	特になし
入学者選抜	あり	あり	なし
修了証	卒業証明書	**履修証明書**	特になし
修了者認定	教授会で認定	**評価委員会で判定**	特になし
修了要件の規定	四年制大学は124単位以上	**総時間数60時間以上**	特になし
取得単位と大学卒業要件	－	**修了者が大学に入学した場合、審査を経て大学の履修単位として認定される**	規定なし
教育者	教授会等で承認された教員	大学教員が中心（規定なし）	規定なし
カリキュラム	文科省の審査、教授会の審査	**実施委員会の審査**	審査なし

※ゴシック体で示したものは、KUPIの制度枠組みがフォーマル教育に近い部分

は、知的障害者が非正規ではあるものの学生として大学からの認知を受けること、学長名で大学が発行する履修証明書を受け取ることができること、大学組織がより多く動員されること、といった点にある[3]。

　大学拡張とは異なる流れではあるが、福祉型専攻科についても言及しておきたい。専攻科とは、学校卒業生を対象にさらに学びを深めるための教育機会として学校に設置される課程のことをいう。制度上は、特別支援学校にも専攻科を設置することができるが、実際に設置されている事例は少ない。福祉型専攻科は、特別支援学校専攻科設置が進まない中、障害者福祉のメニュー（自立訓練事業等）を活用して設置される事業である。2008年に「学びの作業所」として設立された「フォレスクール」（社会福祉法人ふたば福祉会）の形態を取り入れ、2011年に「エコール神戸」が福祉型専攻科として実践を開始するとともに、急速に全国に波及していった（國本, 2018, p.28）。

　福祉型専攻科では、制度的な裏づけのもと、教員（職員）が配置され、教室や教材などの教育環境が整備され、日中にフルタイムで教育実践が展開される。あくまで形式的には社会福祉事業であるため、ノンフォーマル教育で

はあるが、形態はフォーマル教育に近い。中等後教育をフォーマル教育の形態で制度化し保障しようとする流れの中では、福祉型専攻科は実質的な選択肢としての可能性を示したといえる[4]。

　現行の制度的な枠組みを応用して新しい学びの機会を創出している点で、福祉型専攻科とKUPIは共通している。それによって、それぞれ特徴的なやり方でフォーマル教育の要素を強みとして取り入れている。オープンカレッジやKUPI、そして福祉型専攻科は、それぞれの出自や強調点が異なるノンフォーマル教育としての選択肢を示している。

　カリキュラムの観点からKUPIが実現できている最大の特徴は、神戸大学の学士課程の授業とKUPIの授業とを合同で実施することで、KUPI学生と一般学生とが対等な立場で学びあう授業を実現できている点にある。KUPI学生の学びはもとより、一般学生がKUPI学生との合同授業で何を学んでいるかということも、KUPIの実践を把握するためには重要である[5]。

注 ─────────────────────────────────── ◎

1　丸山啓史は次のように述べている。"特別支援教育の世界においては、正答（正解）の知識を注入するかのように、レールにしかれた学びも色濃く残っている……自己に蓄えられてきた既存の価値観が新たな価値観との出会いによって揺さぶられ、対話を行いながら再構築していくことが本物の学びである"（丸山, 2022, p.13）。

2　KUPIに参加している知的障害者は、毎年10名前後である。高校あるいは特別支援学校高等部を卒業している知的障害者という条件に適合していること、また本人に学ぶ意欲が認められるかということを基準に、選抜試験を行っている。

3　公開講座など大学で実施されるノンフォーマル教育が、大学から正当な認知を受けるための方策は、特別の課程の履修証明制度を使う以外にもありえる。たとえば、東北大学は学内研究助成を獲得するという方針を打ち出してオープンカレッジを運営している（田中他, 2022, p.iv）。

4　福祉型専攻科については先行文献がいくつかある（岡本・河南・渡部, 2013; 長谷川・ゆたかカレッジ, 2020; 田中他, 2021）。また、専攻科とは別に、知的障害者を対象とした「大学」を創設したNPO法人もある（田中他, 2016）。

5　中等後教育の必要性について、知的障害のある青年の発達をめぐる観点から説明する

論理が一般的である（岡本・河南・渡部, 2009; 渡部, 2013）。知的障害者の学びを理論的に把握する試みが重要であることは論を俟たないが、本書は多様な人の学びや相互的な学びに力点を置いている。本書で知的障害者個々人の学びに焦点を当てた分析と記述を中心に据えていないのはそのためである。

第 9 章

知的障害学生との合同授業を経験した
大学生の葛藤と学び

1．大学生の体験型福祉教育

（1）大学における障害者の学びの場づくりと福祉教育

　障害者にとって学校卒業後に学ぶ機会が乏しいことは、長く課題とされてきた。障害者権利条約に、インクルーシヴな生涯学習の確保が権利保障の要素として記されたことなどがきっかけとなり、近年になって障害者の生涯学習推進が政策テーマになるようになった。ことさら、2017年度に文部科学省に障害者学習支援推進室が設置されたことにより、組織的な政策遂行が可能となった。

　多様な学びの場の開拓が模索される中で、大学の役割も注目されている。学校卒業後における障害者の学びの推進に関する有識者会議「障害者の生涯学習の推進方策について」（2019年）は、"大学は、諸外国の状況も参考にしながら、その自主的な判断により、公開講座等の機会の提供など、多様な学びの機会を提供することが考えられる"と述べている。

　この章では、この動向を背景として開設された知的障害者に大学教育を開くプログラムに着目する。こうしたプログラムは、知的障害者を第一義的な学習者とするが、多様な副次的な効果をもたらしえる。特に、知的障害者と深く関わりながら共に学ぶ一般学生の学びは、いくつかの大学で実践されてきた公開講座やオープンカレッジと呼ばれる実践をめぐって検討がなされてきた（松﨑・野崎・横田, 2013）。

　杉山らは、オープンカレッジにおいて知的障害者と共に学んだ一般学生の学びを検討した結果、"他者との関係の中で自分自身について考える機会にもなっている"ことを発見した（杉山他, 2008）。対象認識を通して自己認識を深める学びは、自己と切り離された世界に関する知ではなく、自己と深く結

びついた生きた知を学習者にもたらすと説明することができる。そうした学びを大学生にもたらしえる機会であるという説明は、知的障害者が学ぶ機会をつくる意義を大学に与える。

このような角度から大学における知的障害者の学びの場づくりを捉えることは、大学生の福祉教育やボランティア学習、サービスラーニングといったテーマとも重なりあう（小林, 2008; 宮﨑・松岡, 2020）。

知的障害者と共に学ぶ一般学生の学びの質や内容を捉えることは、知的障害者が大学で学ぶことの意味を理解する有効な手段になりえる。

（2）モデル実践の概要

検討する事例は、2019年に神戸大学において開設された実践であり、知的障害者に大学教育を開く実験的な取り組み「学ぶ楽しみ発見プログラム」（以下、KUPI）である。2019年度は科目等履修制度を利用して実施し、2020年度以降は学校教育法105条に規定される履修証明制度に則って実施している。大学の後期期間、週3日17時から20時に授業を実施する、計144時間のプログラムである。

構成は、火曜日に一般学生向けの正規の授業と合同でKUPIの授業を行い、水曜日に知的障害者を対象として大学教員がオムニバス形式で実施するKUPIオリジナルの授業を行い、金曜日には知的障害学生の自主的な学びを組織する話しあい学習を中心とした授業を行っている。

なお、この章では、KUPIに参加する知的障害者を「知的障害学生」、火曜日の授業を正規学生として履修している学生を「一般学生」、KUPIで「知的障害学生」の学修を支援する目的で雇用された学生を「メンター学生」と呼ぶことにする。

この章で取り上げるのは火曜日の授業で、筆者自身が担当している。この授業は、知的障害学生と一般学生が学びあうことをめざして計16回にわたって展開する。KUPIのプログラムと3年次配当の正規の授業とが相乗りすることによって、学びあう状況を創出している。2019年度はライフストーリーを語りあうこと、2020年度は英国のセルフ・アドボカシー・グループとのオンライン交流、2021年度は知的障害学生の自己表現を形にすることを授

業の中心に据えた。こうした授業内容の軸の他、その授業内容に取り組む理由や背景について理解を深める講義や、知的障害学生と一般学生との間をはじめとする学習者間の学習コミュニティづくりのためのアクティビティなども行う。

　授業に参加しているのは、年度によって若干の変動はあるが、知的障害学生10名前後、一般学生10名前後、メンター学生5名前後、コーディネイター1名であり、筆者が教員として関わる。

(3) この章の目的と方法

　この章は、知的障害者と共に学ぶ大学教育プログラムにおける一般学生の学びの質を明らかにすることを目的とする。その際、2019年度と2021年度の授業を比較することを通して、学習内容や学習環境が学びの質に与える影響、共に学びあうことの内実を検討する。

　この検討に用いるデータは、授業終了後に一般学生が授業の課題として提出したレポートである。学生には、この授業全体を実践研究の対象としていることを説明し、当該レポートを実践研究のデータとして扱う了解を得ている。レポートの全文は、個人情報の配慮を行ったうえで成果報告書に掲載し公開している。データ分析は、切片化、ラベリング、ラベルの分類と関連づけ、カテゴリーの抽出、カテゴリー間の関係づけの過程を経て行い、この分析による学びの意味の言語化と整理、総合化に基づき、考察を行った。

　考察に際して、2019年度と2021年度のデータの比較を行う。この2つの授業は、知的障害学生と一般学生が向きあってコミュニケーションをとることを求める内容である一方、2020年度の授業はイギリスの団体との交流を中心に組み立てており、通訳を担当する学生が介在するなど、コミュニケーションがより複雑になる要素を含んでいる。そのため2019年度と2021年度のデータを比較する。それによって、両者の差異の原因を検討したり、共通性の中に法則性を求めたりといった考察の材料を得ることが期待できる。

　なお、本研究の実施にあたり、神戸大学大学院人間発達環境学研究科研究倫理審査委員会に研究倫理審査を申請し、2019年度分は2019年10月（No.407）、2021年度分は2020年10月（No.454）に承認を得ている。

２．授業の内容と学生の学びの記録

（1）2019年度の授業データの概要と分析結果

　2019年度の授業の主な内容は、知的障害学生と一般学生がペアとなってライフストーリーを語りあう取り組みであった。授業担当者としてのねらいは、特別支援学級や特別支援学校で学んだ知的障害学生の経験と、受験勉強や部活に熱中した一般学生の経験を、同時代に生きる青年どうしで交流することで、双方が他者を知るとともに自己を対象化する契機にするという点にあった[1]。

　授業は次のように進行した。第1回：ガイダンス、第2回：現代社会の問題（ユネスコ文書をもとに）、第3回：学習とは何か（ユネスコ文書をもとに）、第4〜5回：ボッチャを通した関係形成、第6〜9回：民主主義について（グループワークと寸劇発表）、第10〜15回：ライフストーリーを語りあう、第16回：授業のまとめ。この授業計画は、授業のねらいやその背景の教示→アイスブレークと関係づくりのワーク→共同作業による関係の深化→個別的な関係の中での対話といった流れを意識して構成した。知的障害学生と一般学生とが向きあってライフストーリーを語りあうためには、集団としての信頼感や安心感が必要だという前提のもと、そうした条件が整うまでの過程が重視されている。

　この授業を履修した一般学生は9名であった。9名の学生が期末に提出したレポートの総文字数は18,006字で、1名平均約2,000字であった。これらの記述を切片化し、74個のラベルを抽出した。ラベルの共通性やラベル間の関係を検討し、一定のまとまりにカテゴリー名を付した。図7は以上の分析結果を表している。また図8は、図7からカテゴリーのみを取り出してカテゴリー間の関係の図示を試みたものである。

　図8のレベルにまで抽象化を進めると、かなり単純な構造が表れてくることがわかる。一方に知的障害学生との間の肯定的な関係があり、他方に知的障害学生に関わることに対する葛藤や負担感がある。そうしたバランスの中でライフストーリーの実践が学びを生み出していくという構造である。ま

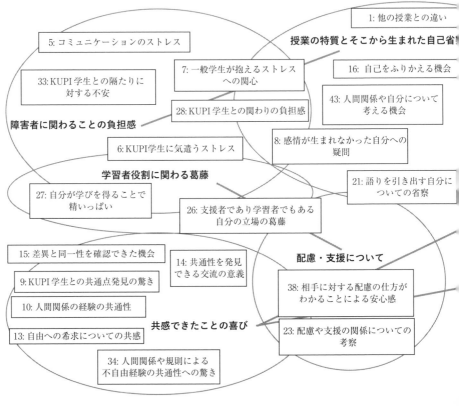

1: 他の授業との違い

5: コミュニケーションのストレス

授業の特質とそこから生まれた自己省察

7: 一般学生が抱えるストレス
への関心

16: 自己をふりかえる機会

33: KUPI学生との隔たりに
対する不安

43: 人間関係や自分について
考える機会

28: KUPI学生との関わりの負担感

障害者に関わることの負担感

8: 感情が生まれなかった自分への
疑問

6: KUPI学生に気遣うストレス

学習者役割に関わる葛藤

21: 語りを引き出す自分に
ついての省察

27: 自分が学びを得ることで
精いっぱい

26: 支援者であり学習者でもある
自分の立場の葛藤

15: 差異と同一性を確認できた機会

14: 共通性を発見
できる交流の意義

配慮・支援について

9: KUPI学生との共通点発見の驚き

38: 相手に対する配慮の仕方が
わかることによる安心感

10: 人間関係の経験の共通性

共感できたことの喜び

13: 自由への希求についての共感

23: 配慮や支援の関係についての
考察

34: 人間関係や規則による
不自由経験の共通性への驚き

図7 ◎ KUPI 一般学生の学び 2019

た、学びの質に関しては、知的障害学生との関係形成に関わる学びと障害の問題に関わる学びによって構成され、自己省察につながる内容となっている。

(2) 2021年度の授業データの概要と分析結果

2021年度の授業の主な内容は、知的障害学生の自己表現を主に動画として形にする協働作業であった。授業担当者としてのねらいは、過去2年間の授業の反省を踏まえ、知的障害学生固有の豊かな世界が表現される取り組みにすること、また一般学生が知的障害学生との関係性を模索する自由度を確保することにあった。

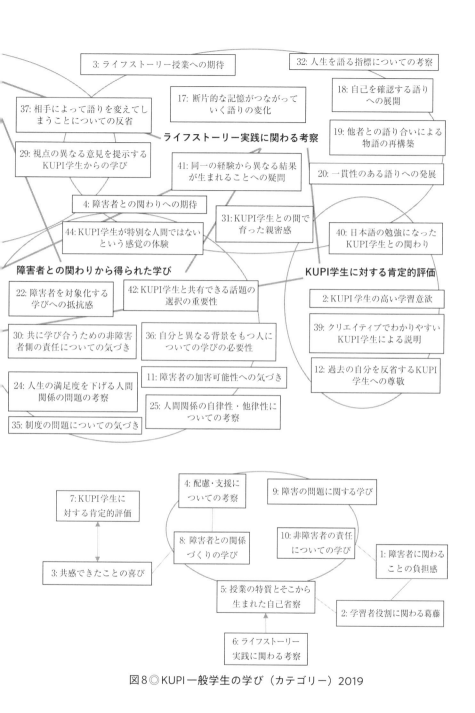

3: ライフストーリー授業への期待

32: 人生を語る指標についての考察

18: 自己を確認する語り
への展開

37: 相手によって語りを変えてし
まうことについての反省

17: 断片的な記憶がつながって
いく語りの変化

ライフストーリー実践に関わる考察

19: 他者との語り合いによる
物語の再構築

29: 視点の異なる意見を提示する
KUPI学生からの学び

41: 同一の経験から異なる結果
が生まれることへの疑問

20: 一貫性のある語りへの発展

4: 障害者との関わりへの期待

31: KUPI学生との間で
育った親密感

40: 日本語の勉強になった
KUPI学生との関わり

44: KUPI学生が特別な人間ではない
という感覚の体験

障害者との関わりから得られた学び

KUPI学生に対する肯定的評価

22: 障害者を対象化する
学びへの抵抗感

42: KUPI学生と共有できる話題の
選択の重要性

2: KUPI学生の高い学習意欲

30: 共に学び合うための非障害
者側の責任についての気づき

36: 自分と異なる背景をもつ人に
ついての学びの必要性

39: クリエイティブでわかりやすい
KUPI学生による説明

24: 人生の満足度を下げる人間
関係の問題の考察

11: 障害者の加害可能性への気づき

12: 過去の自分を反省するKUPI
学生への尊敬

35: 制度の問題についての気づき

25: 人間関係の自律性・他律性に
ついての考察

7: KUPI学生に
対する肯定的評価

4: 配慮・支援に
ついての考察

9: 障害の問題に関する学び

8: 障害者との関係
づくりの学び

10: 非障害者の責任
についての学び

1: 障害者に関わる
ことの負担感

3: 共感できたことの喜び

5: 授業の特質とそこから
生まれた自己省察

2: 学習者役割に関わる葛藤

6: ライフストーリー
実践に関わる考察

図8◎KUPI一般学生の学び（カテゴリー）2019

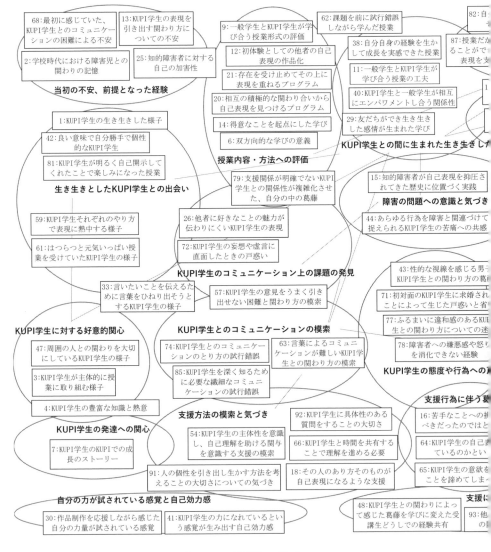

図9◎KUPI一般学生の学び2021

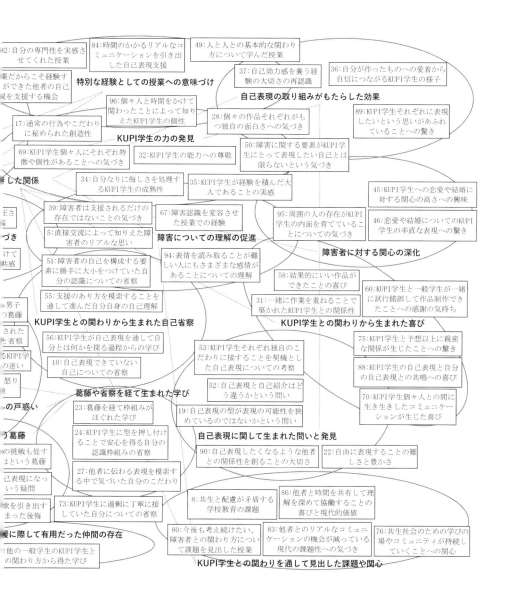

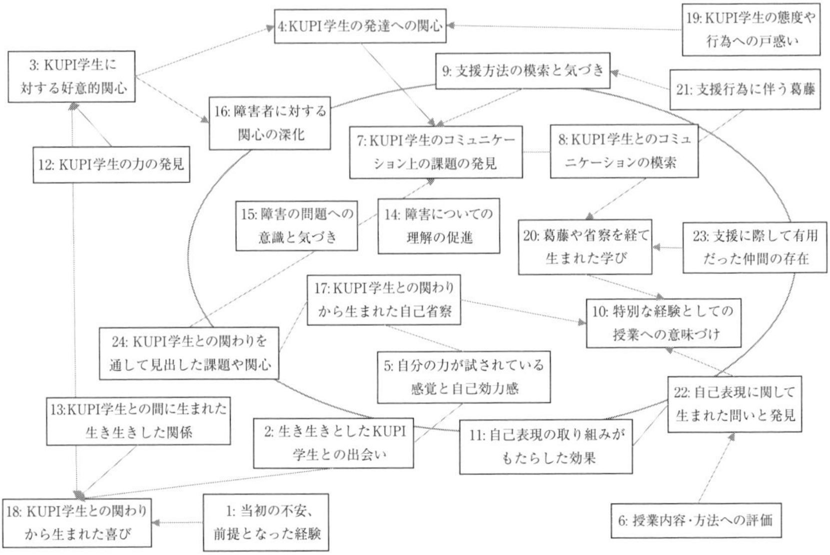
4:KUPI学生の発達への関心
19: KUPI学生の態度や行為への戸惑い
3: KUPI学生に対する好意的関心
9: 支援方法の模索と気づき
21: 支援行為に伴う葛藤
16: 障害者に対する関心の深化
7: KUPI学生のコミュニケーション上の課題の発見
8: KUPI学生とのコミュニケーションの模索
12: KUPI学生の力の発見
15: 障害の問題への意識と気づき
14: 障害についての理解の促進
20: 葛藤や省察を経て生まれた学び
23: 支援に際して有用だった仲間の存在
17: KUPI学生との関わりから生まれた自己省察
10: 特別な経験としての授業への意味づけ
24: KUPI学生との関わりを通して見出した課題や関心
5: 自分の力が試されている感覚と自己効力感
22: 自己表現に関して生まれた問いと発見
13:KUPI学生との間に生まれた生き生きした関係
2: 生き生きとしたKUPI学生との出会い
11: 自己表現の取り組みがもたらした効果
18: KUPI学生との関わりから生まれた喜び
1: 当初の不安、前提となった経験
6: 授業内容・方法への評価

図10◎KUPI一般学生の学び（カテゴリー）2021

授業は次のように進行した。第1回：ガイダンス、第2～3回：関係づくりのワークショップ、第4～5回：表現したい自分について考えるワークショップ、第6回：他大学との交流、第7～14回：作品づくり、第15回：作品発表会、第16回：授業のまとめ。この授業計画では、自己表現について考える時間や協働作業に多くの時間を割くことを優先し、関係づくりにはあまり時間をかけていない。この判断には、KUPIへの参加が2年目ないし3年目である知的障害学生が半数以上にのぼったことが影響している。アイスブレークに力点を置かずとも、特に知的障害学生から集団に対する信頼感や安心感を抱いていることが感じ取られた。

この授業を履修した一般学生は13名であった。13名の学生が期末に提出したレポートの総文字数は23,109字で、1名平均1,778字であった。これらの記述を切片化し、101個のラベルを抽出した。ラベルの共通性やラベル間の関係を検討し、一定のまとまりにカテゴリー名を付した。図9は以上の分析結果を表している。また図10は、図9からカテゴリーのみを取り出してカテゴリー間の関係の図示を試みたものである。

図10も図8同様に単純な構造を捉えることができる。一方に知的障害学生との間の肯定的な関係があり、他方に知的障害学生に関わることに対する葛藤や負担感がある。そうしたバランスの中で自己表現の作品化の協働作業が学びを生み出していくという構造である。また、学びの質に関しては、知的障害学生との関係形成に関わる学びと障害の問題に関わる学びによって構成され、自己省察につながる内容となっている。

(3) 2019年度と2021年度の授業データの比較

図8と図10を比較すると、2021年度のデータのほうが複雑性を増しているように見える。構造的には相似であるが、図10には新たな視点が加わっている。ひとつが「生き生きとした関係」という語に代表される関係の質が浮かび上がっていることだ。加えて、「自分の力が試されている」感覚や「特別な経験をしている」感覚といった、経験を現象的に捉える視点に着目することができる。また、「仲間の存在」への言及から、学びを成り立たせている条件にも気づきが広がっている。

　表3は、2019年度と2021年度の授業やその背景の比較をまとめたものである。両者の授業は形式的には相似しているが、授業の内容と知的障害学生の受講経験の2点の違いは特に無視できない。

　授業内容については、知的障害学生と一般学生との間に異なった関係性をもたらすものである。2019年度については、一対一の向きあったコミュニケーションをもたらす授業であった一方、2021年度は、作品づくりを媒介

表3 ◎ KUPI 2019-2021比較

	KUPI学生数	一般学生数	主要な内容	関係性の指示	授業形態	授業経験	受講者の多様性
2019年度	11名	9名	ライフストーリーの語り合い	対等な学習者	複数のゼミ室で制約のないグループワークが可能	KUPI初年度で全員が初体験	一般学生として留学生2名が履修
2021年度	13名	13名	自己表現の作品化	支援関係を含んだ学びあい	感染対策のため一般教室でのマスク越しの関わりで、終盤3コマはオンライン授業	KUPI 3年目で授業経験のあるKUPI学生が半数	KUPI学生として介助者を伴う重度障害者が履修

とした協働的なコミュニケーションをもたらす授業であった。

　2019年度は初年度の取り組みだったのに対し、2021年度は3年目の取り組みであった。教員やコーディネイターが3回目の経験であるとともに、リピーターとして参加する知的障害学生が半数にのぼることが、2021年度の授業の過程や結果に影響を及ぼしていることが予測される。

　また、2019年度はコロナ禍前の授業であり、身体的な接触を伴う関係形成が行われたが、2021年度はコロナ禍の中での授業であり、身体接触が避けられた。この点も授業の過程や結果に無関係ではないことが予測される。

3．学びの構造

(1) 学びの過程の特質

　2019年度、2021年度の授業データには構成要素に共通性が見られる。①知的障害学生と関わることへの戸惑いや不安、②授業の内容や方法への言及、③知的障害学生との生き生きとした関わり、④知的障害学生への関心の深化、⑤知的障害学生との関係についての学び、⑥障害の問題に関わる学び、といった要素である。

　これらの要素は、知的障害学生と一般学生の合同授業を実施することによって、一般学生が経験する学びの過程を示していると考えられる。当初は戸惑いや不安があるものの、授業に没頭することを通して、知的障害学生と関係を形成し、他者との関係および障害の問題についての学びを帰結していくという過程として一般化できる。

　この学びの過程の特質として、次の3点を指摘することができるだろう。第一に戸惑いや不安が学びの起点となっている点、第二に知的障害学生との関係の深まりと学びとが相関している点、第三に学びの方向を他者との関係についての学びと障害の問題についての学びに分けることができる点である。

　以下では、これら3点ついて検討する。

(2) 戸惑いや不安が学びの起点となっていることについて

　授業データの中で、知的障害学生との関わりから生まれる戸惑いや不安が

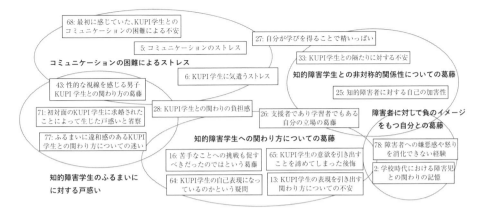

図11 ◎ KUPI 一般学生の葛藤

表れているラベルは17個あった。これをラベル間の類似性に着目して分類したところ、次の5つの戸惑いや不安に整理することができた。①コミュニケーションの困難によるストレス、②知的障害学生のふるまいに対する戸惑い、③知的障害学生への関わり方についての葛藤、④知的障害学生との非対称的関係性についての葛藤、⑤障害者に対して負のイメージをもつ自分との葛藤（図11参照）。

　こうした葛藤を経た学びに関わるラベルは、6個認めることができる。それらは、「自分をふりかえる機会」「人間関係や自分について考える機会」「知的障害学生に型を押しつけることで安心をえる自分の認識枠組みの省察」「他者に伝わる表現を模索する中で気づいた自分のこだわり」「知的障害学生に過剰にていねいに接していた自分についての省察」「葛藤を経て枠組みがほぐれた学び」である。これらのラベルから、知的障害学生との関わりの中で自分のありように意識が向き、自分が無意識に標準としてきた枠組みや行動を意識化し、そういった枠組みや行動を相対化するといった過程を想起することができよう。

　最も学びが表れているラベルの元となっている授業データには、以下のような記述がある。

"「自己表現」の作品作りに関わるプロセス全てに関わらせてもらう中で、様々な葛藤と常に戦うこととなった。しかしその中で、私の固定化されつつあった枠組みがほぐれたことが、大きな学びの1つである。例で言えば、自分が本当に知的障害学生のやりたい、それこそ自由な自己表現のサポートをできているのか？という懸念である。言い換えれば、自分が手間や気持ちの余裕のなさなどの自分の都合を押しつけていたり、自分が社会のより多くの人に理解されるだろうという「型」に近づけさせようとしたりしていないか、という懸念である。ただ、その葛藤の中で「この状況ではこの『型』が主流であり、そのため無難なこの『型』にしていないと不安である」という類いの自身の認識的枠組みがほぐれることとなった。"

「私の固定化されつつあった枠組み」は、その枠組みと相容れない現実に直面することで葛藤を生み出す。その現実は、コミュニケーションをとるのが困難だと感じる他者の存在であったり、非常識な行動をとる他者の存在であったりする。葛藤が葛藤のまま終わってしまう可能性もあるが、葛藤を通して「私の固定化されつつあった枠組み」が変化する可能性にも開かれている。このように自分の価値観や考え方が変化する学習は、変容的学習と呼ばれる[2]。変容的学習について、ジャック・メジローは次のように述べている。

"パースペクティブ変容にかかわるのは一連の学習活動である。その学習活動は、ゆがんだジレンマから始まり、自分の人生の文脈を新しいパースペクティブが指定する条件に基づいて再統合していくような、変化した自己概念を持つことで終了する。"（メジロー, 2012, p.266）

さらに検討すべきなのは、葛藤が葛藤のまま終わってしまうのではなく、学びにつながる条件についてである。メジローの言説からは、省察（同, pp.139-140）と省察を可能にする発達的なレディネス（同, pp.207-213）および理性的討議（同, pp.275-277）といった条件を読み取ることができる。確かにこれらを条件とすることの妥当性を了解することはできるものの、授業データからは、より重要な条件として受容的関係性を指摘することができるので

はないか。次にこの点について考察する。

（3）関係性の質がもたらす学び

　葛藤が学びに転化する条件として、関係性の質を検討する。

　授業データには、知的障害学生との生き生きとした関係性についての記述が多く表れる。たとえば次のような記述である。

　"最初は、知的障害学生のみんなは話しかけても、自分に対して心を開いてくれていないような気がしたし、どのように話しかけたら良いのか分からず、障害者の人たちと関わるのは難しいなと落ち込むことが多かった。しかし、自己実現のワークを始めた頃から、だんだんその考え方が変わっていった。私はMちゃんのペアになり、Mちゃんの自己実現のサポートをすることになったが、Mちゃんははじめ、全然話してくれず無口な子なのかなと思っていた。しかし、回を重ねるごとに、Mちゃんはいろいろな事を話してくれるようになりだんだんと心を開いてくれているような気がした。私の文字が上手だと褒めてくれたり、写真を一緒に撮りたいと言ってくれたり距離が縮まっていることを感じて、何よりMちゃんが楽しそうで、彼女の力になれている気がして嬉しかった。私は、Mちゃんをサポートしているつもりだったけど、逆に気持ちの面でMちゃんに支えられていることが沢山あったと気づいた。Mちゃんの力になれているという感覚は、自己効力感に繋がっていて、Mちゃんが私のことを褒めてくれたりすることで逆に私が力をもらうようなことがよくあった。このときに、障害者と関わることはお互いにエンパワメントする可能性を秘めているのだと感じた。"

　この記述から読み取ることができるのは、知的障害学生から自分が承認を受けることができるか否かによって、学びに向かう意識や姿勢が大きく異なってきたという自己省察である。一般学生が、知的障害学生と相互受容的になることで、知的障害学生との非対称的関係性が葛藤の原因ではなく相互エンパワメントの源になったと捉えられている。

このような相互受容的な関係性は、鯨岡峻が「客観主義から脱却することでみえてくるもの」として説明しているものに近い。「だんだんと心を開いてくれているような気がした」という記述と、それを証拠立てるエピソードは、この学生と知的障害学生との間に生まれた「生き生き感」や「息遣い」を表現しているのではないか。鯨岡は次のように述べている。

　　"「いま、ここ」において当事者に「感じられる」さまざまな事柄、つまり、相手との関わりの中でえられる情動が揺さぶられる経験や目から鱗が落ちるような深い気づきです。それはまた、人と人のあいだで思いと思いが繋がったり繋がらなかったりする際に感じられるもの、つまり「静止したもの」であるよりはむしろ「動きの中で捉えられるもの」でもあるでしょう。"（鯨岡, 2005, p.22）

　この相互受容的な関係性は、自己と他者との差異を明確にし、討議過程を経て相互に承認しあうというような関係性ではない。自己のアイデンティティを明示するか否かに関わりなく、受容されるような関係性である。そのような関係性においては、自分と相手が何者であるのかを省察する自由に開かれている。討議過程における相互承認とは異なり、自分と相手が何者であるか、自分はどのような意見をもっているかということを示さなければならないという力[3]は働かない。
　生き生きとした関係性自体が学びの目的でもなければ成果でもない。しかし、自己と他者との差異に直面することで生じる戸惑いや不安から変容的学習につながる過程において、それは必要な条件のひとつとなっているのではないか。

（4）他者との関係についての学び、障害の問題についての学び
　知的障害学生と関わる際に生じた戸惑いや不安は、他者との関わり方についての学びと、障害の問題についての気づきの契機となる。そしてそれに伴い、知的障害学生の固有の力を発見していく。
　他者との関わり方についての学びには、支援的な関わりに観点が置かれて

いるケースが目立った。たとえば次のような記述である。

"Iさんは「どう思う？」「どうしたい？」などの抽象的な質問に答えることが苦手であり、つい誘導的な質問になってしまうことがあった。しかし、お話をすること自体は好きで、特に自分の好きなことだったり、休日やったことなどを話すときは楽しそうであった。そのため、好きなことについて「何の歌が好き？」「何をつくるのが好き？」など好きなことについて質問をするとよく話してくれ、自己表現の発表の時もそのときに話してくれたことを取り入れることができた。"

他方、対等な関係形成に観点が置かれているケースは見られず、その代わりに知的障害学生と共に学ぶ一般学生という立場性に葛藤をもつケースが見られた。

"一般学生として関わっている際には、まずは自分の学びを得ることも優先すべきであるから、知的障害学生の学びを積極的に支える役割はメンターに任せるべきなのではないかと考えていた。ただ、そのような葛藤は知的障害学生には理解されないことであるし、障害への配慮をしないという選択は良心に反すると考えていたため、一般学生として割り切って自分の学びに集中することができず、最後まで自分のふさわしい関わり方が定まらなかった。そのため、メンターでは試行錯誤によって葛藤が解消し活動に満足感を得られていったのに対し、一般学生としては葛藤が持続して、結果、少し苦しみながら授業を受けていた。"

この記述は2019年度の授業データである。2019年度は、この記述にあるように、知的障害学生と共に学ぶ役割を強調していた。2021年度は知的障害学生の支援をしながら共に学ぶことを指示した。知的障害学生との関わりの中に支援的な要素が含まれるのは当然であり、それを否定することは関係の展開を阻害する可能性があると理解することができる。

障害の問題についての学びについては、20個のラベルが生成された。そ

の半数が、「知的障害学生が経験を積んだ大人であることの実感」といった、知的障害学生それぞれの固有の力への気づきに関わるものだった（10個）。残りの半数のうち6個は「あらゆる行為を障害と関連づけて捉えられる知的障害学生の苦痛への共感」といった、知的障害学生のリアルな思いに対する共感を述べたものだった。また、それ以外の4個は、非障害者の責任や制度の問題、障害者差別の歴史性に関わるものだった。

　直接的な関与の経験がどのような学びを結果するかということに関する研究は、「交流教育」「共同教育」の文脈にも蓄積がある。金丸彰寿は、対等で直接的な関わりがある「共同」によって得られる学びを、次のようなものとして把握する。障害児を差異はありつつも対等な価値をもつ人間であるという認識が生まれ、個々の障害児に固有の人格を捉えることができるようになり、障害や障害のある人と社会を関連づけて適切な行動をとることができるようになる（金丸, 2016, p.329）。

　初等・中等教育段階に比べて高等教育段階では、より専門的で実践的な学びが求められ、障害理解の過程や内容も異なるかもしれない。しかし、差異と同一性をめぐる葛藤と理解に根ざした認識変容、および差異の社会的意味づけやその背景にある社会構造についての批判的思考を帰結する点で、直接的な関わりによって生じる学びには共通性があるといえよう。

4．間主観的学びの萌芽

（1）相互主体的学びと間主観的学び

　前章では、2019年度と2021年の授業データの共通性に着目して、学びの構造を描き出そうと試みた。以下では、2019年度と2021年度の差異に着目して学びの質について検討を加える。

　2019年度はライフストーリーを語りあう取り組み、2021年度は知的障害学生の自己表現を協働で動画等の形にする取り組みを内容とした。この両者の学びの違いを構造的に整理すると、以下の2点を指摘することができよう。

　第一に、ライフストーリーを語りあう実践は知的障害学生と一般学生とが向きあって相手の言動を注視すべき時間が多いのに対して、自己表現を形に

する実践は作品の素材を前にして知的障害学生と一般学生とが協働する時間が多い。第二に、ライフストーリーを語りあう実践に比べて、自己表現を形にする実践には「作品化する」という到達目標がある。第三に、ライフストーリーを語りあう実践は、知的障害学生と一般学生との間の対等な関係性を前提とするのに対して、自己表現を形にする実践は両者の間に支援関係を介在させる。

　この違いを参照しながら、授業データ上の差異を検討していく。

　まず、2021年度の授業データには、知的障害学生との関わり方についての試行錯誤や省察の記述が多かった。たとえば「苦手なことへの挑戦も促すべきだったのではという葛藤」「知的障害学生の意欲を引き出すことを諦めてしまったことへの後悔」といったラベルが見られる。それに対して2019年度には「語りを引き出す自分についての省察」というラベルが対応すると考えられる。そのラベルの元になるデータには次のような記述が含まれている。

　　“語ることを得意としない相手と語り合うという経験をしたことは、語りの共同制作者としての聞き手である自らの在り方を熟考する機会となり、他者への配慮という点において本授業特有の学びをもたらした。”

　また、2021年度の授業データのほうが、知的障害学生のリアリティやそれへの共感を示す記述が多かった。たとえば2021年度のものには「表情を読み取ることが難しい人にも様々な感情があることについての理解」「あらゆる行為を障害と関連づけて捉えられる知的障害学生の苦痛への共感」といったラベルが見られた。2019年度にも知的障害学生のリアリティに触れた記述があったが、合理的配慮の欠如に起因する困難など、知的障害学生の語りの内容から得られた情報としてのリアリティに関するものであった。

　これらの差異から読み取ることができることを集約すると、2019年度は相互主体的学び、2021年度は間主観的学びと捉えることができるのではないか。

　2019年度は対面している知的障害学生の語りの内容に焦点があり、知的

障害学生について知るとともに、その知に基づいて自己省察を行っている。これを相互主体的学びとして捉えるのは、主体として現れる知的障害学生を理解しようとする一般学生の能動性を介した学びだからである。ライフストーリーを語りあうということは、まさにそれぞれの語り手が自己を主題化する行為によって成り立つ。立ち現れてくる主体としての知的障害学生を尊重し理解しようとする過程は、一般学生と知的障害学生がそれぞれ主体として現れたうえで、主体間の相互作用としての学びが起こるということを意味している。

　それに対して2021年度の学びにおいては、知的障害学生と一般学生との関係に焦点がある。協働作業を通して作品を制作する過程において、知的障害学生の意図と一般学生の意図とが絡みあう場面が多くあったことが考えられる。そのような状況において、一般学生は自己と切り離された他者としてよりも、世界を共有する他者として知的障害学生を感じるようになったのではないか。こうした同一の体験から生じる共有を土台にした学びである点を捉え、間主観的学びという語を用いる[4]。

(2) 学びの展望

　では、相互主体的学びと間主観的学びの違いは、どのような結果の差異を帰結しただろうか。授業データに表れているのは、2019年度すなわち相互主体的学びに際して、たびたび一般学生のストレスが表現されている点である。たとえば次のような記述である。

　　"一般学生の多くにおいては、正直多少の不満がたまっている部分もあったと思う。一般学生同士であるとスムーズに行われる会話も、KUPI学生の場合はそうはいかないことが多々出てくる。思い通りに進まない、伝わらない状況にストレスを感じる学生もいた。また、対話の中で、なぜ私が気を使わなければいけないのかと感じている学生もいたようだった。けれど、このストレスは今回の授業があったからこそ発生した感情だと思う。"

相互主体的学びにおいて、一般学生は知的障害学生を主体として扱うことから逃れがたい。一般学生が自己の評価枠組みを参照して、知的障害学生が主体としてふるまっていないと感じたとき[5]、一般学生はダブルバインド状態に陥る。知的障害学生を主体として扱う規範に抵抗を感じる一般学生ほど、このダブルバインドはストレスフルであったろう。

　とはいえ、知的障害学生と協働するということに抵抗をもつ一般学生もいるはずで、そのような学生は間主観的学びの場面でもストレスを感じていたかもしれない。2021年度の授業データに学びの場面から生まれるストレスを訴える記述が見られなかったのは、このストレスを代償する機制として支援者―被支援者の非対称的関係性があったからではないだろうか。

　支援者―被支援者の非対称的関係性は、支援者の側に葛藤を惹き起こす契機になりえるが、場合によっては支援者に安定した立場を与ええる。協働することへの抵抗感、非対称的関係性の捉え方は、学生それぞれによって異なっていただろう。

　それ以外の点において、一般学生の学びの構造に、2019年度と2021年度とで大きな違いは見られなかった。これは前の章でも確認した。

　しかし、間主観的学びにはさらなる可能性が潜在しているのではないか。パウロ・フレイレの次の言説を手がかりに考察しておく。

　　"対話とは世界を媒介とする人間同士の出会いであり、世界を「引き受ける」ためのものである。"（フレイレ, 2011, p.120）[6]

　たとえば、ダンスを通して自己を表現したいという思いをもつ知的障害学生が複数人いた。一般学生は、知的障害学生が示す動画を一緒に鑑賞しながら、その動画に対する価値づけを共有する。「この人は、このようなものに憧れを抱いているのだ」ということが、言葉を通してではなく自分と相手の共通感覚を通して伝わってくる。この過程を十分に経験することによって、二者が協働する作品づくりにおいても、知的障害学生の制御感が保たれ自己表現としての固有性が保たれる。一般学生の知的障害学生への寄り添いによって、二者の世界は相互浸透的となる。知的障害学生の内面が多かれ少な

かれ一般学生に共有されるとともに、一般学生の行為が知的障害学生の行為の一部になる局面が生まれる。

　こうして、知的障害学生の内面の外化に一般学生が介在し、二者が共有する意味世界のもとに作品が立ち現れる。その作品は意味世界を外化し共有する言葉の役割を果たしえる。作品は二者の協働で立ち上げた意味世界を、さらに外部の世界に対して伝達する役割を担いえるのである。

　一般学生が、作品制作を入り口とした世界を介して知的障害学生と出会う。意味世界を共有し、作品制作を通してその意味世界を対象化する。間主観的学びの理念を追求していくと、このような学習過程を描くことができるのではないか。知的障害学生と一般学生との間主観的学びを、フレイレのいう課題提起型教育として意味づけ直すことで、学びの質をさらに深く捉えることができるのではないか。

　さて、この章では、知的障害学生と一般学生が共に学ぶ大学の合同授業をフィールドとして、学びの構成要素や構造を捉えたうえで、実践内容によって学びの質が異なることを相互主体的学びと間主観的学びといった語を用いることで説明した。大学でのこのような合同授業は、さまざまな条件が重なって成立した稀有な実践である。通常の大学での取り組みは、公開講座形式で知的障害者に学習機会が提供されるオープンカレッジと呼ばれるもの、通常の授業の中に知的障害学生が含まれるもの[7]といった形態である。KUPIは、文部科学省から受託された実践研究として実施されているものであり、実験的色彩が強い。こうした実践がいかにして広がりをもちえるかということが、ひとまず最大の課題である[8]。

注 ─────────────────────────────────────── ◎

1　授業のねらいに関わって、授業担当者が進行の流れの中で感じたのは、知的障害学生と一般学生の経験の差異に対しては双方の心があまり大きく動いていないようだった一方、同世代を生きる青年としての共通経験に対して心が動いているようだったことである。差異は自明であったが、共通性は新たな発見だったのかもしれない。

2　変容的学習（transformative learning）は、形成的学習（formative learning）と対
照して用いられる語である。形成的学習は、学んだことを土台にして次の段階の学びに
進んでいく学びである。発達課題に即して学ぶ内容が設定されている学校教育では、学
びを形成的学習として理解することが多かった。他方、課題の解決を中心に学びが再定
義されるようになった近年では、変容的学習に注目が集まる機会も増えてきた。教育現
象を捉えるときによく使われるようになったアンラーン（unlearn：「学びほぐし」と訳
されることが多い）という語も、変容的学習に関わる。Grisold らは、アンラーンを次
のように定義している。"「認知的アンラーニング」を「新しい知識や思考パターンを
生み出すために、古い知識の影響力を減らすプロセス」と定義する"（Grisold, Kaiser &
Hafner, 2017, p.4617）。

3　"諸人格の関係の自立化した「物象」として把握するような「相互承認」の成立を不
可欠のものとする。これこそ自己教育の主要な内容をなす。"（鈴木, 1992, p.55）

4　間主観性について鯨岡は、"「あなた」の主観のある状態が「あなた」と「私」の「あ
いだ」を通って「私」の主観のなかにつたわってくること"（鯨岡, 2006, p.117）と説明
している。この章では、「主観の伝達」が起こる前提にある、二者が経験を共有し、共
通感覚を得ているという実感を間主観という概念で表現したい。間主観性は、「あなた」
と「私」が世界を共有している状態をいうのであり、二者間の刺激─反応関係をいうの
ではないことを確認しておきたい。すなわち、"主体としての有機体が客体としての環
境に出会うのではない。有機体が環境と出会っているかぎり、その出会いの中で主体が
成立している"（木村, 1988, p.14）という観点から、間主観性を捉えるということである。

5　鯨岡は、自分の「思い」を発動しないときに主体的でないとみなされるという見解を
述べている（鯨岡, 2006, p.63）。一般学生は知的障害学生の「思い」を感じとることが
できないとき、知的障害学生の主体性に疑念が生じるものと想定できる。

6　2011年版の翻訳では「世界を引き受ける」という訳語となっているが、1979版の翻
訳（小沢有作他訳）では「世界を命名する」となっている。「引き受ける」「命名する」
は、英語では「name」、原語のポルトガル語では「pronunciar」という語が用いられて
いる。中原澪佳はフレイレが「発音する」という語を用いた理由を"「沈黙の文化」に
置かれ、ことばを奪われた人びとにとって、自分自身でことばにすることや自分のこ
とばを口にだすという行為が非常に重要な意味を持つ"と考えたからだと説明している
（中原, 2020, p.4）。

7　特別支援学校高等部の卒業生のうち大学等への進学者は0.4％とされる（2021年度学
校基本調査）。

8　KUPIの多様な意味づけについては、教員専門職養成の観点からまとめた論考もある
（赤木他, 2023）。

第10章

ノンフォーマル教育の公教育性
──障害者青年学級をめぐって

1. 障害者青年学級の歴史と現在

(1) 障害者青年学級の成立と展開

　障害者のノンフォーマル教育として最も組織化されている実践に、障害者青年学級がある。

　まだ高校進学率が低かった時代に、中卒青年が働きながら学ぶ機会を確保するため、青年学級振興法という法律がつくられた。1960年代、中学校の障害児学級の卒業生たちにも、働きながら学ぶ場への要求があった。そこで、東京都の障害児学級の担任教師たちが手弁当で卒業生のアフターケアとして学ぶ場を開いた。教師たちの手弁当での活動には限界があったため、教育委員会はこの活動へのサポートを検討した。しかし、学校教育の枠の中ではサポートする制度がなかったため、青年学級振興法が適用されることとなった。こうして誕生したのが、障害者青年学級である。障害者青年学級は、1960〜80年代にかけて東京都内全域に広がっていった（津田, 1996, pp.167-234）。

　ちなみに、青年学級振興法自体は1999年に廃止された。高校進学率が高まるにつれ、青年学級の意義と役割は減衰していったのである。障害者青年学級は、この法律の廃止以降も、総称として使われており、本書でも一般名詞としてこの語を用いる。ただし、背景となる法律の廃止だけでなく、各地の実践に参加している障害者の年齢も広範にわたるようになり、この名称の意味と実態との乖離は広がっている。それぞれの実践では障害者青年学級という語が使われることは少なく、それぞれの固有名詞が用いられている。

　1995年に打越雅祥は、障害者青年学級の歴史的展開を3期に分けて説明している。第一期は1980年頃までの時期とし、学校が会場となり、教師たち

が講師の役割を担いながら、中卒の障害児のアフターケアを展開していたとする。第二期は1990年頃までの時期とし、社会教育施設が会場となり、市民や学生が支援者として活動するようになりながら、交流や仲間づくりの活動を展開していたとする。第三期は1990年頃以降の時期であり、社会教育施設において市民と行政が協働し、障害者自身が運営にも参加しながら、多様な参加者によるさまざまな活動を展開するようになったとしている（打越, 1995, p.63）。

　打越が述べるように、障害者青年学級は、学校を拠点として始まった実践であったが、社会教育施設に拠点を移し、市民の参加を得て地域社会に広がり、さらに障害者の位置づけや活動内容が多様化していくといった発展を見せていった。さらにそれから30年近くがたとうとしている今日、障害者青年学級はどのような変化を遂げたのであろうか。

（2）障害者青年学級の現在

　いくつかの理由で、現在の障害者青年学級を総合的に把握するのは難しい。その理由とは、第一に、1995年段階ですでに見られていた学級ごとの多様性が、さらに広がりを見せていることである。第二に、2000年頃から障害者青年学級の実践を総合的に把握しようとする著作が見られなくなったことである。第三にその原因とも考えられるが、障害者青年学級を担当する社会教育職員や市民の研修機会が急激に乏しくなったことである。そして第四に、筆者自身が1998年に東京を離れたため、障害者青年学級の実践が身近でなくなったことである。

　そこで、ここでは断片的だが本質的と思われる情報を拠り所としながら、できる限り障害者青年学級の現在について包括的な視点で語ってみることにする。たとえば、寄林結と高橋智は、2011年当時の障害者青年学級について、障害者が主体的に活動を展開する本人活動であるとともに、市民と障害者が共に学ぶ生涯学習になってきているという説明をしている（寄林・高橋, 2012, p.31）。この把握には、次の3つの論点が含まれている。第一に、参加している障害者にとって障害者青年学級にはどのような意味があるか、第二に、参加している障害者と非障害者との関係性はどうあるべきか、第三に、

生涯学習を支援する体制はどうあるべきか、である。この3点から現在の障害者青年学級の特徴を検討してみる。

①自律的な市民としての生活を支える実践

第一に、参加している障害者にとって障害者青年学級にはどのような意味があるかという論点である。

寄林・高橋（2012）は、活動の形式として本人活動が現れたことに注目をしている。本人活動とは、1960年代にスウェーデンで始まったセルフ・アドボカシー運動に端を発し、1970年代にピープルファースト運動として世界に広がった実践である。これは、知的障害者が他者によって守られることが当たり前となっている状況を変革するために、知的障害者自身が学びながら自律的に活動を組織化し、自分たちの意見を述べようとする実践である。日本には1990年に東京の「さくら会」が誕生したのが最初で、「本人の会」「本人活動」として全国に広まった（津田, 2006a）。

障害者青年学級における具体的な動きは、町田市障がい者青年学級が2004年派生させた「とびたつ会」がある。この会では、"市民として様々なテーマで学習を進め、改めてより広い視野から自分たちの問題を考え直してみるようになった"とされている（町田市生涯学習センター, 2020, p.11）。また、あるインタビューの報告によると、障害者青年学級に27年間通い、その後5年間そこから派生した本人活動に参加している59歳の男性が、"活動内容を自分たちで話し合って決めている。そのため「次は何をするかっていうことが楽しい。自分たちで大体を決めている。だからわくわくする」と話していた"（寄林・高橋, 2012, p.50）。

実際に本人活動として実践している障害者青年学級は町田市以外には聞かない。他にあったとしてもごく少数であろう。しかし、この男性が述べているような、自ら活動を創り出していくおもしろさを体験する工夫、あるいは市民としてのさまざまなテーマに触れることで自己認識を高める取り組みをしている障害者青年学級は一般的に見られるのではないだろうか。

こうした実践を一般化するならば、地域社会において障害者が自律的な市民として生活するために必要な取り組みとして、障害者青年学級が位置づけられてきていると理解することができるだろう。障害者青年学級は、その設

立当初から障害者の社会参加を促進する取り組みがなされてきたが、今日では特に"一人の人間として表現する環境が整えられ、障害のある人の内側に社会参加の主体が形成されて"いくことに焦点が当たってきているといえよう（橋田, 2015, p.32）。

②障害をめぐる関係性変容の実践

　第二に、参加している障害者と非障害者との関係性はどうあるべきかという論点である。寄林・高橋（2012）は、"市民と障害者が共に学ぶ"と表現している。障害者青年学級に集う障害者と非障害者がどのような関係性を形成するべきかというテーマは、社会教育実践としての本質に関わる問いである。

　たとえば板橋区の障害者青年学級は、次のような変遷を遂げてきていると報告されている。第1期「学級生と青年ボランティアによる相互学習」、第2期「成人講師によるしつけ教育への変化」、第3期「社会教育指導員及び一部スタッフによる企画運営」、第4期「知的障害のある学級生を交えて活動を創りあげる」、第5期「知的障害の有無に関わらずメンバーによる主体的な相互学習を目指す」（平野・長谷川, 2015, pp.63-64）。当初は講師と「ひのきの会」と呼ばれるボランティアグループが、「あすなろ学級」と呼ばれた障害者青年学級を指導したりサポートしたりする形であったのが、紆余曲折の末に、2003年から障害の有無にかかわらず集い学びあう「広場あすなろ」に組織改革された。

　この過程の中に、障害者と非障害者が集う障害者青年学級における本質的な学びの一端を読み取ることができる。国立市公民館のプログラムに参画する島本優子は次のように述べている。"マジョリティは、マイノリティのために存在してはいない。当たり前である。メンバーはスタッフに学習させ、認識を変えさせるための存在などではない。しかし、実際には、スタッフはメンバーからほとんど一方通行に多くのことを学んでいるような気がする。そこには大きな不均衡があり、そのことをどう考えたらいいのか、私にはまだによく分からない。せめてそれを搾取に変えないために、不均衡があるという認識からまず出発するほかはないだろう"（島本, 2021, p.66）。

　障害をめぐる非対称的関係性（不均衡）は容易に克服できるものではない。私たちに深く浸透してしまっている障害の観念もさることながら、日々起

こる葛藤場面が非対称的関係性を持続的に呼び起こす。しかし、そのような葛藤を通して非対称的関係性を意識化し、対話的関係を形成することが、障害者青年学級における日常的な「共に生きるための学び（learning to live together)」なのではないか（井口・針山, 2019）。

③社会教育実践としての岐路

第三に、生涯学習を支援する体制はどうあるべきかという論点である。寄林・高橋（2012）は、障害者青年学級の意味づけが社会教育から生涯学習に移行してきていると捉えている。実際、東京都の障害者青年学級は発足当初から、社会教育行政の取り組みとして定着してきたが、近年になって社会福祉行政に移管されたり、民間委託事業に位置づけられたりなどしている。2017年の報告によると、新宿区の新宿青年教室が公益財団法人と障害者福祉課の共催に、文京区の日曜青年講座が特定非営利活動法人への業務委託での運営に、大田区の若草青年学級は社会福祉法人への業務委託での運営に、目黒区の目黒青年学級は民間団体の運営に切り替わっている（斎藤他, 2017, p.152)。

こうした状況は、社会教育行政の弱体化に伴う障害者青年学級の生き残りの措置と捉えることもできるが、社会教育実践としての障害者青年学級の公共性に対する挑戦として捉えることもできる。

2．障害者青年学級の公教育性

障害者青年学級は、東京都全域に広がった後、関東圏にじわじわと浸透した以外、全国への目立った広がりは見せなかった。しかも、学校卒業後の障害者の学ぶ場を保障するという観点から社会教育行政が関与する障害者青年学級は、東京以外ではごく稀にしかない。たとえば、2000～01年に全国の学校卒業後の障害者の学びの場について行われた調査では、当時の養護学校で実施されている障害者青年学級が多く、同窓会との区別が困難な場合があると述べられている（大南, 2002）。

先述したように東京都においてさえ、障害者青年学級は社会教育行政管轄から外れる傾向にある。障害者青年学級における社会教育実践としての蓄積

は過去の遺産になっていくのだろうか。

　社会教育実践としての障害者青年学級は、地域社会の中に溶け込んでいく方向に発展してきた。障害者青年学級において出会った障害者と非障害者が学びあい、市民性を高めていく場として意味づけられる実践になっている。このような展開は、自己教育・相互教育を本質とする社会教育の理念が意識されてきたことと無関係には考えられない。教育者と学習者の関係性、学習内容や実践目的などにゆらぎが許されるノンフォーマル教育として組織化されてきたからこそ、非障害者の学習がテーマ化され、障害者の学びの意味づけや実践目的が不断に論議されてきた。「障害児教育のアフターケア」を出発点としつつも、そこにとどまらずにさまざまに意味づけされてきた実践として、障害者青年学級の発展があったのではないか。その結果、紆余曲折を経ながら、インクルーシヴな社会の形成に向かう実践として、地域社会において障害者が自律的な市民として生活するために必要な取り組み、障害をめぐる非対称的関係性の克服に挑戦する取り組みという今日的な意味づけがなされるにまで至っているのだといえよう。

　障害者青年学級の公共性は、その実践の公共的価値の合意によって説明する以外にない。生涯学習概念は、学びが個人の利益であるという観点を強化した。それによって、学びの機会創出は、公共財の位置から私的財の位置に移動した。学びは消費となり、複数の供給者が競合しながら学びの場を供給するという観念が生まれた。そのような観念が広がるにしたがって、学びの機会創出の公共性の説明が難しくなってきた（津田, 2006a, pp.31-33）。公民館は有料の貸し部屋と化し、「民主主義の学校」という当初の意味づけは忘れ去られていった。そのような中で、それにもかかわらず障害者青年学級の実践には公共的価値があると主張することができるか、ということが問われてきたのである。

　その答えが、とりあえずインクルーシヴな社会あるいは共生社会実現のための教育的な営みという説明だと理解できるのである。

　もちろん、そのような実践は、社会教育行政しか担えないわけではない。どのような担い手が継承していくにしても、ノンフォーマル教育として、多様な人々による自由な実践に開かれている障害者青年学級実践の伝統が引き

継がれていけばよい。社会福祉協議会、親の会、学校、NPO法人、社会福祉法人など、多様な担い手が障害者青年学級の伝統を引き継いでいくことになるのであれば、それはそれで社会教育の発展形態ということもできるだろう[1]。しかし、それでも公共的価値の実現に向けて、質を保障したり、地域間の不均衡を是正したりといった役割が、行政には求められ続けていくに違いない。

注 ── ◎

1　たとえば、神戸市では2021年度より、神戸市の外郭団体である公益財団法人こうべ市民福祉振興協会が、シルバーカレッジを拠点として「ユニバーサルカレッジ」を開講している。この講座は、知的障害者を対象とし、月1回の講義とクラブ活動を内容としている。形式も内容も障害者青年学級に類似しているが、社会教育行政は当初から関与していない。会場を高齢者の学習施設とし、高齢者の学びと障害者の学びがクロスする特色ある実践として注目される。障害者の学びを支える社会資源が十分とはいえない状況の中、相乗りや共有は新たな価値を生み出す有効な方策になりえる。

第3部　学びの原理

第11章

「障害者の基礎教育保障」は
「共生保障」になりえるか

1.「障害者の基礎教育保障」をどう把握するか

(1)「基礎教育」をどう捉えるか

　この章では、「障害者の基礎教育保障」の観点から、障害者の生涯学習推進を支える原理的枠組みを検討する。国際的な基礎教育概念の広がりを参照しつつ、「障害者の基礎教育保障」を、読み書き、計算といった障害者個々人の能力の保障にとどまらず、社会的な課題を協働して解決する担い手であることの保障、なかんずくすべての人が共生社会の担い手として存立するための土台として理解することの可能性と意義に言及する。

　「障害者の基礎教育保障」を考えていくにあたって、まず基礎教育概念のゆらぎについて述べておかないわけにはいかない。基礎教育をどのようなものとして捉えるかによって、構成される課題が大きく異なるからである。

　上杉孝實は、基礎教育概念のゆらぎを次のように把握する。基礎教育は、義務教育として位置づけられ、初等教育における学習内容、なかでも読み書き、計算能力の形成を中心に把握されてきた。しかし、義務教育年限が中等教育にまで延長し、激しく変動する社会の変化に応じた内容によって構成されなければならない。今日では、衣食住の生活、健康保持、社会生活、職業保障、家庭生活において必要な知識・技術を身につけるものにまで広がっている。また、以前は子ども期に学習機会を奪われた人たちが対象と理解されていたが、生活上必要な現地語の習得が不十分な外国人、不登校やひきこもりの若年者など、義務教育を修了していても、必要な実質的内容を伴った学習に至っていない人たちが対象に含まれるようになってきた（上杉, 2013, pp.10-13）。

　また、ユネスコは基礎教育にあたる語について、basic education と

fundamental educationがあり、fundamental educationからbasic educationへと焦点が移行してきたと説明している。fundamental educationが、十分な生活水準を獲得するために必要な最低限の教育をめざすものであった（川内, 2016）のに対して、basic educationは生涯学習の準備という含意が強くなっているという。basic educationの語は、基礎的な学習ニーズに対応するものとして、fundamental educationや初等教育といった語に代わって登場した（UNESCO, 2007）。すなわち、基礎教育は、すべての人が獲得すべき最低限の知識やスキルの習得から、個々人がそれぞれ展開していく学びの基礎となる知識やスキルや価値の習得へと、意味の転換がなされてきたということができる。

　これらの整理から、基礎教育概念のゆらぎの本質に次のようなポイントがあると理解することができよう。

　一方で、基礎教育はすべての人が習得すべき最低限の知識やスキルに焦点があり、本来義務教育期間に学校で学ぶべきものだという理解である。この理解において成人以降に基礎教育を学ぶべきなのは、義務教育を受ける機会がなかった人や、義務教育を修了していても実質的な内容を伴った学習ができなかった人ということになる。

　他方で、基礎教育はその後の学びを支える基礎となる知識やスキルや価値に焦点があり、学校教育のカリキュラムに集約されるものではないという理解である。この理解における基礎教育の成人学習者は、教育的マイノリティに限定されない。時代や社会の変化に応じて更新されていく内容をもち、必然的に学習者も般化される。

　生涯学習の基礎としての基礎教育の内包を明確にするためには、生涯学習の意味に言及しておく必要があろう。生涯学習の国際的展開を担ってきたユネスコが、近代社会からポスト近代社会への移行に伴って、生涯学習の意味づけを変更したことは周知のことである。すなわち、1960年代のユネスコは、生涯教育を「既成秩序の再生産のための教育」と捉えていたのに対して、1970年代になると「変革・解放のための教育」として捉えられるようになった（鈴木・永井・梨本, 2011, p.17）。その延長線上でユネスコは、すべての人間が地球市民として等しく世界を変革する能力を十分に発達させる教育

の理念として、生涯学習を論じてきている（Elfert, 2015, p.91）。このように捉えられる生涯学習は、個々人の私的な幸福追求に関わる学習を超えている。生涯学習の学習者は、社会的な課題を協働して解決する担い手としての市民として想定されているのである。

　地球規模の環境破壊、貧困の広がり、少子高齢化や過疎・過密を含む人口問題、原発問題を含むエネルギー問題、民族や宗教などによる紛争や戦争など、いくつもの深刻で複雑な課題に対して、人々が解決の担い手のひとりとなるという壮大な意図が、生涯学習の語に含まれている。そのように捉えるならば、生涯学習の基礎を担う基礎教育には、読み書き、計算といった知の道具立てを獲得するだけでなく、その道具を使用する主体の形成が含まれることになろう。それは、自己と社会との関係を読み解く教育であり、知識やスキルの習得にとどまらず、態度や価値の問題にも関与する教育ということである（岩槻・上杉, 2016）。

　こうした捉え方は、基礎教育が、OECD（経済協力開発機構）のキーコンピテンシー概念（山下・河口, 2016）や、イギリスなどで展開する市民性教育の概念（松尾, 2013）、さらにユネスコが先導するESD（持続可能な開発のための教育）の概念（後藤田・中澤, 2016）などと関連する広がりをもつことを示しているといえる。

（2）どのような意味で障害者は基礎教育を保障されていないか

　さて、こうした基礎教育概念のゆらぎを前に、「障害者の基礎教育保障」論はどの範囲の問題をターゲットにすべきなのだろうか。この課題は、障害者が基礎教育からどのように排除されているのか、という現状認識に深く関わる。

　まず、障害者の中には義務教育を受ける機会を剥奪された経験をもつ人がいる。基礎教育関連文献において、この文脈に障害者が位置づけられることが多い。たとえば上杉孝實は、"基礎教育は、子どもを対象としてなされてきたが、差別、貧困、病気、障害、植民地政策、移住など様々な理由によって、子ども期にその機会を奪われた人たちが多く存在"すると述べている（上杉, 2013, p.10）。またユネスコの文書でも、"アジア、アラブ、ヨーロッパ、

北アメリカの多くの国々で、機能的非識字者の数が継続的に増加し、主要な社会問題となっている。多くの人々が、人種、ジェンダー、言語、障害、民族、政治的信念を理由に、平等なアクセスを拒否されている”という現状認識が語られる（UNESCO, 1990）。

　文部科学省の統計によれば、2014年度に義務教育を猶予あるいは免除された子どもは3,604名であり、そのうちの80％以上が重国籍を理由とし、病弱・発育不完全を理由とする子どもの猶予・免除は48名（1.3％）であった（文部科学省, 2015）。現在でこそ障害を理由とした義務教育からの排除の事例は少ないものの、1979年の養護学校義務化までは珍しいことではなかった。1971年の千葉県内の就学猶予・免除の実態によると、736名の就学猶予・免除を受けた子どものうち、精神薄弱児が314名、肢体不自由児が223名などとあり、“精神薄弱が猶予・免除とも多いのであるが、これは従来からよく知られていたことで新しい問題とはいえない”と認識されていた（宮本・今井, 1973, p.79）。したがって、現在でも中高年層には、義務教育から排除された経験をもつ障害者が一定数いることが推測できる。

　次に、障害者の中には、義務教育は修了しているものの、十分な知識やスキルの習得に至っていない人が多いのではないかという問題が指摘される。

　大石洋子は、1970年代に障害者青年学級の整備の必要性を訴える文脈で、「障害が重ければ重いほど長く教育の機会を必要とするのに、障害児には高校も大学もない」という訴えがあったことを紹介している（大石, 1975, p.43）。大石のこの認識は現在でも有効な原理を示している。たとえば、自然科学の基礎となる内包力の習得について聴覚障害児の学習困難を検討した大西英夫、都築繁幸は、次のような問題意識を述べ、「教科の論理」の観点の重要性を主張している。“聴障児と健聴児とを学年でマッチングするとかなりの遅れを示すが、当該の内容を既習した条件では遅れは示すものの、健聴児の相当段階に達することができ、学習指導の機会が重要であることを示唆するものである”（大西・都築, 2016, p.161）。学校教育においては学年ごとに一律の学習が求められるため、個別の学びの過程に即した取り組みは後退しやすい。基礎教育で学ぶべき学習内容を明確にし、そこに到達する過程を学習者個々人の課題や困難に応じて組み立て直すとすれば、基礎教育を受ける年限

は現在のように一律であるべきではなく、個々人によって異なるべきだという論理にも妥当性がある。

　しかし同時に、基礎教育を受ける年限を延長しても、必要な学習内容の習得が難しい人たちが存在するという指摘もなされてきた。そういった人たちにとって、基礎教育年限の延長は、できないこと、苦手なことをいつまでもやらされる苦痛となりえる。ひいては障害児者を学校に閉じ込め、彼らの社会参加を阻害する結果をも招きかねない。アメリカではeducableという概念が1970年頃まで一般的に使用されていた。たとえば、ミネソタ州教育局は1966年に「ミネソタの公立学校におけるeducableな精神遅滞児の教師のためのリソースガイド」というガイドブックを発行している（State of Minnesota, 1966）。一見してわかるように、この時代のアメリカでは、教育不可能（ineducable）な知的障害児が存在することを前提としていたのである。すべての人が教育を受ける権利の主体であるという観点から、こうした概念は差別的といわざるをえない。とはいえ、一定の学習内容の習得を前提とした基礎教育をすべての人に提供しようとする理念は、その習得が困難な人を不可視化してしまう、という問題が端的に示されていたともいえる。

　標準的な学習内容を習得できない子どもに対して、原理的に次の4つの対応があろう。①当該の子どもたちを教育不可能な子どもたちとして教育システムから制度的に排除する、②当該の子どもたち向けの特別な学習内容を体系化する、③当該の子どもたちが標準的な学習内容を習得できるよう、学習方法等を改善する、④当該の子どもたちを含めたすべての子どもたちが習得可能となるよう、標準的な学習内容を修正する。

　現在の日本の教育制度は、③を追求しつつ、基本的に②を採用しているといえよう。「学習指導要領」には、“知的障害者である児童又は生徒に対する教育を行う特別支援学校において、各教科の指導に当たっては、各教科に示す内容を基に、児童又は生徒の知的障害の状態や経験等に応じて、具体的に指導内容を設定するものとする”とある（文部科学省, 2009）。現実的に妥当な路線とはいえ、「障害者の基礎教育保障」を追求する観点からは、④の可能性の追求を無視すべきではないだろう。すなわち、基礎教育の内容について、標準的なものをすべての人に課すという発想から、すべての人が学習可

能な基礎教育の内容を模索・検討するという発想への転換を、「障害者の基礎教育保障」という問題構成に含めるべきではないか、ということである[1]。

（3）基礎教育保障と共生社会

　障害者が基礎教育からどのように排除されているのかという問題の整理として、最後に、社会の課題を解決する担い手の形成に関与する生涯学習の学習者として障害者が想定されていない、という問題に言及しておきたい。

　先述したように、基礎教育論の国際的動向を見ると、基礎教育の中核的な構成要素に生涯学習の基礎があり、その生涯学習は地球市民として等しく世界を変革する能力を十分に発達させる教育であると位置づけられる。この流れを「障害者の基礎教育保障」という観点から考察してみる。

　焦点は、「世界を変革する能力」とは何かという点である。「世界を変革」しようとする志向性は、環境問題やエネルギー問題、貧困や人権の問題、人種や宗教などを背景とした紛争問題など、多くのグローバル課題に立ち向かわなければならない人類の宿命を表している。いうまでもなく、どのような能力をもった人であっても一人で世界を変革し、これらの課題を克服することはできない。生涯学習は万能な人間を期待しているわけではない。とすれば、世界の変革は他者との協働を必須としている。そのうえで、個々人は世界の変革に向けて果たすための役割を探し、その役割遂行のための能力を獲得していくということになる。つまり、すべての人が同じ能力をもつ必要は必ずしもない。内外の教育政策や教育論が「他者と協働する力」を重視しているのは、こうした発想に基づいているからだといえる[2]。

　このように考えるならば、次のような問題意識が生まれるだろう。すなわち、障害者はどこまで世界の変革の主体として理解されてきたか、ということである。また、障害者を世界変革の主体として理解するならば、「障害者の基礎教育保障」の内実はどのように構想される必要があろうか、ということである。

　従来の教育観では、基礎教育を最低限の知識やスキルと捉え、それが十分に習得されていなければ世界の変革の主体として認められないということになろう。しかしこうした発想は、協働して取り組むべき人類の営為から特定

の人たちを排除する。障害者が能力に欠損のある個人として理解される限り、変革の主体として立ち現れにくくなる[3]。

フレイレは、問題解決型学習が真の教育であるとする文脈で、次のように述べている。"本当の教育とは、AがBのためにやるのでも、AがBについてやるのでもなく、Bと共にAが世界を仲立ちにしながら行うものだ。世界は双方に働きかけ、挑戦し、そのようにして世界についてのヴィジョンや視点といったものがつくり上げられる。懸念や疑問、希望や絶望で一杯のこの世界のヴィジョンには、重要なテーマが内包されており、それらが教育プログラムの内容を形づくる"(フレイレ, 2011, pp.131-132)。障害のある学習者もまた世界変革の主体だと理解したうえでの教育実践のあり方を示す発想として、フレイレの問題解決型学習のイメージは、「障害者の基礎教育保障」の文脈にも示唆的だといえよう。

手始めに社会福祉法にある次の条文を拠り所として、「世界の変革」を視野に入れた「障害者の基礎教育保障」を具体的に検討してみる。"地域住民、社会福祉を目的とする事業を経営する者及び社会福祉に関する活動を行う者は、相互に協力し、福祉サービスを必要とする地域住民が地域社会を構成する一員として日常生活を営み、社会、経済、文化その他あらゆる分野の活動に参加する機会が与えられるように、地域福祉の推進に努めなければならない"(第4条)。この条文が示すのは、生活基盤を共有する住民が住む地域社会を舞台として、すべての住民のウェルビーイング(well-being)を追求する営みに、すべての住民が能動的な市民として参加するビジョンである(豊田, 2005)。ここに示されるのは、非障害者が障害者のウェルビーイングのために努力するという図式ではなく、障害の有無に関わりなくすべての住民が協働して、すべての住民のウェルビーイングを達成しようと努力するといった図式である。この図式の中には、たとえばピアカウンセリングを想起すれば明らかなように、障害者が固有に果たすべき役割が位置づけられる。

こうした社会福祉法の理念を実現するためには、住民の主体形成の営みが不可欠である。大橋謙策は、必要とされる住民の力量として、①社会福祉に関する情報提供による関心と理解の深化、②地域福祉計画策定への参加と政策立案能力、③社会福祉行政のレイマンコントロール、④社会福祉施設運

営への参加、⑤意図的、計画的な福祉教育の推進、⑥地域の社会福祉サービスへの参加（ボランティア活動）による体験化と感覚化、⑦社会福祉問題をかかえた当事者の組織化と当事者がピア（peer：仲間）としてカウンセラー（counselor：相談相手）となり援助することにより意識が変わり、高まるという7点を挙げている（大橋, 1991, pp.45-60）。大橋が設定している住民に求められる力量は、大変高度なものであるが、これらは、住民が役割をもち協働して地域福祉を遂行する力量として理解されるべきであろう。住民間の相互教育によって、総体として住民がこうした力量をもって地域福祉を実現していくというビジョンを描くことができよう。

　このような協働的な主体形成の営みを支える基礎となるのは、個々人がコミュニティの中で役割を担うこと、それを支える経験、自己認識、表現力、価値観、態度、それに個々人の能力や指向性に即した知識やスキルであり、さらにそれを支える個人間の関係性といったことになるのではないか。「障害者の基礎教育保障」の文脈で考えるべき課題のひとつに、こうした主体形成に至る過程全体の中に、障害者をいかに位置づけるかということがある。また、付言するならば、協働的な主体形成が成り立つためには、非障害者の障害認識の変容、障害者に対する態度変容も不可欠な要素である。社会にある課題の解決を指向する教育論は、障害者を社会から切り離してその能力を高めようとする営みに焦点を合わせるだけでは足りない。

(4)「障害者の基礎教育保障」論のフレーム

　以上で述べてきたことをいったん整理する。基礎教育の概念が、すべての人が習得すべき最低限の知識やスキルという含意から、社会的課題の解決に参加する市民の営みに付随する生涯学習を支える基礎という含意に変遷する中で、「障害者の基礎教育」の含意もまた幅をもった把捉が必要であることを述べた。「障害者の基礎教育保障」という課題が立てられる背景には、障害者が基礎教育を十分に保障されていないという認識がある。そこで、どのような意味で障害者は基礎教育から排除されているのかという考察を通して、「障害者の基礎教育」の含意を明確にし、「障害者の基礎教育保障」論の原理的な課題を提示しようとした（表4参照）。

表4◎障害者の基礎教育フレーム

	障害者が排除されている基礎教育	基礎教育の意味	「障害者の基礎教育保障」論のテーマ
①	義務教育からの排除	すべての人が習得すべき知識やスキル／習得していないと生活上の不利益や差別をひきおこす知識やスキル	機会均等の徹底／発展途上国の障害者の義務教育の状況への関心／義務教育から排除されることによる不利益の実相
②	ゆっくり学ぶ人は長い教育期間が必要なのに、実際には一般よりも短い期間しか保障されていないこと	すべての人が習得すべき知識やスキル／習得していないと生活上の不利益や差別をひきおこす知識やスキル	障害者の高等教育・中等後教育・社会教育の整備・拡充
③	規定された学習内容の習得が困難な人が別枠の教育課程となっていること	制度化された基礎教育への批判、脱構築の要請	すべての人が学ぶことのできる教育方法の開発／すべての人が学ぶことを前提とした基礎教育の内容の模索
④	社会的課題の解決の担い手の形成を支える基礎教育からの排除	社会的課題の解決に伴う生涯学習の基礎	協働的な主体の形成の基盤／非障害者の障害認識や障害者に対する態度の変容

　第一に、義務教育から排除されているという意味で、基礎教育から排除されている障害者の存在に着目した。義務教育から排除された障害者は、すべての人が習得すべき知識やスキルとしての基礎教育から排除されているということができる。この場合、「障害者の基礎教育保障」論の課題として、機会均等の徹底、発展途上国における障害者の義務教育保障、義務教育から排除されることによって障害者が被る不利益の実相といったテーマが浮かび上がるだろう。

　第二に、ゆっくり学ぶ障害者に対して十分な教育期間の提供が保障されていないという状況について検討した。こうした状況にある障害者は、習得していないと生活上の不利益や差別を引き起こす知識やスキルとしての基礎教育から排除されているということができる。この場合、「障害者の基礎教育保障」論の課題として、障害者の高等教育、中等後教育、社会教育の整備拡充に関連したテーマが浮かび上がるだろう。

　第三に、規定された学習内容の習得が困難な障害者が、学習の支援がないまま放置されている場合、あるいは一般の教育課程とは別枠の教育課程を提供される場合の、それぞれにおいて基礎教育からの排除との関係を検討した。いずれの場合でも、規定された基礎教育の学習内容や教育方法の改善や変更が提起される。「障害者の基礎教育保障」論の課題として、すべての人

が学ぶことのできる教育方法の開発や、すべての人が学ぶことを前提とした基礎教育の内容の模索といったテーマが浮かび上がる。

　第四に、社会的課題の解決の担い手の形成を支える基礎教育からの排除について検討した。この観点からは、「障害者の基礎教育保障」論の課題として、協働的な主体形成の理論と実践、非障害者の障害認識や障害者に対する態度の変容といったテーマが浮かび上がる。

　さて、以上のように「障害者の基礎教育保障」論の課題をいったん整理してみた。①から④までのいずれの領域についても、研究の蓄積は少ない。多少の蓄積があるのは②の領域であり、障害者青年学級をフィールドや対象とした研究がいくばくかあり（小林, 1996; 津田, 2006c）、また近年では知的障害者を対象としたオープンカレッジや大学の公開講座といったノンフォーマル教育実践をめぐる検討（建部・安原, 2001）や、知的障害者を正規学生として受け入れる海外の大学の動向の報告や検討（長谷川・田中・猪狩, 2015）もなされている。基礎教育保障という観点が、さらなる研究の活性化につながることが期待されるところである。

2.「共生保障」としての障害者の基礎教育

（1）セルフ・アドボカシーと自立生活プログラム

　さて、ポスト資本主義社会といわれる今日において「障害者の基礎教育保障」をテーマ化する意義の中心には、前節で整理したパターンのうち④、すなわち社会的課題の解決に伴う生涯学習の基礎としての基礎教育をどのように構築できるか、という課題があるといえるのではないか[4]。なかでも特に「障害者の基礎教育保障」が共生社会の構築と深く関わるテーマであることを提示しなければならない。

　宮本太郎は「共生保障」という概念を提起し、次のように定義している。共生保障とは、地域で人々が支えあうことを可能にするよう、"地域からの問題提起を受けとめつつ、社会保障改革の新たな方向付けにつなげる枠組みである"（宮本, 2017, p.48）。筆者は、教育の外的事項のみならず内的事項こそが「共生保障」を構成する重要な要素と捉え、いかなる内容の基礎教育を保

障するかという議論を展開する必要があると考える。前節では、教育内容の面で課題の多い障害者の基礎教育をテーマに、共生保障の中核をなす基礎教育の内容保障を捉える枠組みの整理を試みた。以下では、単なる課題の整理から半歩前進するために、知的障害者の自己教育運動であるセルフ・アドボカシー、身体障害者の自己教育運動である自立生活プログラムの実践からの基礎教育保障論への示唆を素描してみる。

　セルフ・アドボカシーは、1960年代のスウェーデンにおいて、知的障害者の親の会の運営に知的障害者本人たちが参加するようになる過程で生まれた学習実践である。知的障害者が、自分たちの生き方について意思をもつことが求められる中で、自分たちが何者であるのか、どのような生活を望んでいるのか、望んだ生活を営むためにはどのようなスキルが必要であるのか、といったことを学んでいった（柴田・尾添, 1992）。

　また自立生活プログラムは、1960年代のアメリカで、身体障害者の自立生活を広げる運動の中で生まれた。自立生活運動とは、"障害者が自立生活というライフスタイルを確立・維持するために社会に働きかける"運動であり、障害者の自己選択、自己決定の理念の普及や、障害者の自立生活を支える介助サービスの導入、介助サービスを組織的に提供するための自立生活センターの創設といった内容をもつものである（横須賀, 2016, p.20）。自立生活運動を遂行する中で、障害者自身の意識や行動の変容、コミュニケーションスキルや健康管理などの学習が求められ、組織化されていったのが自立生活プログラムである。

　セルフ・アドボカシーの活動は、1970年代以降に世界中に広がり、1990年代になって、本人の会、ピープルファースト等の呼称で日本にも普及した。自立生活プログラムも1980年代以降に日本でも広く普及した。この導入や普及の過程では、障害者自身が先進的な外国の取り組みから学び自己変容を起こしたことが報告されている（松友, 2000, p.7; 横須賀, 2016, pp.25-26）。自分たちの生き方について意思決定の機会を奪われてきた障害者たちが、自律的に生きていく術を学んでいく過程は、まさに「障害者の基礎教育」にふさわしい。それにもかかわらず、セルフ・アドボカシーも自立生活プログラムも、教育論として取り上げられることは稀であった[5]。障害者のノンフォー

マル教育が教育学の周辺領域に位置づけられてきたことの証左といえよう。

(2) 自律的に生きるための基礎教育に向けて

　自立生活プログラムは、学習内容や方法の体系がある程度組織化されている。それによれば、"自立生活プログラムは、重度障害者の自立を介助で支えるだけでなく障害者自身の自立能力を向上させ、自分で自分の生活を管理することが可能になるように、様々な生活技術の習得を目的にしています"とあり、その内容には、①目標設定、②自己認知、③健康管理と緊急事態、④介助について、⑤家族関係、⑥金銭管理、⑦居住、⑧献立と買い物と調理、⑨性について、⑩社交と情報が含まれている（ヒューマンケア協会, 1989, pp.3-5）。

　他方、セルフ・アドボカシーには定型的な学習過程が想定されていない。知的障害者の自己決定の価値に焦点が当たっており、学習内容自体を知的障害者自身がコントロールする運動であることが、その原因のひとつと考えられる。セルフ・アドボカシーにおいては、コミュニケーション、金銭管理、健康管理、恋愛や性などを学習内容とすることも多いが、その前提として知的障害者自身が決定権をもつ組織への成熟が課題とされ、支援者と知的障害者との関係性が、セルフ・アドボカシーの中心的課題となる（津田, 2006a, pp.156-176）。

　セルフ・アドボカシーと自立生活プログラムは、双方とも基本的な生活技術の習得に関心があるといえるが、それと同時に非障害者との関係性変容を求めている点に、大きな共通点がある。障害者の多くは、成人した後にも親をはじめとする支援者の庇護や後見のもとで生活することが当然とみなされているという認識があり、障害者の自立の過程には支援者との関係性変容が不可欠とされるのである。したがって、この関係性変容には、障害者自身が自信を取り戻すこと、必要な支援に関する認識を含む自己認識、パターナリズムによって実際以上にできなくさせられているという自己認識、奪われてきた経験の奪い返し、自己決定の価値の学びなどが付随するのだといえる。

　障害者と非障害者との関係性変容というビジョンは、非障害者の障害認識の変容をも求める（山下, 2008）。障害者がニーズを表明し、そのニーズに社

会が責任をもって応えることによって、障害者と非障害者との対等な関係に近づくという理解である（中西・上野, 2003）。「共生保障」の基底には、こうした障害者と非障害者の関係性変容と、それを支える双方の認識変容がなければならないということになろう。関係性変容は、ひとまずは目的的価値をもつが、その先に障害者と非障害者が協働して社会的課題に向きあうというビジョンも視野に入れなければならないだろう。たとえばソーシャルワーカーの向谷地生良は、過疎の町での精神障害者支援の過程をふりかえって次のように述べている。"精神分裂病で入院した若者の多くは、日高で生まれ育ち、就職や進学のために都会に赴き、そして病を得て、傷心をいだき故郷に帰ってきた人たちだった。……過疎化の影響で地域経済が落ち込み、誰もが生活に困難をきたしているこの町で、かれらが生きぬくのは並大抵のことではない。しかし逆にいえばそれらの困難は、精神障害者だけでなく、この町で生きようとしている人たちすべてに課せられた困難だ。町でいろいろな商売をやっている人たち自身も、自分たちが住んでいる場所に希望をもてないで暮らしていた。沿岸漁業の衰退もあり、商店街も寂れる一方だ。そしてなによりも私自身が多くの困難をかかえていた"（浦河べてるの家, 2002, p.36）。

　この記述の直前に、向谷地は寂れた町を歩きながら"「こんな町で一生暮らすのか……」という、なんともいえない堕ちぶれた感覚"を抱いたと述懐している（浦河べてるの家, 2002, p.34）。「こんな町」「堕ちぶれた自分」そして精神障害者の置かれた状況がつながり、「降りる生き方」や「弱さを大切に」といった精神に貫かれた向谷地の実践の方向性が決まっていったのだという理解ができる。この叙述は、障害者が抱える当事者性が周囲の人たちと切り離されたところにあるわけではなく、すべての人の当事者性がつながっていることを示唆している[6]。障害者が自律的に生きるための術の学びは、他者と連帯し協働して社会を変革する主体として障害者自身が立ち現れる過程を含みえる。

　このように整理すると、セルフ・アドボカシーや自立生活プログラムから、「障害者の基礎教育保障」論は次のような示唆を得られる。まず、障害者が自らの意思をもち、表明する機会が制約されているという認識が重要だということである。この認識は、障害者の社会経験の機会、自己省察の機

会、他者との協働の機会、自らの意思を表明する機会の支援につながる。こうした機会の保障こそが、基礎教育の中核をなす主体の形成に関わる。

　主体の形成は、個人が能力を獲得する過程を含む。自分で自分のことを決める力、他者に自分の考えを示す力、他者について知る力など、個人の能力が関与するからである。自己決定や自律性といったことがテーマになれば、個人の能力の獲得について触れざるをえない。しかし、力点はむしろ、それらの力や、その力を獲得する機会を奪ってきた社会や環境を変えるところにある。

　そもそも問題の中心は、他者への依存を強いられ、自律的に人生、あるいは生活を組み立てることを許されず、それゆえに孤独や生きづらさを抱え、苦境を乗り越える力さえ奪われている障害者の社会的状況にある。この状況を変えることと関わることなしに、障害者の基礎教育を論じることはできない。そうであれば、「障害者の基礎教育保障」論は、障害者個々人の能力の獲得と同時に、社会全体の障害者に対する認識や態度の変容、障害者の社会参加の機会創出、社会変革のための他者との連帯や協働といったところまでを視野に含める必要があるのではないか。

(3)「障害者の基礎教育保障」論の展望

　教育学において基礎教育あるいはリテラシーは、人権の問題として扱われることが多かった（日本社会教育学会, 1991）。この章では、加えて「共生保障」という観点から基礎教育を捉えた。「共生保障」としての基礎教育を人権として捉えるならば、連帯の価値に着目する第三世代の人権論と重なるところが大きい。

　第三世代の人権とは、個人の自由に対する国家の干渉から自由である権利（第一世代の人権）や、国家によって保障される個人の権利（第二世代の人権）を踏まえた、連帯によって実現される権利だとされる（黒沢, 1990, pp.4-7）。「共生保障」としての基礎教育は、国家から保障されるだけでは成立しない。他者との関係の中で承認され、役割を担い、協働することを不可欠な要素とする基礎教育保障は、人権論の流れの中にも位置づけることができる。

　障害者の人権の観点で日本社会が直面しているのは、たとえば次のような

事象である。ホームレスの人々の中に相当数の障害者が含まれているということや（鈴木, 2012）、触法犯罪によって拘束される人の中に障害者が多く含まれていること（山本, 2009）、また市民の相談や通報などを通して障害者虐待の事実が認められた件数が年間で1,500件を超えること（厚生労働省, 2016, p.5）などであろう。障害はいまだに、社会からの排除を帰結しやすい個人が抱える脆弱性なのである。

「共生保障」としての「障害者の基礎教育保障」は、障害が個人の脆弱性とならない条件を、教育を通して実現しようとするものである[7]。障害の問題を、個人の問題としてではなく、社会の問題として、あるいは個人と環境の関係の問題として捉えようとする近年の国際的・制度的な動向に依拠すれば、この試みは、障害者を中心とした市民の連帯を通して、「誰も取り残さない社会」への変革をめざす取り組みでなければならない。その内容は、障害者個人の教育だけでなく、障害者と社会との関係性変容に関与する教育、あるいは教育を通した環境の変更を含む。障害者の基礎教育からの排除は、障害者の社会からの排除の一部であり、教育を閉じたシステムとして捉えるのでは不十分なのである。

このように、「障害者の基礎教育保障」論は、基礎教育が、排除されている個々人の救済という枠組みを超えて、多様な人々の相互承認、協働、支えあいを保障するシステムの基礎として再構築されるべきではないか、という理解を導くのである。「障害者の基礎教育保障」論は、障害者と社会との関係をどのように把握するか、障害者と社会との関係についてどのようなビジョンを描くか、といったことの追究を伴う。

障害者個々人の能力の向上のみに焦点を合わせ、その能力の向上によって進学や就労という結果を思い描くというようなビジョンであれば、社会のあり方の現状は追認したまま障害者がその社会に適応していくといったような障害者と社会との関係把握がなされているということになろう。この章では、障害者が社会変革の主体になるという観点から、障害者の学びを捉えるオルタナティヴな視点を提示した。障害者の多くにとって真っ先に変革しなければならない社会の課題は、障害者を抑圧する社会構造であり、障害者を差別・排除するマジョリティの意識や行動の問題といった、障害者と社会

との関係に関わる課題であろう。そうした課題の先に、障害者も非障害者も協働して取り組まなければならない課題があることも展望に入れるべきである。障害者は無力であるという観念は、障害者の人権問題に深く関わっているからである。障害者も、個々の状況に応じたやり方で社会的な課題の解決に貢献すべき市民であることを忘れてはならない[8]。

注 ─────────────────────────────────◎

1　イギリスのNational Curriculumは、障害児が学ぶべき学習内容も統一的に編成されている。イギリスの学校教育における教育内容は、日本のそれと比較すると、すべての人が学ぶことのできる標準的な学習内容の設定がめざされる構造だといえよう（国立特別支援教育総合研究所, 2009, p.30）。

2　たとえば、2014年の中央教育審議会諮問「初等中等教育における教育課程の基準等の在り方について」において、"一人一人の多様性を原動力とし、新たな価値を生み出していくことが必要"であり、"他者と協働しながら価値の創造に挑み、未来を切り開いていく力を身に付けることが求められます"と述べられている。また、ユネスコのドロール・レポートは、教育の「4つの柱」として、①learning to know、②learning to do、③learning to live together, learning to live with others、④learning to beを掲げる。なかでも③を特に強調しており、"相互依存性が増大しているという認識、未来に起こりえるリスクや課題への共通認識に導かれ、人々を共同プロジェクトに招き入れ、避けがたい紛争に対する知的で平和的な解決に巻き込むだろう"と述べている（UNESCO, 1996）。

3　障害の概念について、国際的に、機能障害（impairment）を一元的に原因として把握する障害の個人モデル（医療モデル）が批判され、社会のあり方を原因として把握する障害の社会モデルの影響が強くなっている。国連の世界保健機関が策定した国際生活機能分類（ICF）は、障害を個人と環境の相互性として捉えており、日本もこの考え方を採用している（佐藤, 2014）。また、2016年に国連の障害者権利条約に批准し、障害者差別解消法が施行されたことなども、障害を社会の問題として取り組もうとしている日本の動向を表している。この章でも、基礎教育をめぐる障害の問題の本質を、障害者個々人の機能障害と捉えるのではなく、特定の個人や集団を差別、排除する社会の問題として捉える。

4　たとえば、成長経済を前提にした社会から、定常経済を前提にした社会への転換が迫られているという認識に基づく広井良典によれば、"現在という時代は、環境的制約あ

るいは……「過剰」とそれによる貧困という点からも、またポジティブな内的価値や生きる根拠への人々の渇望という点からも、生産への寄与や拡大・成長といったこととは異なる次元での「（存在そのものの）価値」が求められる。定常期においてこそ人々の質的・文化的な「創造性」が多様な形で展開する"（広井, 2011, p.26)。

5　セルフ・アドボカシーについては筆者がわずかに教育論のテーマとして取り上げているが（津田, 2006a)、自立生活プログラムに至っては教育概念との接点さえ見出されてこなかった。

6　「当事者性」の概念について松岡は、「当事者」対「非当事者」の二項対立を超え、異なる課題の「当事者」同士の連帯を生みだすために "問題的事象と学習者との距離感を示す相対的な尺度" を捉えようと試みている（松岡, 2006, p.18)。そのうえで、学習者が自らの "問題状況を自覚し、それとの心理的・物理的距離感としての「当事者性」を高め"、"異なる「当事者性」を重ね合い、多極的かつ有機的に「当事者性」を高め合っていく" ことをめざす（松岡, 2006, pp.19-20)。

7　この章で述べてきたことは、教育を通して人間の幸福の実現をめざす教育福祉の考え方とも通じる。教育福祉論は制度化された教育システムから取り残される子どもや若者に焦点を当て、新たな教育活動の組織化に着目してきている（辻, 2020)。

8　市民理念を障害者に適用することに対して、障害者に政治的能力を求めるという点で、能力による序列や排除を喚起するといった疑問や批判があろう。個々人の高い能力による課題解決をめざすのであれば、すべての個人に高い能力が求められることになる。筆者のもつビジョンはそのような課題解決ではなく、すべての人の存在がコミュニティの決定に対して意味をもつ状況のもとで課題解決がめざされるという方向である。たとえば、意思表明ができない重度知的障害者が会議の席上にいることによって、その人を無視した議事進行や決定に制約がかかるといったこと、コミュニティの構成員がその人を気に掛け、知ろうとすることが、その人がコミュニティの決定に対して意味をもつことになりえる（岩橋, 2008)。こうしたことが現実化するためには、コミュニティの構造、コミュニティ内の関係性、コミュニティ構成員の合意やそのための意識変容などが不可欠である。またそればかりでなく、そうした状況が可能になるような（この例でいえば）重度知的障害者の形成も不可欠である。十分な社会参加自体、多くの重度知的障害者にとって、イレギュラーなできごとに満ちたストレスフルなことである。そうしたストレスに耐えることのできる、さらにストレスフルな状況を楽しむことができ、そのような状況でもその人らしくいられるような主体の形成という問題の設定もありえる。いずれにしても、個々人の能力の発達に依存した課題解決のビジョンではなく、個々人の能力差を前提にしたコミュニティによる課題解決のビジョンを模索する必要があるのではないかと考える（津田, 2012b)。

第12章

生命の豊かさを支える実践としての
知的障害者の音楽活動

1．オルタナティヴな価値の創造過程を探る

（1）知的障害者の音楽活動をテーマとする背景と意義

　この章では、文化芸術活動の教育的側面に着目をして、障害者の生涯学習推進を支える原理を追究する。障害者の社会教育・生涯学習実践における学習内容には、音楽や造形による表現活動が多く含まれている。文化芸術活動に含まれる学びの側面への着目は、障害者の社会教育・生涯学習を原理的に捉えようとする際に避けて通ることはできない。

　音楽は、聴くにしても奏でるにしても、知的な営みである。"音楽を理解するということは、音響としての情報からなんらかの記号的ななりたちを聴きとれるようになること"（若尾, 2006, p.91）だからである。音楽をするということは、音をつくりだすというだけでなく、音がつくりだす意味に関わっていくということなのである。それは、意味の世界に対して脆弱性や特異性をもつ知的障害者の場合も同様である。

　この章では、つくりだす音楽が伝えようとする意味、その歴史的・社会的背景、その意味を増幅するための技術について、理解したり身につけたりすることに限界のある人たちが音楽をする、ということについて考えてみる。このようなことを考えようとする背景には、障害者の文化芸術活動推進政策の活発な動きがある。

　2018年に「障害者による文化芸術活動の推進に関する法律」（障害者文化芸術活動推進法）が制定された。それに伴い、障害者文化芸術活動推進有識者会議での議論などを経て、「障害者による文化芸術活動の幅広い促進」「障害者による芸術上価値が高い作品等の創造に対する支援の強化」「地域における、障害者の作品等の発表、交流の促進による、心豊かに暮らすことのでき

る住みよい地域社会の実現」の3つの視点が強調されている「障害者による文化芸術活動の推進に関する基本的な計画」が策定されるなどしている。

この動きは、障害者芸術文化活動普及支援事業の実施、障害者アート推進のための懇談会の設置など、厚生労働省が進めてきた障害者の文化芸術活動支援の動きに加えて、観光やまちづくり、国際交流等幅広い関連分野と連携した総合的な文化芸術政策の展開を視野に入れた「文化芸術基本法」改正（2017年）に伴う文化庁の政策の推進が関わっている。文化芸術活動と学びとは近接領域にあるため、文部科学省の障害者学習支援推進室の施策とも関連して、文化芸術活動、障害者福祉、生涯学習の三者が相互に連関しながら展開しているといっていい。

障害者の社会参加や活動の場の広がりを促進する動きであり、歓迎されるべき展開ではあるものの、「上からの」支援施策や大規模なプロパガンダが、障害者の文化芸術活動のもつ本来の可能性を阻害することはないのか、ということについても十分な問題意識をもつ必要があるのではないかと思う。その際に、文化芸術活動に伴って必然的に生じる学びの要素に着目することが、障害者の文化芸術活動がもつ多様な可能性を媒介するのではないだろうか。

特にこの観点からは、障害者の文化芸術活動の意味を、文化的主流の価値観で捉えるだけでは足りない。むしろ既成の価値観では捉えることができないような多様な価値、既成の価値に対抗・抵抗してくるようなオルタナティヴな価値にこそ着目することができよう。弱々しく消え入りそうな表現、「みんな一緒に」とか国民運動といった潮流からは異端とみなされそうな表現の意味を捉えていくような理論的枠組みが必要だと思う。形として残らず抽象度の高い音楽を題材として、表現主体にとっての意味の構築という点で意味のある考察材料を多く提供してくれる知的障害者に焦点を当てるのは、こうした理由による。

知的障害者の音楽活動の意味を問うていく際、知的障害者本人にとっての主観的な意味、知的障害者の発達にとっての意味、知的障害者コミュニティにとっての意味、知的障害者を含む社会環境にとっての意味、知的障害者と関わる人たちにとっての意味、音楽界にとっての意味といった、いくつもの

ベクトルがある。これらのベクトルはそれぞれが相互に地と図の関係を構成している。

　たとえば、「神戸音遊びの会」の参与観察に基づいて、知的障害者の発達という観点から捉えた研究がある（高野・有働, 2007）。この研究では、音楽を通して知的障害者が演奏欲求をもち、安心して自己表現することを通して音楽表現を媒介とした対話行動を活性化させたことに、音楽活動の意味を見出した。他方、同じ「神戸音遊びの会」の主宰者である沼田里衣は、音楽の芸術的価値に重点を置いて活動を意味づけた研究を行っている（沼田, 2005）。沼田はコミュニティ音楽療法の現場で創出される音楽について、障害者の音楽を価値づける社会文化的コンテクストに着目しようとする。これら2つの見方は、いったんは両立・補完しえるが、相互の関係をさらに追究していくと、たとえば知的障害者個人が抱える問題にどこまでどのような個別の関わりを求めていくべきかといった点、どのような音楽をめざすかといった点について、興味深い対照性が示唆される。

　つまり、どのベクトルに重点を置くかによって、知的障害者の音楽活動の意味の捉え方が大きく異なってくる。したがって、この章で試行する研究の総体は、それぞれのベクトルからの捉え方を深めていく作業と、多数のベクトルを総合化し均衡化する作業という二段構えになるだろう。ただ、それらを一気に進めることはできない。この章はとりあえず、教育学に根ざしており、活動の意味を言語化するための手がかりとして、ひとつの事例の意味を探り深める作業から始めることにする。

（2）この章の目的と方法

　この章では、社会福祉法人たんぽぽ（以下、〈たんぽぽ〉）における音楽活動の一端を捉え、それがどのような教育哲学のもとに組織化されているのかということを整理し、考察する。

　〈たんぽぽ〉の音楽活動を取り上げるのは、音楽活動と日常生活との関係について意識化された実践だからである。〈たんぽぽ〉の活動は、教育学をベースとした実践理論を背景にしており、音楽活動もその中に位置づけられている。したがって、知的障害者の生にとっての音楽活動の意味を捉えよう

とするときの手がかりを与えてくれることが期待される。〈たんぽぽ〉の活動は、知的障害者の生と作品の質との関係についても、一貫した実践理論をもっている。〈たんぽぽ〉の活動から見えてくるのは、作品の質は、障害者としての社会的自己、身体的制約と無関係ではありえない一方、さまざまな経験を蓄積していく陶冶の過程で、アートの世界の従来の基準に接して作品の質に影響を与えることもありえる、という双方向性である。つまり、〈たんぽぽ〉の音楽活動を取り上げることによって、障害者の成長と作品の質との関係についての実践知を捉えることができるだろう。

　この章では、〈たんぽぽ〉を主幹する坂田雅亜子氏の思想をたどり、その源流といえる思想家の言葉を引用しながら、その教育思想と〈たんぽぽ〉の音楽活動との関係を論じ、考察を深める。この章全体において、坂田氏の実践や思想を扱うが、ほとんどが筆者の主観に基づく記述となっている。坂田氏は自身の思想について、著書等の形で多くは語っておらず、自らの思想を表出するのは主に仕事の合間である。それは、坂田氏の思想は省察的実践に基づくもの、つまり実践と一体となった思想として形成されてきたからなのではないかと思う。したがってこの章は、筆者が坂田氏の過去の言説を整理しながら記述を進めた。

　こうした方法による記述のため、この章の記述は、坂田氏の合意に基づいて筆者の責任で行うものであり、坂田氏の思想は、この章の記述をはるかに超えるものであるということを強調しておきたい。

２．〈たんぽぽ〉の音楽活動の描写

　社会福祉法人たんぽぽは、神戸市灘区にある障害者就労支援施設および生活介護施設である。20名を超える利用者が在籍し、大半に知的障害がある。
　〈たんぽぽ〉の音楽活動の意味を探る材料のひとつとして、その活動の様子を描写した記録を提示する。〈たんぽぽ〉の音楽活動は、この記録に出てくるジェンベ（アフリカの打楽器）やゴスペルをレパートリーとしており、また舞台でのパフォーマンスを前提とした活動の他にも、日常的な活動の中に組み込まれた合唱などもある。〈たんぽぽ〉の音楽は、工芸品制作や農業と

いった諸活動の中に組み込まれているといってよい。多様な音楽活動を展開している中で、以下の記録で描出しているのは、毎年実施している神戸大学との連携企画「あーち博物館」の一コマである。

「あーち博物館」は、第6章・第7章で紹介した地域にある大学のサテライトセンター「のびやかスペースあーち」において、神戸大学発達科学部（現・国際人間科学部）の学芸員資格課程の学内実習として年2回実施されている企画である（津田他, 2015）。そのうち秋に実施する空間アートのプログラムは、「あーち」設立以来毎年欠かさず実施している。舞台芸術家で版画家の脇谷紘氏の作品と指導を柱に、〈たんぽぽ〉が参加し、実習生である学生たちが展示・解説に励むというプログラムである。

　火曜日から始まった博物館実習は、〈たんぽぽ〉を訪問して、日頃のアート制作の現場を見学するところから始まった。水曜日は〈たんぽぽ〉メンバーによる木彫り作業を見学し、彼らの存在を身近に感じながら、水曜日の午後から金曜日の午前にかけて展示作業を行った。空間は、80㎡ほどの正方形の部屋で、2面の壁にピクチャーレールとスポットライトが配され、残りの2面に出入り口と倉庫の扉が並ぶ。「Bird」と題された今回の企画は、幅360cm、高さ225cmの大画面の絵を中心として、コピーを用いた墨絵6枚が壁面を飾り、中央には彫刻が3点、それにテーマの成り立ちやイメージの広がりを示す脇谷氏手作りの6冊セットの本が置かれている。実習生たちは、〈たんぽぽ〉の活動に触れ、また脇谷氏の作品の魅力やダイナミックな空間構成に惹かれながら、作業にのめり込んでいった。

　以下の記述は、展示が完成した2017年9月27日金曜日の午後に、社会福祉法人たんぽぽの人々が、この空間を舞台として音楽を楽しみに来たときの様子を記録したものである。

　14時のスタートに合わせて、メンバーたちが5人10人と到着する。会場をどのように使うと効果的か、脇谷紘氏と坂田雅亜子氏が調整しながら指示を出す。正面の大画面を囲む形の配置ができる。筆者が「観る人たちはどこにいたら？」と脇谷氏に問いかけると、いくつかのアイデアが出された後で、正面の大画面の脇に鑑賞者用の席が設けられる。メンバーとひとつの輪

を囲む形で、実習生たちが迎え入れられた。

　ベースと独奏のジェンベを担うのは、4名の訓練されたプロ集団である。そのうちの1名の松田さんは、〈たんぽぽ〉の基幹スタッフでもある。メンバーたちは、それぞれ定められた席に楽器を手に取って着席する。どのようにふるまうか、これから何が起こるかは、共有されているようで、全員落ち着いて自律的に行動している。数名の〈たんぽぽ〉のスタッフも、メンバーたちの間の要所要所で役割をもって席を確保している。筆者は部屋の後方から全体の様子を俯瞰しながら写真を撮影する。

　坂田さんの合図で、松田さんが始まりの口上として、会場の空間の完成について喜びと感謝の意を述べ、演奏する曲目の紹介をする。会場のテーマに合わせて、鳥をモチーフにしたアフリカのフォークソングと「大きな栗の木の下で」の変奏曲を演奏するとのことである。

　ベースと独奏のジェンベによるイントロの後で、一斉に全員で定型のリズムに入る。独奏用のジェンベ以外は、まったくのパターン演奏である。メンバー全員が参加して奏でる繰り返しのリズムは、音に厚みがあり、身体全体を根底から振動させる迫力がある。筆者も、その繰り返しのリズムに少しずつ身体がほぐれ、陶酔感を感じていく。近くに置いてあった簡単な民族楽器を手に取って、筆者も演奏に参加する。すると、数人のメンバーが輪の中央に出てきて踊りだす。自分の型を持って踊っているダウン症の女性が3人、自然に立ち上がって身体を揺らす自閉症の女性。思い思いの身体の動きが会場全体の陶酔感をさらに高めているように感じる。

　「のびやかスペースあーち」に遊びに来ていた乳幼児や保護者たちが、「何事が始まったのか」という表情で、部屋の中をのぞき込んでいる。扉付近にいた人たちは「どうぞ中に」と誘うが、保護者の多くの表情は固く、幼児も好奇心と恐怖が入り混じった表情が見て取れる。その中で、表情の柔らかい1人の母親が乳児を胸に抱いて中に入ってくる。このプログラムを自然な形で楽しんでいるようで、リズムを通して彼女の身体が空間に共鳴しているように感じられる。

　エネルギーが満ちあふれたころに、独奏用のジェンベの合図でリズムパターンが変わる。複数の曲が、この転換によってつなぎ合わされ、メドレー

として進行する。リズムが身体に刻まれ、会場が一体になって律動する感覚が、途切れることなく長い時間続いていく。

　20分はたっただろうか、演奏が終わると、メンバーたちの顔は疲労と満足感に満ちているように感じられる。合奏中の満ちあふれた音とは対照的な演奏後の静寂が、疲労感と満足感を物語っているように感じられる。筆者自身も心地よい疲労感を感じる。そんな中、メンバーから水を求める声が上がり、一呼吸おく。

　メンバーの顔に正気が戻ってきたころ、坂田さんと假屋崎さんの号令によって、椅子がすべて周囲に寄せられ、メンバーも学生たちも輪になる。筆者も輪の中に入れられる。輪の中央には、坂田さんと車いすに乗ったメンバーの女性、それにアコーディオン弾きの假屋崎さん、進行役の松田さんの4人だけがとどまる。全員で1曲フォークダンスを踊り、最後に「今日の日はさようなら」を歌い、終了する。踊りはとてもシンプルで、メンバーはよく身体が動いている。筆者自身も周囲の人たちと共鳴して楽しく踊る。終始楽しい雰囲気が会場を満たしているように感じられる。

　坂田さんによって終了が告げられ、最後の挨拶に筆者が指名される。みなさんと合作でできた空間を満喫していること、メンバーのみなさんが来てくれたことへの感謝などを述べる。〈たんぽぽ〉の人たちは、終了後も会場から去ろうとせず、博物館実習に参加した学生たちも加わって思い思いにコミュニケーションをとりながら時間を過ごす。帰っていく際には、メンバーたちは実習生たちと親しく挨拶をし、数人が筆者にもお礼を言ってくれる。

　社会福祉法人たんぽぽは、1998年に坂田雅亜子氏が設立した施設であり（1998年に任意団体として小規模作業所を設立し、2005年に社会福祉法人格を取得している）、知的障害者を対象とした日中活動支援事業を展開している。中心となる活動内容は、フェルトを用いた作品や織物などの工芸品制作である。主に年2回の展示即売会に出品する作品に取り組む。展示即売会には多くのファンやコレクターが来場し、数日間の会期でほとんどの作品が売れる。活動内容としては、工芸品制作の他にも、音楽をはじめとする表現活動、きのこ栽培や水耕栽培などの農業にも力を入れている。

音楽などの表現活動、農業は、それぞれ独立して高い質をめざす活動になっている。音楽活動についてはさまざまな舞台に招聘されて演奏する機会があるし、農業については作物を自家消費するだけでなく販路の開拓が進んでいる。しかし同時にそれらの活動は、メンバー（〈たんぽぽ〉利用者をここではメンバーと表記することにする）の工芸品制作の質に密接に関連しているものとして捉えられている。すなわち、音楽などの表現活動におけるイメージの膨らみや身体活動、農業における自然との対話といった経験が、メンバーの工芸品制作に向かう姿勢や、工芸品に表れる個性といった重要な力を形成するという前提で、活動が構成されている。また、そうした力は、作品の質として表れるだけでなく、日々の安定した自律的な生活とも相互に関係していると理解されている。

　〈たんぽぽ〉でメンバーに支払われる工賃は、主に工芸品の売り上げを原資としている。メンバーの間に制作能力の差があるが、工賃はメンバー全員に均等に分配される。「売れっ子」はいるが、「スター」として売り出すようなことはしないという方針である。これは、「スター」として、消費される作品の制作に専念すると、制作に向かう姿勢や創造力が枯渇するからという考えに基づく判断である。

3．相互作用に開いていく心と身体

　〈たんぽぽ〉の創設者であり、創設以来の精神的支柱である坂田雅亜子氏は、中学校の体育教員としてキャリアをスタートさせた。新任当時の生徒たちとの出会いの中から、教育とは何かということを深く問い、体育は「からだそだて」だという考え方に基づいた理論や実践、全国生活指導研究協議会の理論と実践を吸収した。養護学校教員などを経て夜間高校（湊川高校）で教鞭をとっていたとき（1975年頃）に、その高校の生徒たちを対象に演劇活動を指導・実践する竹内敏晴らの一団と出会う。そのときの実践の様子は、竹内自身が『からだ・演劇・教育』（岩波新書、1989年）に描いている。坂田氏は、竹内の思想や竹内の先達である林竹二の思想、竹内と共に活動する舞台芸術家の脇谷紘氏らから、大きな影響を受ける。竹内は、この夜間高校

で授業実践を展開していた林から強い影響を受け、その教育論に傾倒している。その後、坂田氏は教職を辞し、障害児を対象とする学童保育開設などの経験を経て、阪神・淡路大震災を機に〈たんぽぽ〉を設立した。40年余りにわたって竹内氏や脇谷氏との交流を続けた坂田氏は、現在でも自らの仕事を語る際に、林、竹内、それに脇谷氏の名前が頻出する。坂田氏との縁がきっかけで、筆者らも竹内の生前わずかな時間であったが、竹内と交流をもつことができ、2009年に亡くなる直前に神戸大学に招聘することができた。

　坂田氏に影響を与えた彼らの思想がどのようなものであったかということについて、林や竹内の著書を引用する形で後追いをしてみる。この引用は、これまで坂田氏の言説などから得てきた、筆者なりに把握している坂田氏の思想に重なる部分を、林と竹内の著書から抽出したものである。

（1）内的な必要を満たすツール

　第一に教育実践についての思想である。

　竹内や林は、子どもの成長を阻害する学校教育のあり方に対して、繰り返し批判している。坂田氏自身が、学校教育の現場からキャリアをスタートさせ、そこで竹内や林の思想に触れている。彼らとの思想的出会いによって、坂田氏が自らの教育実践をふりかえり、実践観を脱構築していったことは想像に難くない。

　林は、ことさら子どもの内的な動きに寄り添うことなく、子どもは教師の言うことを聞くものだという前提で、「教える」ことに価値を置く現代学校教育のありように対して、「教育の原罪」という表現で批判している。そのような学校教育は、子どもの学びたいという気持ちを無視して、子どもの内的な必要に関わらない「教育」を一方的に与えているとする。そうした「教育」は、子どもたちの学ぼうとする意欲を減退させ、「落ちこぼれ」を生むものだとする。

　林は、子どもの傍らに寄り添い、子どもに心を配って面倒を見ることこそが、教育の本質ではないかと述べている。そしてその行為を支えるのが、生命への畏敬であるとする。

"教師の中の圧倒的な多数は、己れの仕事は何かを「教える」ことだと考えているでしょう。だが尼工（尼崎工業高校＝筆者注）の教師の動きを見ていると、少数ではあっても、教師の仕事の根本を、もっと違ったところでおさえている教師がいるんだなと思わないわけにいかない。これは湊川（湊川高校＝筆者注）の場合も同じですが、絶えず「子どもたち」（生徒）に心をくばって、よろず面倒を見る――それがなかったら、この二つの学校では教育はおよそ成り立たないのです。子どもの「側についていてやる」（何人かの生徒の場合は、追っかけまわし、つかまえる仕事のくりかえしでしょうが）ことからしか、教育は始まらないのだということを、私は湊川や尼工にはいって、改めて考えさせられたのですが、それが実は教育の本道だったんだなという思いがこのごろしだいに深くなっています。そういえば、私の勉強したソクラテスの場合にも、教育は、側についていて、「世話をすること」でした。"（林, 1983, pp.236-237）

　"教育は、人間をつくる（形成する）仕事で、物をつくるのとはおよそ異なった営みである。……人間が生命あるものにたいして出来ることは、自己のうちに不断に成長する力をもつ生命あるものの成長を助けることである。それ以上のことは、人間には出来ない。生命あるものの存在することが、教育の絶対の前提である。したがって、生命への畏敬の欠けたところに、教育はない。"（林, 1978, p.192）

　こうした教育観は、educationの語のルーツを「能力を引き出す」ことを意味するeducereではなく「生を養う営み」を意味するeducareだとする近年の教育学の成果とも相通じる（白水, 2011, pp.55-57）。
　子どもたちに寄り添い、子どもたちの心の動きに敏感になることで、はじめて、教師は子どもたちが必要としている学びを提供できるのだと考える。一方的に教えるために子どもを飼いならすのではなく、子どもの自発的な動きに教師の側が合わせていくことに、教育の焦点があると考えるのである。自ら成長しようとする自発的な動きを抑圧することは、生命への冒瀆だからである。

生命への畏敬を出発点として、子どもの傍らに寄り添う教師に対して林が求めるものは、子どもたちの心の動きを感じ取る感受性である。そうした教育の営みに達するためには、教師の鍛錬を必要とする。その鍛錬は単なる教育技術ではない。子どもが学びを自らの血肉とするのと同様に、教師もまた自らの経験や学びを血肉化していく営みなのだという。

　　"おちこぼれを教師は子供の能力と勤勉さの欠乏に原因をもとめて、根本の原因が自分たちの授業の質の低さにあることを認めようとしない。この事実に虚心に反省して、授業を根本から考え直す以外、子どもの切りすての進行を阻止するみちはない。"（林, 1977, p.11）

　　"授業というものは、テクニックではなくって、何か、長い時間をかけて、自分の内に蓄積されたものに支えられて成立しているものだとわたしは思うのです。ですから変わるっていうことは、根本的にはその長い時間をかけて、自分の内に蓄積されたものが、自分の血や肉になったものが変わることなんですから、そんなに簡単に変わるものならば、それはニセものだ、ということにならざるをえないと思うんです。"（林, 1977, p.186）

　「教える」ことを当然とせず、子どもたちの心の動きに対する感受性を鍛える現場として、また現代社会の問題を先鋭に反映する象徴として、林は障害児と関わることの魅力について語っている。

　　"私はつい「養護学校の先生は幸せですね」ということを申しました。それは私にこういう考えがあるわけです。養護学校の先生の場合は教えることはほとんどない。いろいろと「教え」ようとしても、それは通用しない。子どもと一緒に動き回っていることによって、毎日毎日無限に、いろいろのことを子どもから学んでいるわけですね。ですからどんどんその先生はふとる。しかし普通の小中学校の先生ですと、教えるばかりです。学ぶことがありませんから、やせる一方なんです。それで私は養護学校の先生は幸せですねと思わず言ってしまったわけです。"（林, 1983, p.221）

"私は外界のコミュニケーションを自ら断ち切って、自己の中に閉じこもってしまったように見える自閉症の子どもは、いわゆる特殊教育のかかえている深刻な問題を代表しながら、学校教育の全体と社会に対して重大なメッセージをもたらしている使者（エンジェル）ではないかと思うのです。"（林, 1983, p.63）

　このように林の教育実践思想を概観すると、林の思想と坂田氏の実践との間にある強い関連性を看取できる。その関連性とはまず、坂田氏がライフワークとして障害者との関わりを選択していることである。「教える」ことが自明でなく、他者性への意識を常に喚起する障害者に寄り添うことによって、林が示唆する自己鍛錬する教師像を体現する坂田氏の生きざまが浮かび上がる。次に、坂田氏が障害者にアートの作品制作の機会を提供していることである。アートの作品は制作者の心の動きを捉えるきっかけを与えてくれる。同時に、アートは坂田氏が対峙する障害者の内的な必要を満たすツールにもなりえる。アート活動というツールによって、林が提示する教育の価値の実現をめざす坂田氏の実践観が浮かび上がるのである。

（2）自己の内的な動きと他者との相互作用

　竹内敏晴や林竹二から坂田氏が受けたと考えられる影響の第二のポイントは、言葉と身体に関わる思想である。

　竹内や林は、自己の内的な動きを表現して他者に伝えるといった一連の動きに焦点を当てて思想を形成している。ことさら聴覚障害に悩んだ経験をもつ竹内にとって、言葉は自己の内的経験と他者とをつなぐ重要な媒体であり、言葉を通した他者とのコミュニケーションが重要な課題であった。

　"ことばを話すことは、歩いたり、食べたり、息をしたりするのと同じように自然なことで、ある人々にとっては、ことばを話すことが人間が長いことかかって習得する技術であるということは実感できないだろうと思います。まるで木が根を張り、花を咲かせるように、自然な、あたりまえのことなのでしょう。ことばが、からだの内で生まれかけているのに、音

として外に姿を現さないときの苦しさ、そして、それがはっきり劈かれた
ときの自由さ、喜びは想像がつかないでしょう。"（竹内, 1988, p.23）

　"竹内さんは、ことばはたとえば自動車に誰かがひかれそうになった時
思わず「危ないー」とさけぶ場合のように、文字にしてしまっては、全く
ことばの命がなくなってしまう。やはりそれは、相手に働きかけて、相手
を変えるために発せられるのが本来の姿です。「危ない」ということばは、
文字化されれば、本質的なものは、切りすてられてしまう。だから子ども
の発言を吟味するのには、そのうちに何が動いているか、又相手に本当に
とどかせずにいられないような促しが、内にあるかどうかが感じとられな
ければならない。相手の内部に、その言葉の根に、何かがあってそれが動
いて言葉になるという事がなければならないのです。"（林, 1978, pp.224-225）

　同様に身体も、他者と自己との間をつなぐ媒体として捉えられる。演劇家
である竹内の実践を支える思想の柱のひとつは、身体をめぐるものである。
他者と自己との間にある身体に働きかける実践を、竹内は「からだそだて」
と呼ぶ。

　"一人ひとりの存在のありかたを見て、それを劈き、他者と平静に（平
等に）ふれあえるようにしてゆくこと、それを「からだそだて」と言いた
い。常に出発点は、〈からだ〉ごと全体、そこにいる存在の、ほかの存在
とのふれあい方である。"（竹内, 1988, pp.245-246）

「からだそだて」とは何かということを追究する中で、竹内は自己と他者
との関係性に適応する柔軟な身体に価値を置こうとする。そうした身体は、
他者からの刺激を自己の内部にスムーズに取り入れ、また自己の内的な動き
を他者に向かってスムーズに解き放つという相互作用を可能にするのだと
いう。

　"「からだそだて」の具体的な手がかりの一つは「姿勢」である。よく

「姿勢が悪い」とか「いい姿勢だ」という言い方をする。しかし、いったい「いい姿勢」とは何か。……主体としての子どもにとって「いい」とはどんな条件かを考えてみると——まず「ひとの話がよく入る」ということ。別の言い方をすれば、「ひととふれあえる」、つまり自分だけ閉じこもってしまうとか、攻撃的になって乱暴に人を叩きのめすのでなくて、お互いによくふれあえること。それから「入ってきたものが自分の中でよく動き増幅して自己表現となって出ていきやすいからだ」。こんな言い方ができるだろう。"（竹内, 1988, pp.246-248）

そうした自己と他者との相互作用を媒介する身体は、単に他者からの影響を受けやすい脆弱さをもつ身体ではない。竹内は他者に対する柔軟性と同時に、自己の内的な動きを感受することの重要性も述べている。

"「かわいそうだ、なんとかしてあげなきゃ」と、いつもそこから行為が出発するのじゃないだろうか？無自覚のうちに。それは真情のように感じられるが、実は「すべき」ことから出発しているのではないだろうか？ほんとうのあなたは「かわいそう」以前にいる、と考えてみたらどうだろう。あなたのからだは、ふうっと相手に近づきたがっているのか、それとも逃げたがっているのか、それに気づくことが「あなた自身」に出会うことではないだろうか？と。社会的に要請される「すべき」こと（当為）は、私たちの人格中枢にまで入り込み虫喰いを起こしている、そう言っていいのではないか？"（竹内, 1997, p.246）

こうした竹内が提示する言葉の思想は、坂田氏が障害者をどのような存在として把捉し、障害者にどのように対峙するかといった実践の核心部分に影響を与えていると理解することができる。その影響は、坂田氏が障害者の身体の動きや姿勢に着目している様子に表れているように感じられる。坂田氏は自らの実践を説明する際に、よく「〈たんぽぽ〉の子たちはシャンとしている」という言葉を用いる。「シャンとしている」という表現は多義性をもっているが、竹内の思想と照合するとその意味をより深く理解できよう。

つまり、自己の内的な動きを感受しつつ、自己と他者との関係性に適応できる柔軟性をもち、それによって自己の内的な動きと他者との間のスムーズな相互作用に開かれている様子を「シャンとしている」と表現しているのではないか。このように理解するならば、坂田氏にとってアートや音楽の活動は、身体を媒介として自己の内的な動きと他者との相互作用を実現する重要なツールなのだといえるのではないか。

4．他者・自然と出会う身体的経験へ

　さて、図12は、ここまで述べてきたことに関連して理解できる坂田氏の実践思想について、筆者なりの整理を試みたものである。

　まず坂田氏は、社会福祉のフィールドで活躍する実践家であるが、その実践哲学は教育実践家としての色彩を強くもっているという点で、ユニークであるということができる。坂田氏は、個々人を社会性・歴史性を伴う存在として捉え、その存在のありようの向こう側に社会的病理を見ようとする。坂田氏が対峙しようとする人たちとして障害者を選んでいる理由には、心の動きを感受する実践を通して障害者が特別な輝きを放つからという理由に加えて、最も生命を軽んじられ社会性を閉ざされている存在だからという理由が

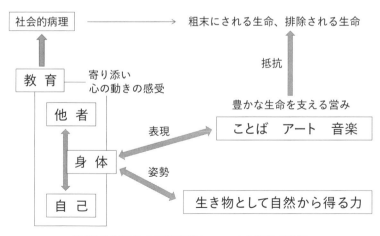

図12◎坂田氏の実践思想についての筆者の理解

あるのではないか。すなわち、坂田氏の実践は、一義的には目の前にいる障害者たちのエンパワメント実践でありながら、同時に特定の生命を粗末にし排除する社会を変えようとする意志をもった実践ということができるのではないか。

　また、坂田氏は、障害者の身体に強い意識をもった実践をしている。それは、身体が他者と自己とを媒介する結節点にあるからである。身体を通してしか、自己を認識することはできないし、また他者との関わりをつくることもできない。したがって、身体のありようが社会的存在としての障害者のありようを決定している。言葉、アート、音楽は、その身体を通して自己や他者に関わるツールである。そうしたツールであるがゆえに、言葉、アート、音楽は、障害者の豊かな生命を支える営みになりえると考える。

　坂田氏が〈たんぽぽ〉の活動の柱のひとつに、農と食を置いていることにも注目したい。農作業は身体を通して自然と関わりをもつ営みである。それと同時に、農業は歴史的な蓄積をもつ社会的な営みでもある。また、農作業を通して得られる食は、自然の恵みを身体に摂り入れることであると同時に、社会過程の結果として得られる喜びでもある。すなわち、農と食の営みは、身体を通してつながる他者と共にある自己と出会い、また自然と出会う身体的な経験だといえよう。実践の中にこうした要素を取り入れることについて、坂田氏は次のような教育哲学を語っている。

　　　"自分の骨と肉と血になっていく力をつけていかないと。上滑りな音楽
　　　をやろうと私は思っていないんですね。じゃ、血となり肉となって自分の
　　　中にガンと入ってくる力は、どこでつけていくのかというところで、私は
　　　自然を選んだんです。……内部の力はね、もう一度動物に還りましょう、
　　　生き物に還りましょう、ということでしか見えないんですよ。"(2018年1月
　　　18日、坂田氏へのインタビュー)

　自然との関わりが個々人の人格の根幹を形成するという信念は、身体のあり方を問う坂田氏の実践思想に接続しているのである。

5．知的障害者の音楽活動の意味再考

　以下では、改めて音楽活動に着目して、音楽が〈たんぽぽ〉の実践の中でどのような意味をもっているのかということについて、考察を深めてみようと思う。

　身体は、自己と他者、自己と自然とを媒介する。それらの間の相互作用がうまくできているときには、身体は問題とならない。しかし、自己の外から入ってくる刺激を身体が遮断し、また自己の内部で起こっていることを身体が外部にうまく解き放てないとき、問題が起こる。「入ってきたものが自分の中でよく動き増幅して自己表現となって出ていきやすい」身体（竹内）であることがめざされる。

　この観点からジェンベ演奏の記録を読み返すと、次のようなことに気づく。まず、全員で同じリズムを継続して繰り返すということは、自己の外部から入ってくるリズムと、自己の内部に起こるリズムとが、同期されることを意味する。つまり、自己の中に外部から入ってきたものと、自己の内側から外部に解き放たれるものとが、それほどの困難もなく一体化する状況が生み出されているのだといえる。自己の外部に解き放たれた音は、他者にとっては外部からやってくるものとなり、その他者の内部から発せられる音と一体化する。この過程をつくりだす身体は、一体化が進行するほど意識から消えていく。私自身も、打楽器を手にしてしばらくは「このリズムに合わせなければならない」という意識が働いていたが、徐々にその意識は消えていき、身体は半ば自動的にリズムの世界に埋没していった。こうして、多数の人から発せられる音が一体化し、同時に多数の主体の溶融的な関係性が現出する。音楽を通した「一体感」といわれるものを、このように説明することもできるだろう。

　坂田氏が、アフリカのネイティヴな音楽、ジェンベという打楽器を選択していることが、こうした音楽の力を引き出す出発点になっているといえよう。この点は、若尾裕の次の指摘と共鳴している。〈たんぽぽ〉の音楽活動が、西洋近代の音楽システムに対して脱近代の音楽のあり方を模索する運動

の一環に位置づけているということもできよう。

　"今回見ていて即座に感じたことは、ガムランのアンサンブルという形態がもつ、そのシステムの優秀さだった。少々のイレギュラーさがどこかに生じても、スキマや余裕によってびくともせずに吸収してしまう、なんだか一種の免震構造のようなものが、音楽のシステムのなかにあるかのようだった。これはガムランの楽器編成や、それによって作られる音楽の性格によるものだ。アンサンブルのなかのある部分がしっかりしていたら、誰かが少しくらいの無茶をやってもなんとか吸収して、破綻なく音楽をつづけていくことができる。西洋のオーケストラのようなアンサンブルでは、こうはいかない。各奏者のだす音があるていどの精度にそろわなければかっこうがつかないし、音楽もうまくなりたたない。どうみてもガムランに比べて、はるかにきちきちで遊びが少なくて、のびのびできない、じつに脆いシステムだということがわかる。だからだろうと思うが、こういったガムランと障害者というとりあわせは、欧米でもこれまでにも話に聞くことがあったのに対して、西洋型の管弦楽団と障害者グループが共演するというようなことはあまり聞いたことがない。"（若尾, 2006, p.142）

　また、一部のメンバーがジェンベのリズムに合わせて踊りだすシーンについては、音として入ってきたものを自己の内部に取り入れ、踊りとして外部に解き放っていると理解することができるだろう。自己の内部に入ってきたものを異なる形でアウトプットしていくことは、周囲と同じリズムでジェンベを叩くアウトプットよりも高度であり、身体の不自由さをより意識せざるをえないだろう。しかし、彼らは自発的に内から生起したものを表現することを欲して踊りだしている。彼らは、入ってきた音を踊りとしてアウトプットすることに適応した身体をもっているのかもしれない。

　このように、〈たんぽぽ〉のメンバーにとって音楽は、自己の外部からやってくるものと自己の内部に生起するものとを身体において同期する営みなのだといえるのではないか。ジェンベによる合奏は、そのような音楽のための最適なツールとして選択されたものなのではないだろうか。

こうして音楽によって得られる、自己の内と外を同期する身体の経験は、アートの作品制作にどのような影響を与えるのだろうか。ジェンベ合奏をしながら作品制作をするわけではないので、音楽による身体の経験と作品制作との間には時間的なズレがある。ジェンベが奏でる律動が、身体によって記憶され、作品制作の際に呼び起されるということもあるかもしれない。しかし、その過程は無意識のうちに進行するものであり、確認することは難しい。確認しえるのは、おそらく自己の内と外に対して開かれた身体の構え、すなわち姿勢として表れている部分なのではないか。「うちの子はシャンとしている」という坂田氏の言葉は、姿勢として刻まれた音楽の記憶に対する実感を表現しているのではないか。

　〈たんぽぽ〉の実践を支えている理念に、生命を粗末にする社会に対する問題意識があるのではないかと述べた。この問題意識から出発して、生命の豊かさをさまざまな方法を駆使してつくりだそうとしている実践が、〈たんぽぽ〉の実践だといえるだろう。では、その実践の中で、音楽はどのような意味と役割をもっているのだろうか。

　多くの知的障害者の身体は、自己と他者・自然の相互作用を遮断する傾向にあるといえる。たとえば聴覚の過敏性は、音に対する拒否反応を生み出しやすい。脳から筋肉への信号の伝達がスムーズではないという人もいる。障害ゆえに他者から攻撃されて委縮し、外界から自己を守るために閉じこもろうとする人も少なくない。〈たんぽぽ〉の実践からは、そうした身体の困難に挑戦することなくして、生命の豊かさは実現されない、という信念が垣間見える。〈たんぽぽ〉の実践は、メンバーそれぞれのやり方で、外の世界と交信する身体の経験を提供しようとしている、という見方ができるだろう。音楽活動は、なかでも即時的な喜びに満ちあふれた時空を提供するという側面があり、交信する身体の経験の場に個人を引きずり出してくる力をもっているように感じられる。

　このことと関連して、次の問いを発しておきたい。なぜ人は、他者や自然に身体を開いていかなければならないのか。外界から自らを閉ざし、自己の世界で幸福に生きていくというのではなぜいけないのか。

"他者への愛とは、単なる喜びの情ではなく、おそらく誓いと忠実さと
にかかわる行為なのである。その時、「他者」はまさしく現前し、自己は
崩壊しつつ「他者」に向かって立ち上り行くということが、あるいは可能
になるであろうか。なにものも求めず、なにものにも執着せず、ひたすら
に「愛する」こと。無所得にして不汚染であること。それを私に可能なら
しめる力よ、来り給え。"(竹内, 1997, p.254)

　竹内のこの哲学に、坂田氏は自然を付け加えようとしているのだとする
と、そのメッセージには、なぜ他者を愛せねばならぬかという問いと同時
に、なぜ自然に耳を澄まさねばならないかという問いが加わる。そしてと
りあえずその答えは、他者を愛すること、自然に耳を澄ませることは、私た
ちが何かを得ようとするために行うのではなく、純粋に無垢に私たちが他者
や自然と共にあろうとする意志によるのだ、ということになるのかもしれな
い。音楽によってその意志を表現しようとしたとき、音楽は生命の豊かさを
生み出す営みに力を与える。

　さて、この章では特定の障害者通所施設を舞台にした音楽活動を支える教
育学的理念の描出を試みた。生命の豊かさの根源との関係で音楽実践が企図
され、ことさら自己と他者や自然との相互作用を媒介する身体、その姿勢が
意識されている様子とその意味について述べた。
　冒頭に述べたように、知的障害者の音楽活動は多様であるし、それぞれの
実践の意味づけも視点によって異なる。したがって、この章で提示したの
は、数ある活動の中のひとつへの着目であり、それに対するひとつの意味づ
けにすぎない。とはいえ、個々の実践に根ざす固有の思想を掘り下げること
は、知的障害者が音楽をすることの意味を多角的に理解するための導きと
なる。
　特に昨今の状況に鑑みると、実践の成果や効果の説明が求められる機会が
多くなっている。たとえば、音楽活動の継続のために助成を得ようとする
と、助成に見合うだけの活動の成果があるかどうかという説明が求められ
る。あるいは、参加者やその保護者が、その活動に参加することでどのよ

うな効果があるのかという説明を求めることもある。さらに、障害を医療モデルによって捉える障害観（障害を治療することが障害者の幸福にとって最優先の条件だという観念）が一般的だという認識に基づけば、なおさら知的障害者の治癒にどのような効果があったかという説明に走りやすい（バーンズ・マーサー・シェイクスピア, 2004, pp.59-93）。こうして多くの場合、知的障害者の音楽活動を説明する際、明確で計測可能な効果予測の説明が期待され、したがって短期間に現れる効果に関心が集まる。

しかし、短期的効果の測定だけによって音楽活動を意味づけるのには無理がある。音楽活動が人や社会に与える力の多元性、音楽の本来的な特性である偶然性や偶発性は、短期的な効果のコントロールを難しくしている。短期的に効果が上がったケースの説明要素に音楽活動を挙げることは容易だったとしても、音楽活動が短期的な効果をもたらす必然性の説明は本来的に困難なのである。

それでも、私たちの中に音楽活動には人を育てる力があるとする信念は根深くある。ではそれをどう説明すればよいのか。ひとつの事例を挙げてその思想を掘り下げたこの章では、音楽活動が人を育てるという信念を論理的・合理的に説明する手がかりを得ることができたのではないか。

他にも音楽活動が人を育てる信念を説明する思想は多様にあるだろう。その思想を紐解き、音楽活動の実践様態との関係を捉えることは意義深い。そもそも言葉になりにくいようなことがらをたどたどしく説明しようとしているわけだから、簡単ではないが、音楽活動の意義を深く捉えようとする助けになるはずである。

第13章

語りが意味をもつ場の創出へ

1. 語りと教育の境界

この章では、知的障害者が語るということに含まれる教育的な意義をめぐって考察を深める。知的障害者が自らの経験を語ることは、障害をめぐる社会的課題を効果的に伝える方法となりえる。福祉教育実践などにおいて、障害者本人の語りが重要な教育方法として選択されることも多い。障害者本人の語りが教育的意味をもちえることは改めて述べるまでもないことだが、ここに次のような問いが生まれる。

第一に、知的障害者本人が語ることと障害者と経験を共有する他者が語ることとの関係についての問いである。たとえば知的障害者の語りは、彼らの保護者らの語りによって代替されることが多かった。知的障害者の語りと保護者による語りとは、本質的に異なる。保護者の語りは、障害者による語りとしてではなく、保護者自身の語りとして聞かなければならない。しかし、知的障害者との深い経験共有に基づいた保護者の語りは、教育という観点から考える中でも、知的障害者本人が語ることを補完する意義をもちえる。

そして第二に、知的障害者が自らの経験を語ることと、言語表現の困難性との関係についての問いである。知的障害者の中には自ら語ることに限界がある人たちも多い。言語的表現によって語ることに限界が多い人が別の手段によって語ろうとする行為は、それ自体に障害に関する本質的な課題を提起する力をもっていることがある（津田他, 2013）。言語的メッセージとは異なる力をもったパフォーマンスと、その障害者と経験を共有する他者による言語的な語りとでは、伝えられるメッセージや共有される意味は異なる。

この章では、筆者自身の前著（津田, 2012b）を深めることも意図しながら、知的障害者が自らの経験を語ることの教育的意味を再考し、また障害者と

経験を共有する他者による語りと障害者自身による語りとの関係を考察してみたい。こうした考察を通して、人が自らの経験を語ることによって教育的な意味が現れる条件について、今一歩理解を深めることができるのではないかと思う。

2. 障害者の主観的な経験への着目

　障害学は、障害は社会の問題であり、個人的な問題ではないという考え方を共有理念としてきた。障害学の担い手たちは、障害の問題とは社会的な抑圧や差別の問題であると理解しているため、当初は障害者個々人の経験、ましてや機能障害に焦点を当てることはジレンマを生み出しかねないと考えた。"障害の二元的定義と、インペアメントとディスアビリティとの認識論上の区別が、障害を社会的抑圧として捉える視点を提供して、障害学と障害者運動を発展させてきたが、そのことは結果として、身体に関わる障害問題を反動的で抑圧的な言説の手に任せたままにしてきた"（杉野, 2007, p.138）。

　しかし徐々に、"障害の社会モデルには、身体の差異や制約は完全に社会的につくられたものだと主張し、私たちの身体的な経験を拒絶する傾向にある"（Morris, 1996, p.10）ことが障害者たちによって批判されるようになった。「障害は社会的構築だとしても、この手足の痛みや疼きをどう理解すればよいのか」という、障害の社会モデルへの潜在的不全感が、徐々に障害学の研究者の間で共有されるようになってきたのである。障害学では、障害の社会モデルと障害者の個人的な経験とをどのように折り合わせるかといった問題が、重要テーマのひとつになっている。

　この動向の中で議論される主題のひとつは、障害者自身も含めて私たちは、「完全な身体」イメージ（幻想）に囚われているということである。障害学という領域が生まれるはるか以前の1972年に、脳性マヒのある運動家が次のような文を書いている。

　　"私達障害者の意識構造は、障害者以外は全て苦しみも悩みもない完全な人間のように錯覚し、健全者を至上目標にするようにできあがっており

ます。つまり健全者は正しくよいものであり、障害者の存在は間違いなの
だからたとえ一歩でも健全者に近づきたいというのであります。……以上
述べた如き意識構造を私は健全者幻想と名づけてみました。このような健
全者幻想を振り払わない限り本当の自己主張はできないと思います。"(横
塚, 2007, pp.64-65)

　つまり、障害者が自らの経験を語るというだけでは、健常者中心社会の価
値観に浸食された語りにしかならない可能性を疑わなければならないのであ
る。
　2013年に出版された『現代エスノグラフィー』というテキストに「当事
者研究」という章が立てられている（藤田・北村, 2012, pp.74-79）。当事者研究
は、精神障害者が自分自身の困り事をテーマとした研究をすることを通して
自己を再定義する「浦川べてるの家」の実践を端緒として注目を集めるよう
になった。「べてるの家」の取り組みの説明に、次のような文がある。"自分
を見つめるというのを〈研究〉という言葉に置き換えたら、彼は「やってみ
ようかな」と興味がわいたようです。そしてそれまでと違って、前向きに自
分に対して迫っていけたのです"（浦河べてるの家, 2002, p.158）。当事者研究の
基礎にあるのは、自己を能動的に内省することだということがわかる。しか
も、カウンセリングで行われるような「自分の内面を見つめ直す」といった
行為とは異なり、「研究」と銘打つことで、内容が普遍化され、仲間たちと
連帯しながらテーマに迫っていけるのだという（浦河べてるの家, 2002, p.159）。
　最近では、自閉症スペクトラムの人たちが、自分たちの自閉の経験を再解
釈しようとする試みが注目されている。この当事者研究は、"これまでの自
閉症スペクトラムに関する研究においては、「他人との社会的なかかわり合
いに問題を示す」というコミュニケーション障害が第一義的な原因としてあ
げられている。しかし、そもそもコミュニケーションにおける障害とは、二
者のあいだに生じるすれ違いであり、その原因を一方に帰することのでき
ないものである"という問題意識からなされる（綾屋・熊谷, 2008, pp.3-4）。そ
して、自分自身の体験を可能な限り詳細に記述するという方法論に基づき、
「意味や行動のまとめあげがゆっくり」なのだという自己定義に至る。

これらの営みは、単に自らの経験を語るというだけにはとどまっていない。「研究」という装置を介在させることによって、自己概念の脱構築を行いつつ自己を語っているのである。しかも、その営みを支えているのは、外部から与えられる自己概念への違和感や反発なのである。外部から与えられる自己概念の中には、一般的な観念や客観的な知識に基づく自己概念、あるいは「健全者幻想」も含まれるといえよう。

3. 障害の人間化

　障害者が自己概念を脱構築しつつ自己を語るという営みは、障害の治癒を目的としているのではない。「べてるの家」での当事者研究の経験者の一人が、次のように語っている。"苦労するチャンス、失敗するチャンスも増えました。幻聴が聞こえて調子が悪くなるので注射を打ってほしいという悩みから、くどくなるという人間本来の悩みに変わったような気がします。悩みや失敗が人間的なものに変わっていって、苦労の質や苦労のレベルが高くなったというか……"（浦河べてるの家, 2005, p.131）。彼は、障害の治癒ではなく、障害の人間化（humanizing disability）とでも呼ぶべき変化を肯定的に受け入れている。障害の人間化によって、悩みや失敗は増えたとしても、それらは「人間として当然の悩みや失敗」と再解釈される。「障害ゆえの悩みや失敗」と捉え、それゆえ障害の治癒が悩みや失敗を解決すると信じ込んでいた過去からの大きな変化だといえよう。

　ところで、障害の人間化は、障害者だけに求められる変化であろうか。むしろ障害を非人間化しているメインストリーム社会こそが、障害の人間化のために努力しなければならないのではないか。というよりも、障害の人間化は、障害者個人と社会との相互作用によってはじめて可能になるのではないだろうか。

　またその一方で、当事者研究の文脈では、当事者研究がメインストリーム社会によって浸食されてしまう懸念が表明される。"当事者研究は、そもそも専門家／学者たちが提供する言葉では語れないことを、自分たちで語ろうという、学問に対する対抗的な性質を持つものだった。その「当事者研究」

という看板を学者が掲げるのは、当事者の範囲の限定と拡散をめぐる問題を考えれば、やっと専門家や学者と区別された声を、もう一度かき消してしまうことになりかねない"（藤田・北村, 2012, pp.78-79）。

　さらに加えるならば、「自己概念を脱構築しつつ自己を語る」という営みは、高度に知的な営みであり、たとえば、重度心身障害者や知的障害者の多くにとってはとても困難な課題となろう。個人の能力によって障害の人間化の達成をめざそうとする挑戦には自ずと限界が見える。

　つまり、当事者研究を社会との関係で考えるならば、一部の社会的な力をもった「研究成果」は、メインストリーム社会に容易に吸収され、それゆえにより「小さな声」「声なき声」をかき消す危険を胚胎することになる。たとえば、"自分を変な人間だと思いながら苦しい人生を送っていたところ、自分が発達障害なのだということを知り安心することができた"という発達障害者の言説を、メインストリーム社会は「おかしいと思ったら早々に発達障害の診断を受けるべきだ」「発達障害者は発達障害としてのアイデンティティをもつべきだ」という一般的観念の根拠とした。発達障害者の言説自体は体験に根ざした真理であることは疑いないが、結果的に、発達障害の診断をめぐる政治や個々人の葛藤から、社会の目をそらさせる効果をもちえたのである。

　当事者研究に代表される障害者本人による語りは、第一に障害者のエンパワメントの文脈で、それ自体に価値がある。また第二に、メインストリーム社会の構築物を変革する力をもっているという意味でも価値がある。それらは疑いのないところであり、その点はすでに多くの人々が強調してきたが、しかし、障害者本人による語りに価値があることを言うだけでは、その語りがメインストリーム社会に収奪されることに対して目をつぶることにもなりかねない。以下では、障害者の語りによるエンパワメントの試みにエールを送りつつ、「自己概念を脱構築しつつ自己を語る」という営みを、障害者の実存を起点とした他者との相互作用という文脈で、再考してみたい。

　次の文は、筆者が「のびやかスペースあーち」にやってきた障害児と戯れている様子を描いた記録である。何の変哲もない日常的な場面である。

"私はＢくんにべったりくっつかれる。なぜかこの頃、Ｂくんは私に会うと「つだっちつだっち」と言って楽しそうに頭をパンチしたり頭突きをしたりしてくる。また、パーティーで提供されたパンをよく食べたが、パンを取るために私の手をクレーンとして使っていた。Ｂくんは、ここまでの道中、Ｈさん（ヘルパー）に「バイバイ」などと拒否的な態度を取ったため、Ｋさん（もうひとりのヘルパー）が一人で連れてきたとのこと。帰りもエレベーター、火災報知器、消防車など、一通りこだわりを見せながら帰っていった。身体的密着、乱暴、こだわり……。このままでいいのだろうか、という思いを抱く契機である一方、それらを親密な関わりの表現や自分らしさの表示としても理解できる。どう距離を取り、どう働きかけるか、というところにジレンマが生じる。"

このときのＢくんは重度の知的障害のある小学高学年の男の子であった。筆者とは数年来のつきあいで、筆者が彼に親しみを感じているのと同じくらい、彼が筆者に親しみをもってくれているのを感じる。彼ははっきりしない発音の単語をいくつか使うが、「自己概念を脱構築しつつ自己を語る」など彼にとってとてつもなく困難な課題である。

さて、ここに示した記録から多くの人は、筆者が主観的に捉えた、筆者とＢくんとの親密さを感じるだろう。Ｂくんは筆者に甘えてきており、筆者はＢくんの甘えを無条件に受け入れ、Ｂくんとの関わりを楽しんでいる。彼の、おそらく機能障害ゆえの行動に対しても、筆者は直感的な喜びを感じている。彼くらいの年齢の子どもであれば、いきなりおとなにパンチしたり頭突きをしたりしないものだ。クレーン現象やこだわりの行動はまさに障害特性として解釈されるだろう。しかしながら、筆者は、彼のそういった独特な行動を、「異常」とは捉えていない。そうした行動で彼を定義しようとはしていない。むしろ、彼の独特な行動も、彼自身の現れとして受け入れ、楽しんでいる。すなわち、この場面での筆者とＢくんとの直接的な関係の中には、Ｂくんを外から客観的に定義づけるような要素は介在していないのである。

Ｂくんは「自己概念を脱構築しつつ自己を語る」という困難な課題に挑んでいるわけではない。しかし、筆者と彼との関係において、彼に与えられる

定義は脱構築され、彼は筆者に自己を語りかけてきている。そうした経験に基づいて、筆者は彼について語ることができる。その語りは、筆者の言葉によるものではあるが、Bくんの参加によって成立しているということもできるのではないだろうか。つまり筆者によるBくんについての語りは、筆者とBくんの共同実践と理解することが可能なのである。

　もう少し突っ込んでこの共同実践の説明を試みると、次のように表現されよう。筆者が語るBくんは、筆者が抱くBくんのイメージや知識、Bくんに対する感情などによって構成される。筆者が語るBくんは、いうまでもなくBくんそのものではない。しかし、筆者とBくんとの親密な関係は、筆者とBくんとの相互浸透的な瞬間を経て、筆者の中に対象化し尽くすことのできないBくんを出現させる。筆者のBくんについての語りの中に、Bくんそのものが宿っているように感じる。筆者のBくんについての語りは、Bくん自身がいのちを吹き込んでくれる、筆者とBくんとの共同実践なのである（津田，2012b, pp.248-253）。

　しかしその一方で、この共同実践は儚く脆い。筆者がBくんについて言語化＝対象化した途端、あっという間にメインストリーム社会の一般的観念、客観的な知識によって浸食される。"身体的密着、乱暴、こだわり……。このままでいいのだろうか"という一文に、その浸食が端的に表れている。筆者とBくんとの共同実践は、無傷ではいられないのである。

　とはいえ、筆者のBくんについての語りは、完全に一般的観念、客観的な知識によって侵し尽くされることはない。Bくんが筆者にとってかけがえのない存在である限り、筆者がBくんとの直接的な関わりから得た感触は残り続け、一般的観念や客観的な知識との間に起こるジレンマは永続していくのだと思う。

4．無条件の歓待が起こる場

　障害者の主観的経験は、障害についての客観的な知識の強大な権威と権力を前に、容易にかき消される「小さな声」でしかない。「小さな声」は拡声されなければ、社会に届かない。当事者研究の発展は「小さな声」の拡声を

意味する。しかし、それだけでは限界がある。「小さな声」の中にもさらに「小さな声」がある。当事者研究によって拡声された「小さな声」は、もっと「小さな声」をかき消しかねない。「小さな声」と社会との相互作用という観点から、拡声を捉えなければならない。したがって、社会の中にある無数の「小さな声」に耳を澄ませる社会を構想するために、「小さな声」を他者と共有し、他者の声も借りながら拡声する道を探りたい。

　田中智志は、他者の「小さな声」に耳を澄ませるような関係性を、目的としての贈与／享受としての関係性と述べる。それは、"相手を気遣い、気遣われることそれ自体"が目的であるような関係性である（田中, 2012, p.37）。そうした関係性は、"基本的に肯定的・歓喜的である。「いのち」の歓待すなわち「いのち」を支え育むことは、ただそれだけで歓びだからである。それは、一つの「いのち」の存在それ自体が、もう一つの「いのち」にとって歓びだからである"（田中, 2012, p.196）。彼によれば、そうした関係性のもとで、他者と自己の尊厳が立ち現れる。"〈私〉という存在が固有である（かけがえがない）のは、〈私〉が高名であったり有能であったりするからではなく、また〈私〉が、自立したり自律していたりするからでもなく、〈私〉が、他の「いのち」すなわち他ならない〈あなた〉に支えられ、またつながっているからである。一言でいえば、〈私〉が〈あなた〉とのつながりに編み込まれていて、もはや代替不可能だからである"（田中, 2012, p.35）。

　私たちが渇望しているのは、まさにこうした関係性ではないか。他者の存在を歓ぶ関係性のもとでしか社会的に有意味な声にならないような「小さな声」は、社会に満ちあふれているのではないか。問題は、そうした関係性が社会の中にしっかりと保障されているかどうかである。私たちには、そうした関係性を紡ぐ場をつくる実践が必要なのではないか。

　教育や社会福祉などの領域で、高齢者、障害者、青少年、「子どもの居場所づくり」の要請が高まっていることと関連があろう。要請されている「居場所」は、自室やトイレのような個別の「居場所」ではなく、他者との関係性を育むことができる「居場所」なのである。多くの人が「居場所」に求めるのは、「ありのままでいられる」ことと「役に立っていると思える」ことだともされる（石本, 2009, p.98）。他者の存在があっての「居場所」なのであ

る。他者の存在を歓ぶ関係性を紡ぐ「居場所」を、意識的に社会の中に埋め込んでいく実践が、私たちの社会をより豊かにする。

　ただし、そのような関係性を紡ぐとしても、次の点には特に留意しておきたい。他者の存在を歓ぶ関係性に基づく「小さな声」の拡声は、代弁という機能を担うが、代弁はパターナリズムと区別がつかなくなることもある、という点である。

　知的障害者のセルフ・アドボカシーは、他者による擁護が自己の不利益になってきた経験に基づき、知的障害者自身が自らを擁護しようとする運動である。たとえば、かつて知的障害者の親たちは、わが子の「親亡き後」を心配して入所施設の建設に傾注し、本人たちの意向に基づかないまま知的障害者の施設入所が進んでいった。現在でも日本の知的障害者の約4人に1人は入所施設で暮らしている。子どもの利益を代弁する親が、知的障害者の自由を奪っていった。セルフ・アドボカシーは、こうした過去を振り返り「自分たちのことを勝手に決めないで（Nothing about us without us）」という理念に基づいて展開してきた。

　親こそは歓待の思考に基づいて子どもと対しているはずである。にもかかわらず、歓待の思考に基づく拡声は、パターナリスティックな代弁へと容易に変節するということであろうか。

5.「小さな声」を聞くとはどういうことか

　「小さな声」の主体と、その主体に関わる他者との間には、溶融的な関係が生まれることがある。溶融的な関係というのは、自他の区別が限りなく消去されるような関係である。

　「依存者（dependent）」と「依存労働者（dependency worker）」（「依存者」にケアを提供する人）の間に生じる溶融的な関係について、エヴァ・キテイが詳細に論じている。自他の区別が消去された状態は、「依存者」個人を超えて、あらゆるいのちに対する応答可能性に開かれるのだという。

　"思いやりの労働を、関係性（あるいは、まだ関係性がない他者との接触）

に投入することで、私たちは自己の境界線を解き、そこに強い精神的絆を形成する。これらの絆は、人間の共同体の絆を超え、感覚を有するすべての生きもの、特にケアに適切に応答して思いやりの関係を「築き上げる」存在へと広がりうる。"（キテイ, 2010, p.92）

こうした状態は、「依存労働者」を二次的依存に導くのだという。つまり、「依存者」へのケアを通して「依存労働者」の依存性が高まるのである。

　　"依存労働者の労力は、他者を保護しその成長を支えることに注ぎ込まれる。彼女自身のニーズや欲望、希求（それらが、彼女がケアする人々のニーズや欲望、希求と区別される限りで）は脇へ置かれ、先送りされ、あるいは消し去られてしまうが、自分のニーズや希望を求めることができることこそが、人々の協働により生み出された財を得る自由競争に参入するのに必要とされるものなのだ。このハンディキャップが彼女の二次的依存、すなわち稼ぎ手への依存を作り出す。"（キテイ, 2010, p.109）

「依存者」と「依存労働者」が社会的にも一体化するのだが、だからこそ、両者の間にある権力関係が暗闇に隠され続けるリスクも生まれる。キテイは、依存関係は力の不平等を前提にしているが、それが常に支配関係を結果するとは限らないと捉えている。

　　"力の不平等は依存関係につきものだ。しかし、その不平等すべてが支配となるわけではない。支配とは、他者の最善の利益に反して、道徳的正当性のない目的で力を行使することである。"（キテイ, 2010, p.89）

支配関係は、「依存者」と「依存労働者」の双方に起こりえると理解され、どちらかに不利益が押しつけられることだと捉えられる。不利益の中には、「依存労働者」が「依存者」にとってよかれと考えたことであっても、「依存者」の意思に反し、さらに結果として「依存者」に不利益が生じたような場合も含まれよう。すなわち、パターナリズムも支配関係の一部だということ

ができる。キテイは、そうした支配関係は、「依存労働者」の主体性に深く
関連していると考える。

　"（依存者は）自分のために働いてくれているその人が個人として存在し
ていることを認識することさえできなくなる。これは、依存労働者が特に
蒙りやすい被害である。なぜなら、依存労働者に対する被保護者の依存、
およびその関係を通じて作られるつながりによって、依存労働者は、自分
というものをなくしてしまうような虐待にさらされやすいからである。"
（キテイ，2010, p.90）

　"自分の利益が適切かつ公正に満たされている人は、自分が保護してい
る者の生を通じて自分の人生を送ろうとする傾向が少なくなるだろうし、
また、野心や力をふるうのにパターナリスティックなふるまいをする以外
の方法を見つけようとするだろう。依存関係を適切に考慮するシステムと
は、依存労働者が自分自身の利害関心を持てるようエンパワーし、可能な
限り、依存者の依存性を減らそうとするものであるはずだ。"（キテイ，2010,
p.94）

　依存関係が支配関係に転化するのは、「依存労働者」の主体性欠如に関連
しているというのである。すなわち、「依存労働者」は、依存関係の中で、
自他の区別が限りなく消え去るという経験をしつつも、その関係が支配関
係にならないためには、自らの主体性を保たなければならないというのだ。
「依存者」と「依存労働者」との十全な関係とは、両者が溶融的な関係に入
り込みつつ、同時に相互に主体的な関係を保持するという、矛盾を止揚で
きたときに現れるとでもいうことであろうか。
　溶融的な関係と相互主体的な関係との止揚は、観念上はとても困難である
ように思われるが、現実世界においてはよく観察しえることだともいえる。
止揚というよりは、もしかしたら溶融的な関係と相互主体的な関係の共存と
いったほうがよいかもしれない。キテイは、溶融的な関係にある自己を「透
明な自己」と名づける。私が何者であるかということと関わりなく、「依存

者」の要求が、半ば無条件の身体的反応として私の中に入ってくる。そうした意味で「依存労働者」は「透明」になる瞬間がある。

"透明な自己というアイデアで、私が示したいのは次のことだ——他者のニーズを察知し応答することは、自身のニーズを遮ったり、歪めたりすることではない、と。もちろん、自己はこの意味で真に透明ではありえないが、この透明性は、依存労働者が依存労働者として自己を描く際の基準である。また、それは、その性格抜きには、依存労働者が依存労働者たり得ないような、究極的な理念でもある。"（キテイ, 2010, p.128）

　こうした思考は筆者自身の次のような思い出を喚起する。筆者が赤ん坊だった娘の顔を洗ってやっていたときに、次のようなことを発見した。娘の顔が筆者の手によって水で濡らされるとき、娘は水が入らないように目をつぶる。それと同時に筆者も思わず目をつぶっていたことに気づいたのである。筆者の手を介して、娘と筆者とはつながり一体的だということを意識した瞬間であった。しかし、当然のことながら筆者は娘になりきっていたわけではない。娘の顔を洗ってやっていたのは、仕事の時間を気にして朝の多忙に追われる筆者自身だったのである。筆者が筆者自身であり続けながら、娘が筆者の中に入っていたということができる。
　鯨岡峻はこうした溶融的な関係に「成り込み」という語を充てた。「成り込み」とは、"当事主体がここから相手のそこへと関心を凝集させる"ことによって、"二者それぞれの身体が個として分離独立しているにもかかわらず、それが一体化する、通底するという様相"であり、共感や感情移入とも重なる現象だと説明される（鯨岡, 1999, p.135）。溶融的な関係＝「成り込み」が成立している時間が長いほど、「依存労働者」が主体的である時間が奪われる。ここで「主体的である」というのは、自分自身のニーズや欲望、希求を第一に考えることができることをいう。障害者や乳幼児の親が精神衛生上、「自分自身の人生を生きる」「自分のための時間をもつ」ことの重要性がいわれるが、それらも「主体的である」という語と重なる。障害者の親、特に母親の中には、そうとう長期間にわたって、「自分自身の人生を生きる」

「自分のための時間をもつ」ことを制約され、溶融的な関係を強いられてきた人もいる。

　障害者と障害者の親との関係を、溶融的な関係と相互主体的な関係の共存という視点で捉えることで、次のような見方ができる。障害者の親の語りは、親自身のニーズや欲望、希求を表現する語りであると同時に、障害者と溶融的な関係を長く生きてきたことによって、障害者のニーズと欲望、希求と一体化した主体による語りでもありえる。そうした語りが現出するためには、キテイの議論に則ると、親を「二次的依存者」として支えるコミュニティの存在は不可欠だということになろう。

　溶融的な関係と相互主体的な関係の共存を持続させるためには、「依存者」と「依存労働者」を包み込んだコミュニティの形成が有効なのだ。そのコミュニティにおいては、各人が自立的であることを求められるのではなく、逆に自己のニーズや欲望、希求に忠実であることができるための上手な依存関係が求められる。

6.「小さな声」をめぐるコミュニティ

　障害者の「小さな声」の拡声を考えるにあたり、障害者の親の介在を中心に考えてみた。テキストとして取り上げたキテイも、重度障害者の母親であった。しかし、キテイは「依存労働者」を必ずしも母親に限定して規定しているわけではない。「依存労働」の多くが歴史的に母親に押しつけられてきたものの、父親にも担えるものだと述べられる。さらに、「労働」という以上、ケアワーカーも「依存労働者」に含まれる。きわめて親しい友人なども、「依存労働者」の周辺的存在として位置づけることができよう。現実には、「依存労働」は「依存者」の周りに集う人々のコミュニティを創出するということができるのではないか。

　「依存者」とその周りに集う人々のコミュニティをケア・コミュニティと呼ぼう。ケア・コミュニティは学びを媒介にしたコミュニティでもある。ことさら「小さな声」の主体との関わりは、他者に学びを要求する。「小さな声」を即座に聞き取ることが困難な場合もあるし、聞き取ったと感じた「小

さな声」が聞き間違えではなかったかという確認を不断に求められる。「小さな声」は、学習過程を経て次第に確証を得ていくのである。

　障害者自身による語りに、内面化した「健全者幻想」の省察が含まれていることの重要性を述べたが、同じことがこのコミュニティにおける学習過程にもいうことができよう。むしろ、障害者自身による語りよりも、障害者の周囲にいる人たちのほうがシビアに内面化された「健全者幻想」の省察が問われよう。そうでなければ、「小さな声」を根本的に聞き間違えるリスクがある。「小さな声」が「健全者幻想」の枠組みで解釈されてしまえば、「小さな声」はメインストリーム社会に収奪されることになってしまう。

　障害者やその親との関わりの中で、「他人事」という言葉と出くわすことがある。たとえば、筆者の障害者との関わり方が、その障害者の親から見ると「他人事」だというのである。障害者の親は、障害者が抱えている諸問題に一生涯関わっていかなければならないのに対して、筆者の関わりはしょせん一時的なものであり、しかも苦しくなったらいつでも逃げられる関係だということを意味していると理解される。「他人事」という言葉の中に、障害者の親の苦しさを感じ取ることができる。その苦しさには共感しつつも、筆者は自分自身がやはり「他人事」の位置にあることを確認する。筆者は「私自身の人生を生きている」のだ。「しょせん他人事」と開き直るということではなく、筆者が主体的であることによってはじめて障害者やその親との溶融的な関係、「成り込み」、共感が、筆者にとって意味をもちえるということである。聞き取られた「小さな声」と、メインストリーム社会の中に生きることとの間にある緊張関係を保つことが、学習過程にある主体にとって大切なのだ。

　こうして考えてくると、ケア・コミュニティを、障害者を中心にして溶融的な関係、「成り込み」、共感が強い人たちから弱い人たちに広がる同心円としてイメージできるのではないだろうか。各人は、中央に向かって溶融的な関係、「成り込み」、共感の力を受けると同時に、外側に向かって「自分自身を生きようとする」力を受ける。そうした2つの力の磁場にいることで、人々はメインストリーム社会に生きる自己を省察する機会を得る。

　要田洋江が同様の同心円を障害者差別の文脈で描いている（要田, 1999,

p.62）。障害者を中心として障害者に近い関係の人から遠い関係の人に並べた同心円を、要田は差別の構造として捉えた。アカの他人が障害者の親族を差別し、障害者の父方の祖父母が障害者の母親を差別するといったように、円の中心から遠い位置にいる人が、円の中心にいる人に対して、順に差別していくことによって生まれる差別の構造である。同様の同心円に、溶融的な関係と相互主体的な関係との緊張関係を捉えようとしたこの章の主旨を反転させた理解だといえる。この章では、円の中心に近い人が障害者との共感に基づいたコミュニティを形成し、円の外側に向けて影響力を行使していく様子を描こうとした。障害者の語りをめぐる学習過程の構造は、差別の構造と表裏の関係にあるのだ。障害者の語りは、たとえそれが「小さな声」であっても、差別の構造を反転させながら、同心円的に学びの波を引き起こしていく。

あとがき

インクルージョンは「きれいごと」か

　人類がパンデミックに苦しんでいる最中、こともあろうにウクライナで戦争が始まった。ますます未来、というか一寸先が見通せなくなってきた。本書が出版されている頃には、戦争が終わっているかもしれないし、核兵器の恐怖におののいているかもしれない。一方では、人類一丸となってエネルギー問題や地球温暖化の問題に取り組まなければならないと叫ばれ、他方で、そのようなことにはまったくお構いなしにたくさんの爆弾が空を焦がす。米中の覇権争いにしても、日韓関係の膠着状態にしても、天文学的数字になりゆく財政赤字にしても、人間が協調するということは、かくも難しい。これまで得てきた特権を守ろうとする人もいれば、虐げられてきた恨みを晴らそうとする人もいる。手を取りあって理想に向かうということが「きれいごと」と言われてしまうそれなりの背景が、どこにでもある。

　インクルージョンという理念も同様だ。

　グローバリゼーションに伴って、国境をまたいだ人と物と情報の移動が激しくなり、資本主義の深化に伴って人々の生活の均質化が進んだ。さまざまな背景をもつ人たちの間のコミュニケーションが活発となり、他者との比較が自己のアイデンティティや幸福感に強く影響するようになった。社会の多様性の広がりは、人種、民族、性、障害、健康状態、経済状態、出身地などの要素による異質性が社会に表れやすくなったこと、また人々がそれぞれのアイデンティティを自覚し主張するようになったことの結果であるように思う。社会の多様性が広がると、異質な人や集団の間に葛藤や紛争が起こりやすくなる。異質な人たちを排除するのはすでに難しい状況となる中、社会は多様に広がる差異を尊重する方向に向かわざるをえない。

　それに加えて、市場社会（market society）は個々の間にある差異を資源として新たな貨幣価値を生み出そうとする。多様性は、新たな商品の開発の原

動力になるし、イノベーションの源泉にもなる。企業がダイバーシティ＆インクルージョンを標榜するのは、多様性が市場社会に利益をもたらすからだ。

　市場社会が求めるダイバーシティ＆インクルージョンをいかに評価するかということも、インクルージョンを論じる際に重要な論点となりえる。たとえば、障害者アートの領域で、一方では、障害者が制作する作品に価値を与える市場への期待がある。"障がいのある人によるアートが市場と結びつくからこそ、世界が広がるのも事実です"（アトリエインカーブ, 2019, p.21）。他方で、市場への依存を警戒する声もある。"制作の目的が説明的な私たちと異なっていて、創作（アート）というよりむしろ行為に対する私たちとは違う独自の目的を内面に持っているようだ。私たちはそういう制作者個人の価値観にできる限り近づき、行為や表現の理由を知ることが最も大切だと考えている。知識や常識にとらわれずに私たちの考えている価値観とのギャップを知ることが重要であり、決して私たちの価値観に近づけることではないと思う"（福森, 2013, p.28）。いわば、市場社会に依存して価値を生み出そうとする考え方から、市場社会が支配する価値への対抗軸をつくりだそうとする考え方までのグラデーションがありそうだ。

　筆者は、市場社会に依存してしまうと、あらゆるものを貨幣価値に置き換えようとする市場社会そのものに対する根源的な批判の力を失ってしまうと考えている。たとえば、「市場社会は貨幣価値に変換できないものへの差別を生み出す」という批判を根こそぎ無力化する。

　とはいえ筆者もまた、市場社会が求めるダイバーシティ＆インクルージョンに対する期待をもっている。それは、インクルージョンを「きれいごと」のまま社会に広める効果をもつという点での期待である。市場社会は、人々の間に葛藤や紛争をもたらす差異を隠ぺいしてくれる。"市場で問題になるのは作者の属性ではなく、作品の質だ"（アトリエインカーブ, 2019, p.58）。特定の社会集団に対する嫌悪を露わにする人であっても、その社会集団の成員が制作した製品に何らかの価値を見出せば購入する。つまり、市場社会は、特定の社会集団を嫌悪しながら、その社会集団に依存して生活が成り立つという状況をもたらしえるのだ。

「きれいごと」にさせない文化へ

　障害者に対して無条件的な嫌悪を感じる人というのは、一定数いるようだ。障害者に対する非障害者の潜在的な態度を捉えた研究結果によると、ほとんどの人が障害者に対するネガティブな評価をもっていたことがわかったという（栗田・楠見, 2012, p.488）。障害者と出会った経験がないから偏見が生まれるのだ、とされることも多いが、障害者と出会った経験が嫌悪感を増幅させることがあるという事実も、筆者が目の当たりにしてきたことだ。この嫌悪感がどこから生まれてくるものなのか、ということを考えることがある。障害者との出会い方が悪いのであれば、良い出会い方を演出すれば、嫌悪感は薄れるはずだ。しかし、もっと根源的なところから生まれる嫌悪感なのかもしれない。

　フォビアという語がある。もともとは極端で圧倒的な恐怖や嫌悪を意味する語で、社交フォビア（social phobia）など、精神医学で用いられる語でもある（笠原, 2010）。さまざまな集団間の葛藤の根底にある心理現象の説明に転用されている。ホモフォビア（同性愛に対する嫌悪）、トランスフォビア（トランスジェンダーに対する嫌悪）、イスラモフォビア（イスラム教やムスリムに対する嫌悪）、ジェロントフォビア（高齢者に対する嫌悪）などである。恐怖と嫌悪が入り交じり、社会関係に負の影響を与える潜在的に根強い感情という意味を示すために、フォビアという語が選ばれているのだろう。こうしたフォビアは、嫌悪の対象といかに出会うかということよりも、まずはフォビアを抱える主体の信念や経験に根ざしている。フォビアはインクルーシヴな社会を構想する際にも避けて通ることができないテーマである。障害者に対する嫌悪感も、正面から扱う必要のある実践と研究の課題であり、嫌悪する主体の信念や経験に働きかけるのでなければ、和らぐことはないのかもしれない。

　いずれにしても、インクルージョンは「きれいごと」だと感じ、特定の異質な他者に対して嫌悪感を惹き起こし強烈に拒絶する人たちが一定数いる。2016年に相模原市の障害者施設に「障害者を殺しにきた」と押し入った暴漢が16人の知的障害者を殺傷した。この相模原障害者施設殺傷事件は、社会に潜在している、障害者に対する露骨な嫌悪が顕在化したヘイトクライム

である。ヘイトクライムやヘイトスピーチとの闘いは、嫌悪感をもつこと、嫌悪感を表出することを規制しれなければならないという結論をもたらしている（ブライシュ, 2014）。障害者への差別や偏見に基づく嫌悪感やその表出は、理不尽に人を傷つけるものである以上、抑圧されなければならない。とはいえ、単に抑圧するだけで問題が解決するとも思えない。抑圧されるほど、潜在化した嫌悪感が歪んだ形に先鋭化して表現されてしまうリスクさえある。嫌悪感が生まれてしまう原因にも真剣に向きあう必要がある。

　「施設コンフリクト」という現象がある。たとえば精神障害者の施設を建設しようとすると、周辺の地域住民から反対運動が起きる。反対の理由には、精神障害者に対するあからさまな差別意識が含まれる。しかし、そのような状況では、その差別意識を無視したり抑圧したりすることもできない。いかに反対意見を和らげ、合意形成に持ち込むかという発想が必要だ（野村, 2018）。

　野村恭代らが実施した比較調査によると、「精神障害者施設・事業所などが自宅の隣に建設されることについてどう思うか」という設問に対して、スウェーデン人の44.6%、アメリカ人の45.4%が「賛成する」と答えたのに対して、日本人は22.6%しか「賛成する」と答えなかったという（野口, 2021）。軒を連ねるような立地と、広大な敷地がある中での立地とでは、施設が私的空間に及ぼす影響も異なるだろうから、簡単に比較することはできない。それにしても、この調査結果には考えさせられるところが多い。障害者に対する嫌悪感という以前に、誰であっても隣人を温かく迎える風土、新しい出会いに対する肯定的態度が優勢であればこのような調査結果にはならなかったのではないだろうか。つまり、新しい出会いにワクワクするよりも、それによって現状の私生活が乱されることに対する警戒感のほうが強い、という日本人の生活感覚が表れてしまっているのではないだろうか。そうだとすれば、問わなければならないのは、日本人の生き方でありライフスタイル、すなわち私たちが慣れ親しんでいる文化そのものだということになろう。

　だからこそ、障害者の社会教育・生涯学習というテーマは、障害者の学びの機会を広げていくということの背後にある、障害者が生き生きと学び、意味のある生活を享受することのできる文化をいかに醸成するかという課題を

扱わざるをえない。

「差別とたたかう学校」

　2019年度から、神戸大学附属特別支援学校に校長として通勤するようになった。フレイレやイリイチに傾倒し学校教育に対する批判から教育学を学んできた筆者としては、学校の校長職に就くというできごとは、青天の霹靂といえた。しかし、この学校で筆者は多くの大事なことを学んでいる。

　「のびやかスペースあーち」で出会い、神戸大学附属特別支援学校でも出会い直した子どものお母さんが、次のような文章を「あーち通信」に寄せてくれている。

　"4年生から神戸大学附属特別支援学校に転校したことが、長男を大きく変えていったのです。広い校庭、明るい校舎、生徒の活動を抑圧しない先生がたの対応などに大いに安心した長男は、まさに水を得た魚状態。大好きな自転車に乗ったり、忍者ごっこをしたり、先生をおちょくってみたりと内面にくすぶっていた「～したい」をどんどん開放していったようです。笑顔が増えました。体力がつきました。2年ほど経過しころでしょうか。騒音やワンちゃん、ハトなどへの恐怖反応が大きく和らぎました。コンサートホールにも入れるようになりました。初めて飛行機にも難なく乗れました。つまり、恐怖心より好奇心のほうが勝るようになったのです。はたして、長男をそうさせたのはなんだったのかと思いをめぐらせてみたところ、学校での充実した時間（＝笑顔がふえたこと）から育まれた体力や「自己肯定感」が大きく影響したのかと思います。それに伴って、私自身の心が解放されていったことも重要な変化でした。一生ダメかもしれないと感じていた事案が、徐々に解決していくのですから。本当に、なんとかなるんだ！！"（なかせい, 2021）

　この学校の教員は、登校してくる子どもたちを全力で歓迎し、子どもたちの行動に全力で反応する。子どもたちは自分がこの学校に受け入れられてい

ることを嫌でも実感し、行動が引き出されていく。放課後になると教員たちはクタクタに疲れ果てるが、それでも一人ひとりの教員はキラキラ輝いている。他者を歓待することがどれほど素晴らしいことで、それによって人はいかに輝くのかということを、筆者は目の前で実演してもらっている。

　筆者の体験してきた学校とは根本のところで違っていたように感じる。筆者にとって学校は、受け入れてもらうためには常に何かの条件をクリアしなければならないような場だったと思う。勉強をすること、スポーツができること、おもしろいことを言って友だちに好かれること、授業中は騒がずに座っていい子でいること……。つまり、一般的に子どもは学校にも世の中にも、ありのままの姿で歓待されるのではなく、何らかの条件をクリアして社会の一員になることではじめて承認される、という原理が働いていたのではないかと思う。筆者が学校を批判的に捉えていた根っこには、こうしたことがあったのではないか、と気づかされた。

　小学生の頃の筆者は、休み時間のたびに、何人ものいじめっ子たちにプロレス技をかけられ、休み時間が終わると泣きながら授業を受けるような子どもだった。いじめられるのは自分が悪いからだと思っていた。それが理由で自死について考えたこともあった。少なくとも、当時の筆者にとって学校は逃げ場のない空間だった。いじめっ子たちの歪んだ笑い顔がずっと恐ろしく憎らしかったが、今にして思えば、あのいじめっ子たちも、筆者自身も、学校に受け入れられていないという気持ちを共有していたのかもしれない。そして子どもにとってみれば、学校に受け入れられていないということは、この世の中に受け入れられていないということに近い意味をもっていたのだと思う。

　近代教育の成立・発展期は、人口が急増している時代であった。筆者は第二次ベビーブームの年に生まれ、子どもはたくさんいた。そして現在、少子高齢化や人口減少によって子どもは希少になってきた。子どもの数が少なくなれば、一人ひとりの子どもに対してかかる社会からの期待は大きくなる。現代教育で歓待が強調されるようになったのには、こうした社会的背景もあるのだと思う。

　「国立大学附属の特別支援学校という特殊な条件でなければ、そのような

教育環境はできない」というような声もよく聞かれる。まさにそうなのだ。通常の教育現場の排除的傾向は修正し難く、通常の教育現場から排除された子どもたちは歓待を原理とする「特殊な」教育現場に向かう。その意味で、特別支援学校やフリースクール、夜間中学など、周辺的な教育現場のほうが、歓待という観点からの新しい時代に即した教育に取り組みやすい。

　インクルージョンという理念は、社会構造の根幹部分への変更を求めている。「通常の枠組みをつくり、そこから排除された人たちには特別の場や機会を準備する」という構造から、「多様でフレキシブルな枠組みによって可能な限りすべての人が利用することのできる場や機会をつくる」という構造への変更である。そして、古い構造をかたくなに守ろうとして、そのような変更に最後まで取り残されそうなのが、学校教育システムなのではないだろうか。

　桜井智恵子の次の言説に大きく首肯する。

　　"能力主義（うまくできる人が優れている）を下支えしながら進化する特別支援教育、社会適応を強いる教育の進化のなかでいったい何が問われているのだろうか。一九八〇年代から「発達」という概念それ自体を問うのではなく、「子どもの発達」を考える方向へと、教育学研究は矮小化していった。時代や状況へ関わろうとする姿勢は失われていった。"（桜井, 2021, p.195）

　特別支援教育は学校教育一般から切り離された特殊な領域だと捉える態度そのものが問われているのだ。少なくとも政策や研究に関与する教育関係者は、特別支援教育の問題が、学校教育全体を再構築する力をもちえる領域だということに正面から向きあうべき時期に来ているのではないだろうか。

そして、社会教育と生涯学習

　筆者は、学校教育に対して批判的な視点をもつがゆえに、社会教育学を専門としてきた。その社会教育が、長らく再構築の過程にある。国や地方自治

体の社会教育費削減にとどまらず、社会教育を管轄する行政部局の解体や社会教育主事などの専門職員の減少、公民館の貸し部屋化や有料化、社会教育施設の委託管理化などが徐々に進んできた。こうした制度面での縮小にもかかわらず、社会教育に寄せられる時代を反映した期待がなくなるわけではない。地球規模の公共的課題に対応した学び、地域の教育的機能を高める事業、防災に関わる学び、学校と地域との連携事業など、社会教育に関わる課題への取り組みが次々と要請される。

　障害者の社会教育・生涯学習は、社会教育の再生にふさわしいテーマだと思う。学ぶことの意味を深く捉えることができるテーマであるし、学校教育や社会福祉をはじめとするセクショナリズムを横断するテーマでもある。また、社会教育の公共性を説明することが容易なテーマでもあるし、人と人との相互性を強める実践を創り出すテーマでもある。

　これまで、障害者の社会教育・生涯学習を専門とする研究者もほとんどいなかった。ようやく2020年から日本社会教育学会に「障害をめぐる社会教育・生涯学習」と題するプロジェクト研究が立ち上がった。このプロジェクトも2022年秋から3年計画の最終年に入った。20名を超える若い研究者が集まり、オンラインも駆使して、濃密な研究会を通じて新しい取り組みへのエネルギーを蓄えている。本書を含むこれまでの蓄積を軽く凌駕する実践的な研究が数多く生み出されていく期待感がふくらんでいる。本書も、そうした発展への礎石のひとつとなれば幸せである。

生きることに関わる問い

　仕事に疲れているときなどに、ふと、なぜ私が障害者の社会教育、障害者の生涯学習というテーマにこだわっているのだろうか、と自問自答することがある。この自問自答には2つの小問があって、1つは、社会教育や生涯学習が私にとって何なのかという問い、もう1つは、なぜ障害者との関わりにこだわりをもっているのか、という問いである。だいたいいつも結論は同じなのだが、それでも自問は定期的にやってくる。

　社会教育や生涯学習が私にとって何なのかという問いについては、豊かに

生きることと直結している学びだ、というのがいつもの答えである。そのうえで、それでは豊かに生きるということはどういうことなのか、豊かに生きることにつながる学びとはどういうものなのか、と問いは続く。これらの問いについて考え、人と対話しながら、考えたり対話したりしている時間を生きることこそが、豊かに生きるということなのではないか、と思ったりする。

なぜ障害者との関わりにこだわりをもっているのかという問いについては、障害者は私自身の省察を引き出してくれる存在だから、というのがいつもの答えである。他者の存在によって自分が何者であるのかということが明るみに出されることがある。自分が「当たり前」だと思っていることが、他人にとってはそうではないということを知ることで、自分が「当たり前」だと思っている地平を揺さぶられる。私の「当たり前」が「当たり前」でないような文化をもつ人だったら誰でもよかったのかというと、そうかもしれない。私は大学受験の頃、文化人類学に興味をもっていた。カルチャーショックをたくさん受けるような文化から私自身がたくさん学びたい、という思いがあった。障害者との関わりに焦点化されていったのは、障害者が身近な存在だったし、また特に知的障害者とのコミュニケーションが飛び抜けておもしろかったからだ。

そう考えると、障害者の生涯学習というテーマへのこだわりは、私自身のエゴに根っこをもっているのだ。具体的に親しく関わっている障害者に幸せになってもらいたいとか、そのために一肌脱ぐとかいうことはあっても、障害者一般という抽象的・政治的な概念をめぐって理想を掲げたり、その抽象的な集団をどうこうしたいと考えたり、といったことは、本来の私の関心ではない、ということだ。

出発点はこういう感じだったし、私を駆動している動機は今でもこういう感じだ。けれども、論文を書いたり政策に関与したりしていると、ついつい障害者一般の幸福というような抽象的な議論に巻き込まれてしまう。それで、自問自答が定期的に必要なのだ。

そうこうするうちに、私も半世紀以上を生き、いわゆる「日本人健常男性」中心社会の中心を生きる立場に首まで浸かってしまった。年齢が上がるにしたがって社会的責任を伴う役割が増える。単に私が運よく年齢を重ね

た「日本人健常男性」であることによって役割が増えていく。何者でもない
ちっぽけな筆者を、偉そうな話をする境遇から一気に引きずり下ろしてくれ
る他者や問いが必要なのだ。

　前回の単著（『物語としての発達／文化を介した教育』生活書院、2012年）は、
できるだけ多くの人に読んでもらいたいと思い、できる限り平易な言葉と表
現で書いた。今回の単著は、平易さを犠牲にした。前回より偉そうな話をし
ているからだ。私自身の肌感覚から離れたことについて、ずいぶんたくさん
書いてしまった。しかし、こうして一冊の本にまとめると、それもまた必要
なことだと思う。具体と抽象、部分と全体、現象や実践と理論の往復運動を
しているのだ。そういえば前々回の単著（『知的障害のある成人の学習支援論』
学文社、2006年）は、本書に比べてもなお抽象度の高い議論を行っていた。
おそらくまた10年後くらいに、私は前回よりもさらに平易な文章で本をつ
くろうとするに違いない。

　なお、本書のいくつかの章は、すでに発表している文章に修正を加えたも
のである。章によっては、ほとんど原形をとどめないまで修正を加えてい
る。既発表の文章を下敷きにした章の初出を示しておく。

第1章　障害者の生涯学習推進の前提
「『障害の社会教育』再考」『月刊社会教育』No.706、2014年8月、pp.50-56
第2章　公民館は障害者の学びに貢献してきたか
「公民館は障害者の学びに貢献してきたか」『月刊公民館』No.749、2019
　　年10月、pp.12-15
第3章　障害者の生涯学習推進政策の概念枠組みと未来社会
「障害者の生涯学習推進政策の概念枠組みと未来社会に関する素描」『神戸
　　大学大学院人間発達環境学研究科研究紀要』第12巻2号、2019年3月、
　　pp.77-89
第6章　インフォーマルな学びの場の教育力
「『場の力』を明らかにする」『日本福祉教育・ボランティア学習学会研究
　　紀要』Vol.19、2012年9月、pp.34-43

第7章　インフォーマルな学びの場としての都市型中間施設

「都市型中間施設の効果と課題――『のびやかスペースあーち』10周年調査の質的データ分析から」『神戸大学大学院人間発達環境学研究科研究紀要』第11巻1号、2017年9月、pp.111-119

第11章　「障害者の基礎教育保障」は「共生保障」になりえるか

「『障害者の基礎教育保障』は『共生保障』になりえるか」『基礎教育保障学研究』創刊号、2017年8月、pp.36-48

第12章　生命の豊かさを支える実践としての知的障害者の音楽活動

「生命の豊かさを支える実践としての知的障害者の音楽活動」『教育科学論集』第21号、2018年2月、pp.27-34

第13章　語りが意味をもつ場の創出へ

「語りが意味をもつ場の創出へ――障害の問題の社会的共有に向けて」『年報・教育の境界』第11号、2014年3月、pp.61-75

　私はたくさんの人たちに育ててもらっている。幾人もの先人たち、職場で助けてくれる仲間たち、学会で学びあう仲間たち、附属特別支援学校の先生たち、家族、学生たち、そして私たちの実践に関わってくださっているたくさんの仲間たち。多くの温かい人たちに囲まれて、私は本当に幸せだと思う。私の仕事のすべては、これらの人たちに負っている。

　また、本書の出版にあたっては、明石書店の大江道雅氏、小山光氏から数多くの専門的なご教示をいただいた。本づくりが過去からのつながりと積み重ねによって成り立っている文化だということを深く感じる作業だった。大切な学びの機会を与えてくださったすべての人に感謝申し上げる。

引用・参考文献一覧

赤木和重・川地亜弥子・津田英二・河南勝・佐藤知子・殿垣亮子・柴田真砂子・黒川陽司（2023）「知的障害青年の大学教育プログラムはなにをもたらしたか？」『神戸大学大学院人間発達環境学研究科研究紀要』16(2)，pp.87-95

安藤忠・建部久美子・安原佳子編著（2001）『オープン・カレッジ・テキストブック』明石書店

アトリエインカーブ編著（2019）『共感を超える市場』ビブリオインカーブ

綾屋紗月・熊谷晋一郎（2008）『発達障害当事者研究』医学書院

バーンズ，C.・マーサー，J.・シェイクスピア，T.（2004）『ディスアビリティ・スタディーズ』［Exploring Disability, 1999］（杉野昭博・松波めぐみ・山下幸子訳）明石書店

ブライシュ，E.（2014）『ヘイトスピーチ』［The Freedom to Be Racist?, 2011］（明石隆浩他訳）明石書店

デイリー，H.，枝廣淳子（2014）『「定常経済」は可能だ！』岩波ブックレット

江口聡（2015）「幸福についての主観説と客観説、そして幸福の心理学」『哲学の探求』42，pp.24-42

Elfert, M.（2015）UNESCO, the Faure Report, the Delors Report, and the Political Utopia of Lifelong Learning, *European Journal of Education*, 50(1), pp.88-100

フレイレ，P.（2011）『被抑圧者の教育学』［Pedagogy of the Oppressed, 1970］（三砂ちづる訳）亜紀書房

藤田結子・北村文編（2012）『現代エスノグラフィー』新曜社

福森伸編（2013）『創ってきたこと、創っていくこと』社会福祉法人太陽会

後藤田洋介・中澤静男（2016）「『持続可能な社会づくり』の構成概念とESDの視点に立った学習指導要領で重視する能力・態度に関する一考察」『奈良教育大学紀要』65(1)，pp.169-181

Grisold, T., Kaiser, A., and Hafner, J.（2017）Unlearning before Creating new Knowledge, *Hawaii International Conference on System Sciences*, pp.4614-4623

帚木蓬生（2017）『ネガティブ・ケイパビリティ』朝日新聞出版

原田琢也（2023）「社会的に不利な状況にある子どもたちが『発達障害』とされていく仕組み」佐藤貴宣・栗田季佳編『障害理解のリフレクション』ちとせプレス，pp.85-122

春山作樹（1932）「社会教育学概論」『岩波講座教育科学』第15冊、岩波書店

長谷川正人・田中良三・猪狩恵美子編（2015）『知的障害者の大学創造への道』クリエイ
　ツかもがわ

長谷川正人・ゆたかカレッジ編著（2020）『知的障害者の高等教育保障への展望』クリエ
　イツかもがわ

橋田慈子（2015）「社会教育における障害者の『社会参加』の歴史と変遷」『茗渓社会教育
　研究』6，pp.26-34

橋本健二（2018）『新・日本の階級社会』講談社現代新書

林竹二（1977）『教育の再生をもとめて』筑摩書房

林竹二（1978）『教えるということ』国土社

林竹二（1983）『運命としての学校』（林竹二著作集8）筑摩書房

平林正夫（1986）「『たまり場』考」長浜功編『現代社会教育の課題と展望』明石書店，
　pp.112-163

平野仁美・長谷川卓哉（2015）「ハンディキャップの有無をこえて学びあう青年たち」『創
　大教育研究』14，pp.63-66

広井良典（2011）『創造的福祉社会』ちくま新書

広井良典（2013）『人口減少社会という希望』朝日新聞出版

本田由紀（2020）『教育は何を評価してきたのか』岩波書店

堀尾輝久（1971）『現代教育の思想と構造』岩波書店

星加良司（2007）『障害とは何か』生活書院

兵庫県学校卒業後の障害者の学びを支援するための地域連携コンソーシアム（2021）『兵
　庫県障害者生涯学習アンケート集計結果のご紹介』

ヒューマンケア協会（1989）『自立生活プログラムマニュアル』

井口啓太郎・針山和佳菜（2019）「公民館の実践が生み出す葛藤と対話」『福祉教育・ボラ
　ンティア学習学会研究紀要』33，pp.53-64

井口啓太郎（2020）「『障害者の生涯学習』政策と公民館の課題」『日本国民間学会年報』
　No.17，pp.92-97

池谷壽夫（2016）「生命倫理と『脆弱性』」『了徳寺大学研究紀要』10，pp.105-128

イリイチ，I.（1977）『脱学校の社会』[*Deschooling Society*, 1970]（東洋・小澤周三訳）東
　京創元社

井上太一（2020）「知的な隔たりの間で学ぶとはどういうことか」神戸大学大学院人間発
　達環境学研究科『神戸大学・学ぶ楽しみ発見プログラム』pp.136-146

井上智洋（2018）『AI時代の新・ベーシックインカム論』光文社新書

Interact Center for Visual and Performing Arts（2016）Annual Report 2016 ; https://
　interactcenter.org/wp-content/uploads/2017/12/Annual-Report-2017.pdf：2018年9月15日閲覧

乾彰夫（2013）「労働・コミュニティからの排除と若者支援」日本社会教育学会編『労働の場のエンパワメント』東洋館出版社，pp.56-67

石黒慶太（2020）「商品化された支援関係のもとでの障害者の主体性」『神戸大学大学院人間発達環境学研究科紀要』13（2），pp.15-27

石川准・長瀬修編著（1999）『障害学への招待』明石書店

石本雄真（2009）「居場所概念の普及およびその研究と課題」『神戸大学大学院人間発達環境学研究科紀要』3（1），pp.93-100

板橋区大原社会教育会館（2019）「広場あすなろご案内2019年度版」

伊藤篤・津田英二・寺村ゆかの・稲本恵子（2016）「『子育て支援を契機とした共生のまちづくり』実践の意義と課題」『神戸大学大学院人間発達環境学研究科研究紀要』10（1），pp.93-108

岩橋誠治（2008）「それぞれの自立生活への道と自立生活獲得のための支援」寺本晃久・末永弘・岡部耕介・岩橋誠治『良い支援？』生活書院，pp.72-144

岩槻知也・上杉孝實（2016）「『リテラシー』の概念とその意義」岩槻知也編著『社会的困難を生きる若者と学習支援』明石書店，pp.41-66

金丸彰寿（2016）「『交流教育』および『共同教育』と『障害理解教育』の関係性」『特殊教育学研究』53（5），pp.323-332

金丸彰寿・大山正博・川手さえ子・張主善・和田仁美・岩崎陽・塩田愛里・高寅慶・金明淑・金英淑・金栄喆・津田英二（2017）「障害学生の『学び』から見るインクルーシヴな大学教育の意義と課題」『神戸大学大学院人間発達環境学研究科研究紀要』11（1），pp.19-36

笠原敏彦（2010）「Social Phobia は社交恐怖か？」『精神神経学雑誌』112（7），pp.644-649

川西市（2018）『川西市障がい者プラン2023』

川島聡・飯野由里子・西倉実季・星加良司（2016）『合理的配慮——対話を開く、対話が拓く』有斐閣

川内真美（2016）「ユネスコにおける基礎教育（Fundamental Education）の構想」『日本公民館学会年報』13，pp.78-86

木村敏（1988）『あいだ』弘文堂

喫茶わいがや40周年記念ブックレット編集委員会編（2021）『「思想」としてのわいがや』障害をこえて共に自立する会

キテイ，E. F.（2010）『愛の労働あるいは依存とケアの正義論』[*Love's Labor*, 1999]（岡野八代・牟田和恵監訳）白澤社

ノールズ，M.（2002）『成人教育の現代的実践』[*The Modern Practice of Adult Education*, 1980]（堀薫夫・三輪建二監訳）鳳書房

小林繁編著（1996）『学びのオルタナティヴ』れんが書房新社

小林繁（2000）『学びのトポス』クレイン

小林繁編著（2001）『学びあう「障害」』クレイン

小林繁（2010）『障害をもつ人の学習権保障とノーマライゼーションの課題』れんが書房新社

小林繁・松田泰幸・『月刊社会教育』編集委員会編（2021）『障害をもつ人の生涯学習支援』旬報社

小林洋司（2008）「福祉教育・ボランティア学習としてのハンセン病問題学習の構築」『日本福祉教育・ボランティア学習学会研究紀要』13，pp.108-119

神戸大学大学院人間発達環境学研究科（2020）『神戸大学・学ぶ楽しみ発見プログラム』

神戸大学国際人間科学部（2022）『神戸大学・学ぶ楽しみ発見プログラム』

小堀勉編（1978）『欧米社会教育発達史』亜紀書房

国立特別支援教育総合研究所（2009）『障害のある子どもの教育制度の国際比較に関する基礎的研究』

近藤龍彰・柴川弘子・森本彩・赤木和重・津田英二（2018）「知的障害のある青年が大学生になることに関する一考察——韓国ナザレ大学リハビリテーション自立学科の調査を通して」『神戸大学大学院人間発達環境学研究科研究紀要』7(1)，pp.135-152

クームズ，P.（1969）『現代教育への挑戦』[*The World Educational Crisis*, 1968]（池田遼・森口兼二・石附実訳）日本生産性本部

厚生労働省（2016）『平成27年度「障害者虐待の防止、障害者の養護者に対する支援等に関する法律」に基づく対応状況等に関する調査結果報告書』

Krech-Bowles, L. and Becht, K.（2022）Mentor Models and Practices for Inclusive Postsecondary Education, *How to Think College*, No.12, pp.1-6

鯨岡峻（1999）『関係発達論の構築』ミネルヴァ書房

鯨岡峻（2005）『エピソード記述入門』東京大学出版会

鯨岡峻（2006）『ひとがひとをわかるということ』ミネルヴァ書房

國本真吾（2018）「障害青年の教育年限延長要求と生涯学習」『人間発達研究所紀要』31，pp.22-35

栗林千絵子（2016）「地域を変える子どもが変わる未来が変わる！」『季刊社会運動』421，pp.86-96

栗田季佳・楠見孝（2012）「障害者に対する両面価値的態度の構造」『特殊教育学研究』49(5)，pp.481-492

黒沢惟昭（1990）「現代的人権と社会教育」日本社会教育学会編『現代的人権と社会教育』（日本の社会教育第34集）pp.2-20

レヴィン，K.（1956）『社会科学における場の理論』［*Field Theory in Social Science*, 1951］（猪股佐登留訳）誠信書房

前平泰志（2003）「生涯学習論の国際的展開」鈴木眞理・松岡廣路編著『生涯学習と社会教育』学文社，pp.31-44

町田市障がい者青年学級（2017）『実践報告』No.43

町田市生涯学習センター（2020）『学びから発表へ』

松尾祥子（2013）「イギリスの市民性教育に関する一考察」『九州大学大学院教育学コース院生論文集』13，pp.31-49

松岡広路（2006）「福祉教育・ボランティア学習の新機軸」『日本福祉教育・ボランティア学習学会年報』11，pp.12-32

松友了（2000）「セルフ・アドボカシーの実践的枠組み」『社会福祉研究』77，pp.2-8

松山鮎子（2011）「青少年施設における『居場所』の役割について」『早稲田大学大学院教育学研究科紀要』別冊19(1)，pp.159-169

丸山英樹・太田美幸・二井紀美子・見原礼子・大橋千穂（2016）「公的に保障されるべき教育とは何か」『〈教育と社会〉研究』26，pp.63-76

丸山啓史編（2022）『障害のある若者と学ぶ「科学」「社会」』クリエイツかもがわ

松崎泰・野崎義和・横田晋務（2013）「知的障害者・大学生共同参加型オープンカレッジにおける参加動機と学びの内容」『教育ネットワークセンター年報』No.13，pp.1-14

メジロー，J.（2012）『おとなの学びと変容』［*Transformative Dimensions of Adult Learning*, 2010］（金澤睦・三輪建監訳）鳳書房

宮原誠一編（1974）『生涯学習』東洋経済新報社

宮本茂雄・今井真理子（1973）「千葉県下の就学猶予・免除児の実態：その1」『千葉大学教育学部研究紀要 第1部』22，pp.77-84

宮本太郎（2017）『共生保障』岩波新書

宮坂広作（1987）『現代日本の社会教育』明石書店

宮崎康支・松岡克尚（2020）「福祉教育における『インペアメント』」『Human Welfare』12(1)，pp.183-194

水野和夫（2014）『資本主義の終焉と歴史の危機』集英社新書

水内豊和・鶴見真理子・高緑千苗（2014）「国立大学における障害者を対象とした公開講座に関する実態」『日本教育工学会論文誌』37(4)，pp.513-519

持田栄一（1976）『「生涯教育論」批判』明治図書出版

持田栄一（1979）『持田栄一著作集6』明治図書出版

文部科学省（2009）『特別支援学校小学部・中学部学習指導要領』

文部科学省（2015）『特別支援教育資料』

文部科学省（2019）『学校卒業後の障害者が社会教育施設において学習活動に参加する際の阻害要因・促進要因等に関するアンケート調査研究報告書』

文部科学省（2021）『大学等が開講する主に知的障害者を対象とした生涯学習プログラムに関する調査報告書』

文部科学省（2022）『障害者の生涯学習の推進を担う人材育成の在り方検討会議論のまとめ（報告）』

森田洋之（2015）『破綻からの奇蹟』南日本ヘルスリサーチラボ

Morris, J.（1996）*Pride against Prejudice*, The Women's Press

中原澪佳（2020）「フレイレの対話的な教育を現代に活かす」『新潟国際情報大学国際学部紀要』5. pp.1-14

中島喜代子・廣出円・小長井明美（2007）「『居場所』概念の検討」『三重大学教育学部研究紀要』58. pp.77-97

中西正司・上野千鶴子（2003）『当事者主権』岩波新書

中野敏男（1999）「ボランティア動員型市民社会論の陥穽」『現代思想』27(5). pp.72-93

なかせい（2021）「138億年の時間の中で：第4話 なんとかなるってどういうこと？ part2」『あーち通信』No.187

梨本雄太郎（2011）「インフォーマル教育論序説」『生涯学習・社会教育研究ジャーナル』5. pp.143-154

日本社会教育学会編（1991）『国際識字10年と日本の識字教育』（日本の社会教育第35集）東洋館出版社

西村愛（2014）『社会は障害のある人たちに何を期待しているか』あいり出版

野口晃菜（2021）「差別はよくないけれど、障害者施設建設には反対」：https://news.yahoo.co.jp/byline/noguchiakina/20211027-00263692：2022年10月1日閲覧

野村総合研究所（2013）『コミュニティソーシャルワーカー（地域福祉コーディネイター）調査研究事業報告書』

野村恭代（2018）『施設コンフリクト』幻冬舎

農林水産省（2017）『子供食堂向けアンケート調査』：http://www.maff.go.jp/j/syokuiku/kodomosyokudo.html：2018年9月21日閲覧

額賀美紗子（2014）「越境する若者と複数の『居場所』」『異文化間教育』40. pp.1-17

沼田里衣（2005）「コミュニティ音楽療法における音楽の芸術的価値と社会的意味」『日本音楽療法学会誌』5(2). pp.188-197

小川利夫（1973）『社会教育と国民の学習権』勁草書房

岡本正・河南勝・渡部昭男（2013）『福祉事業型「専攻科」エコールKOBEの挑戦』クリエイツかもがわ

大橋謙策（1991）『地域福祉の展開と福祉教育』全国社会福祉協議会

大石洋子（1975）「青年期の障害者の発達保障と社会教育」『月刊社会教育』213，pp.42-47

大南英明（2002）「知的障害者の生涯学習を考える（その2）」『帝京大学文学部紀要教育学』27，pp.23-56

大西英夫・都築繁幸（2016）「聴覚障害児の内包量概念の指導に関する一考察」『教育開発学論集』4，pp.161-168

オープンカレッジ東京運営委員会編（2010）『知的障害者の生涯学習支援』東京都社会福祉協議会

劉小賀・榊原久直・中村美智子・江角彩・高橋眞琴・盛敏・清水伸子・津田英二（2011）「インクルーシヴな社会をめざす実践における葛藤の積極的な意味──自閉症児のストレス表出に対する他者の反応をめぐる考察」『神戸大学大学院人間発達環境学研究科研究紀要』4(2)，pp.39-48

労働政策研究・研修機構（2018）「障がい者／雇用障害者数、実雇用率とも過去最高を更新」『ビジネス・レーバー・トレンド』3月号，pp.42-43

斎藤利之・宮崎伸一・谷口広明・古谷駿（2017）「知的障がい者の生涯学習の実態」『中央大学保健体育研究所紀要』35，pp.147-157

桜井智恵子（2021）『教育は社会をどう変えたのか』明石書店

笹井宏益（1998）「大学と地域社会との相互規定性をめぐって」日本社会教育学会編『高等教育と生涯学習』東洋館出版社，pp.101-111

佐藤久夫（2014）「障碍（障害）の定義と障碍（障害）者政策を考える」『保健医療社会学論集』24(2)，pp.5-12

佐藤俊一（2000）「広域行政とリージョナリズムの概念」『東洋法学』43(2)，pp.51-89

柴田洋弥・尾添和子（1992）『知的障害をもつ人の自己決定を支える』大揚社

島本優子（2021）「マイノリティをめぐる課題とマジョリティの学習・変容」喫茶わいがや40周年記念ブックレット編集委員会『「思想」としてのわいがや』障害をこえてともに自立する会，pp.58-67

清水伸子・津田英二（2007）「インフォーマルな形態での福祉教育実践におけるデータに基づく評価枠組み形成モデル──個人が体験する変容を生み出す『場のちから』への着目」『日本福祉教育・ボランティア学習学会年報』12，pp.94-115

品川文男（2016）「『障害者の芸術活動支援モデル事業』の取組と今後の展望」『ノーマライゼーション』36(10)，pp.12-14

白水浩信（2011）「教育・福祉・統治性」『教育学研究』78(2)，pp.162-173

白水浩信（2016）「ラテン語文法書におけるeducareの語釈と用例」『北海道大学大学院教育学研究院紀要』126，pp.139-154

障がいをもつ市民の生涯学習研究会編（2022）『障がい者が主役の喫茶を地域にひらく』ゆじょんと

惣万佳代子（2002）『笑顔の大家族このゆびとーまれ』水書坊

杉野昭博（2007）『障害学』東京大学出版会

杉山章他（2008）「オープンカレッジにおける知的障害者と大学生との共同学習」『教育ネットワークセンター年報』8，pp.13-24

State of Minnesota（1966）A Resource Guide for Teachers of Educable Mentally Retarded Children in Minnesota Public Schools

鈴木文治（2010）『排除する学校』明石書店

鈴木文治（2012）『ホームレス障害者』日本評論社

鈴木眞理・永井健夫・梨本雄太郎編著（2011）『生涯学習の基礎』学文社

鈴木敏正（1992）『自己教育の論理』筑波書房

鈴木敏正（1997）『学校型教育を越えて』北樹出版

高橋眞琴（2016）『知的障がい教育と社会モデル』ジアース教育新社

高橋正教（1985）「障害者社会教育の現状と課題」『障害者問題研究』41，pp.33-37

高野美由紀・有働眞理子（2007）「即興音楽活動における知的障害者の行動変容過程」『発達心理臨床研究』13，pp.1-10

竹内敏晴（1988）『ことばが劈かれるとき』ちくま文庫

竹内敏晴（1989）『からだ・演劇・教育』岩波新書

竹内敏晴（1997）『ことばとからだの戦後史』ちくま学芸文庫

田中治彦編著（2001）『子ども・若者の居場所の構想』学陽書房

田中真理・川住隆一・野崎義和・横田晋務編（2022）『知的障害者とともに大学で学ぶ』東北大学出版会

田中良三・大竹みちよ・平野輝美・見晴台学園大学編著（2016）『障がい青年の大学を拓く』クリエイツかもがわ

田中良三・國本真吾・小畑耕作・安達俊昭・全国専攻科（特別ニーズ教育）研究会編著（2021）『障がい青年の学校から社会への移行期の学び』クリエイツかもがわ

田中智志（2012）『教育臨床学』高陵社書店

建部久美子編著，安原佳子著（2001）『知的障害者と生涯教育の保障』明石書店

富山県民間デイサービス連絡協議会編（2003）『富山からはじまった共生ケア』筒井書房

豊田保（2005）「『市民』概念を用いた『地域福祉の推進主体としての地域住民』についての考察」『新潟医療福祉学会誌』4(2)，pp.49-58

津田英二（1995）「近代化過程における社会教育・生涯学習の意味とその問題」『社会教育学・図書館学研究』19，pp.23-32

津田英二（1996）「障害者青年学級の成立と展開」小林繁編著『学びのオルタナティヴ』れんが書房新社，pp.167-234

津田英二（2006a）『障害のある成人の学習支援論』学文社

津田英二（2006b）「地域におけるインクルージヴな学びの場づくりの可能性と課題」『日本福祉教育・ボランティア学習学会年報』11，pp.63-82

津田英二（2006c）「支えあう人間」ヒューマン・コミュニティ創成研究センター編『人間像の発明』ドメス出版，pp.287-320

津田英二・末本誠・張明順・小林洋司（2006）「知的障害者の親による社会的排除経験の語りに基づく相互教育——神戸大学公開講座の教育的ライフストーリー実践」日本社会教育学会編『社会的排除と社会教育』（日本の社会教育第50集）東洋館出版社，pp.200-213

津田英二（2011a）「『都市型中間施設』概念の可能性」『生涯学習・社会教育研究ジャーナル』第5号，pp.1-17

津田英二編（2011b）『インクルーシヴな地域社会創成のための都市型中間施設』神戸大学大学院人間発達環境学研究科ヒューマン・コミュニティ創成研究センター

津田英二（2012a）「『場の力』を明らかにする」『日本福祉教育・ボランティア学習学会研究紀要』19，pp.34-43

津田英二（2012b）『物語としての発達／文化を介した教育』生活書院

津田英二・伊藤篤・寺村ゆかの・井手良徳（2012）「『子育て支援を契機とした共生のまちづくり』実践の意義と課題」『神戸大学大学院人間発達環境学研究科研究紀要』5(2)，pp.173-185

津田英二（2013）「障害者雇用の展開と雇用以前の問題」日本社会教育学会編『労働の場のエンパワメント』東洋館出版社，pp.44-55

津田英二他（2013）「個人的な経験と障害の社会モデル」『障害学研究』9，pp.8-64

津田英二・岸本吉弘・白杉直子・平芳裕子・高見泰興・内林加奈・柴田美帆子・金澤咲（2015）「学内博物館実習を活用したサービスラーニングの試みと成果——神戸大学発達科学部の実験的な取り組み」『日本教育大学協会研究年報』33，pp.87-99

津田英二（2017a）「『障害者の基礎教育保障』は『共生保障』になりえるか」『基礎教育保障学研究』創刊号，pp.36-48

津田英二（2017b）「合理的配慮は福祉教育・ボランティア学習を生み出すか？」『ふくしと教育』23，pp.42-46

津田英二（2017c）「都市型中間施設の効果と課題」『神戸大学大学院人間発達環境学研究科研究紀要』11(1)，pp.111-119

津田英二（2018）「社会教育と社会福祉」『月刊社会教育』743，pp.12-15

辻浩（2020）「教育福祉から考える青年期教育の政策課題」『日本教育政策学会年報』27，pp.126-134

堤英俊（2019）『知的障害教育の場とグレーゾーンの子どもたち』東京大学出版会

打越雅祥（1995）「障害者青年学級をご存じですか？」小林繁編著『君と同じ街に生きて』れんが書房新社，pp.50-63

上杉孝實（2013）「欧米の成人基礎教育と日本の社会教育」『部落解放研究』199，pp.10-20

UNESCO（1990）UNESCO World Declaration on Education for All

UNESCO（1996）Learning: Treasures within

UNESCO（2007）Operational Definition of Basic Education

浦河べてるの家（2002）『べてるの家の「非」援助論』医学書院

浦河べてるの家（2005）『べてるの家の「当事者研究」』医学書院

浦川邦夫（2018）「格差は主観的なウェルビーイングに影響を与えるのか」『日本労働研究雑誌』690，pp.33-43

若尾裕（2006）『音楽療法を考える』音楽之友社

渡部昭男（2009）『障がい青年の自分づくり』日本標準

Wheeler, R. S. and Haddad L.（2005）*Reconciling Difference Concepts of Risk and Vulnerability*, Institute of Development Studies

山本譲司（2009）『累犯障害者』新潮社

山本道子・余田卓也・八木八重子・李義昭・松岡広路・津田英二（2004）「知的障害のある成人への大学における学習プログラム提供——2003年度公開講座『大学で自分の世界を広げよう』をめぐって」『神戸大学発達科学部研究紀要』12(1)，pp.13-37

山下和子・河口陽子（2016）「21世紀を生きるリテラシー、コンピテンシーを育てる教育の考察」『日本経大論集』45(2)，pp.239-254

山下幸子（2008）『「健常」であることを見つめる』生活書院

要田洋江（1999）『障害者差別の社会学』岩波書店

横須賀俊司（2009）「書評」『人間福祉学研究』2(1)，pp.147-149

横須賀俊司（2016）「アテンダントサービスの導入プロセスにみるアメリカ自立生活運動の受容に関する一考察」『人間と科学』16(1)，pp.19-31

横塚晃一（2007）『母よ！殺すな』生活書院（初版は1975年すずさわ書店より刊行）

寄林結・高橋智（2012）「生涯学習時代における障害者青年学級の役割」『東京学芸大学紀要　総合教育科学系Ⅱ』63，pp.31-55

ゆたかカレッジ・長谷川正人（2019）『知的障害の若者に大学教育を』クリエイツかもがわ

索　引

◎著者紹介

津田 英二（つだ えいじ）

東京大学大学院教育学研究科博士後期課程単位取得退学。博士（学術）。神戸大学大学院人間発達環境学研究科教員。専門は社会教育論、生涯学習論。インクルーシヴな社会の創成に関わる多様な実践に関与しながら、文化と人を育てる実践研究を試行錯誤している。主な著書に、『知的障害のある成人の学習支援論』（学文社、2006年）、『物語としての発達／文化を介した教育』（生活書院、2012年）、『生涯学習の支援論』（編著、学文社、2003年）、『インクルーシヴな社会をめざして』（編著、かもがわ出版、2011年）、『社会教育・生涯学習研究のすすめ』（編著、学文社、2015年）など。

生涯学習のインクルージョン
──知的障害者がもたらす豊かな学び

2023年4月30日　初版第1刷発行

著　者　　　津　田　英　二
発行者　　　大　江　道　雅
発行所　　　株式会社 明　石　書　店
　　　　　　〒101-0021 東京都千代田区外神田6-9-5
　　　　　　電　話　03 (5818) 1171
　　　　　　ＦＡＸ　03 (5818) 1174
　　　　　　振　替　00100-7-24505
　　　　　　https://www.akashi.co.jp
装　丁　　　清水　肇 (prigraphics)
印刷・製本　モリモト印刷株式会社

(定価はカバーに表示してあります)
ISBN978-4-7503-5580-1

イタリアの フルインクルーシブ教育

障害児の学校を無くした教育の歴史・課題・理念

アントネッロ・ムーラ 著
大内進 監修
大内紀彦 訳

■四六判／並製／308頁 ◎2700円

1970年代から障害児のための学校を廃止しインクルーシブ教育へと方向転換したイタリア。その歴史的文脈を紀元前からイタールやセガン、そしてモンテッソーリまで概観し、理念と実践の発展・展開を「障害者の権利に関する条約」や教育方法論を踏まえて概説する。

● 内容構成 ●

フル・インクルーシブ教育の 実現にむけて

大阪市立大空小学校の実践と今後の制度構築

野口友康 著

■A5判／上製／416頁 ◎6800円

障害をもつ子どもの通常教育への包摂をはかるフル・インクルーシブ教育の日本における実現の方途と今後の課題を、大阪市立大空小学校の教育実践の分析、カナダ・イギリス、日本の他の事例との比較、ケイパビリティ・アプローチを援用した理論化を通して探る。

● 内容構成 ●

〈価格は本体価格です〉

ハーベン ハーバード大学法科大学院初の盲ろう女子学生の物語
ハーベン・ギルマ著　斎藤愛/マギー・ケント・ウォン訳　◎2400円

特殊教育・インクルーシブ教育の社会学
サリー・トムリンソン著　古田弘子、伊藤駿監訳　◎4500円

障害児者の教育と余暇・スポーツ
ドイツの実践に学ぶインクルージョンと地域形成
安井友康、千賀愛、山本理人著　◎2700円

ドイツのインクルーシブ教育と障害児者の余暇・スポーツ
移民・難民を含む多様性に対する学校と地域の挑戦
安井友康、千賀愛、山本理人著　◎2700円

障がいの重い子どもと係わり合う教育
実践事例から読みとく特別支援教育Ⅱ
障がいの重い子どもの事例研究刊行会編　◎3800円

日本障害児教育史【戦前編・戦後編】
中村満紀男編著　◎各17000円

障害児教育のアメリカ史と日米関係史
後進国から世界最先端の特殊教育への飛翔と失速
中村満紀男著　◎17000円

障害児教育の歴史
[オンデマンド版]　中村満紀男、荒川智編著　◎3000円

障害者権利擁護運動事典
フレッド・ペルカ著　中村満紀男、二文字理明、岡田英己子監訳　◎9200円

ヴィゴツキー理論でのばす障害のある子どものソーシャルスキル
日常生活と遊びがつくる「発達の社会的な場」
アーラ・ザクレーピナ著　広瀬信雄訳　◎2400円

越境する障害者
アフリカ熱帯林に暮らす障害者の民族誌
戸田美佳子著　◎4000円

「社会モデル」による新たな障害者介助制度の構築
障害者のエンパワメントを実現するために
橋本眞奈美著　◎4800円

ベトナムとバリアフリー
当事者の声でつくるアジア的インクルーシブ社会
上野俊行著　◎4600円

聴覚障害者へのソーシャルワーク
専門性の構築をめざして
原順子著　◎2800円

盲ろう児コミュニケーション教育・支援ガイド
豊かな「会話」の力を育むために
バーバラ・マイルズ、マリアンヌ・リジオ編著　岡本明、山下志保、亀井笑訳　◎3200円

希望の対話的リカバリー
心に生きづらさをもつ人たちの蘇生法
ダニエル・フィッシャー著　松田博幸訳　◎3500円

〈価格は本体価格です〉

障害学は共生社会をつくれるか
人間解放を求める知的実践
堀正嗣著　◎4300円

ダウン症の歴史
デイヴィッド・ライト著
大谷誠訳　公益財団法人日本ダウン症協会協力　◎3800円

ダウン症をめぐる政治
誰もが排除されない社会へ向けて
キーロン・スミス著　臼井陽一郎監訳　結城俊哉訳者代表　◎2200円

ダウン症の若者支援ハンドブック
学校から社会への移行期に準備しておきたいことすべて
ジークフリード・M・プエスケル編著
百溪英一監訳　ハリス淳子訳　◎2800円

障害学への招待
社会、文化、ディスアビリティ
石川准・長瀬修編著　◎2800円

イギリス障害学の理論と経験
障害者の自立に向けた社会モデルの実践
キャロル・トーマス編著
ジョン・スウェイン・サリー・フレンチ、コリン・バーンズ、
竹前栄治監訳　田中香織訳　◎4800円

ディスアビリティ・スタディーズ
イギリス障害学概論
コリン・バーンズほか著
杉野昭博、松波めぐみ、山下幸子訳
◎4600円

地域に帰る　知的障害者と脱施設化
カナダにおける州立施設トランキルの閉鎖過程
ジョン・ロード、シェリル・ハーン著
鈴木良訳　◎2700円
【オンデマンド版】

障害者介助の現場から考える生活と労働
ささやかな「介助者学」のこころみ
杉田俊介、瀬山紀子、渡邉琢編著　◎2500円

「発達障害」とされる外国人の子どもたち
フィリピンから来日したきょうだいをめぐる、10人の大人たちの語り
金春喜著　◎2200円

足元からの　学校の安全保障
無償化・学校環境・学力・インクルーシブ教育
中村文夫編著　◎2500円

教育は社会をどう変えたのか
個人化をもたらすリベラリズムの暴力
桜井智恵子著　◎2500円

社会関係資本
現代社会の人脈・信頼・コミュニティ
ジョン・フィールド著
佐藤智子、西塚孝平、松本奈々子訳
矢野裕俊解説　◎2400円

諸外国の生涯学習
文部科学省編著　◎3600円

新版　生涯学習時代の成人教育学
明石ライブラリー 167
ピーター・ジャーヴィス著
渡邊洋子訳　◎3500円

成人教育・生涯学習ハンドブック
学習者支援へのアドヴォカシー
ピーター・ジャーヴィス著
渡邊洋子、犬塚典子監訳　P・ジャーヴィス研究会訳　◎8000円

〈価格は本体価格です〉